미술관에
간
법학자

When Dike met Muse

화 가 의 날 선 붓 으 로 그 린 판 결 문

미술관에 간 법학자

김현진 지음

어바웃어북

'예술'을 보호하는
'법'이라는 호위무사

〈Unsupervised〉의
전시 영상

2023년 봄 뉴욕 MoMA에 들어서자마자 1층 로비에서 만난 작품 〈Unsupervised〉는 저를 압도했습니다. 거대한 LED 스크린에 요동치며 출렁이는 이미지가 장대한 음향과 함께 재현되었지요. 〈Unsupervised〉는 튀르키예 출신 미디어 아티스트 레픽 아나돌^{Repik Anadol}이 MoMA가 소장한 13만여 점의 작품을 AI에게 학습시킨 후 알고리즘을 이용해 만든 것입니다. 작품의 명칭인 'unsupervised(비지도)'란, AI가 방대한 데이터 속에서 스스로 규칙을 찾아내는 기계적 학습을 의미합니다. 〈Unsupervised〉는 전시공간의 온도와 관람객의 움직임 심지어 소음까지 반응하여 시시각각 변화무쌍한 이미지를 창조해냅니다.

작품을 보는 순간 수많은 질문들이 머릿속을 스쳤습니다. 이 작품의 창작자는 인간일까, AI일까? 인공지능도 예술가가 될 수 있을까? 한시도 고정되지 않은 채 변화하는 이미지에 작가의 어떤 아이디어가 어떻게 표현된 걸까? 학습데이터로 사용된 작품들에 대한 저작권 침해는 없는 걸까? 〈Unsupervised〉는 저작권법의 근간을 흔들 만큼 파격적이었습니다. 이 작품을 바라보는 내내 '미술관에 간 법학자'는 생각할 것이 참 많았습니다.

암스테르담 반고흐 미술관에서 열린 행사에서도 법학자의 시선은 분주했습니다. 미술관은 개관 50주년을 맞아 '포켓몬×반고흐' 협업 전시를 열었는데요. 미술관 측은, 일본의 판화로부터 많은 영향을 받은 고흐와 일본 대중문화의 아이콘

포켓몬의 콜라보레이션을 통해 미술이 젊은 세대에게 더 가깝게 다가가기를 바라며 이번 전시를 기획했다고 밝혔습니다. 자화상 속 고흐를 패러디한 모자 쓴 피카추를 보는 것만으로도 웃음이 터졌습니다. 아니나 다를까 미술관은 포켓몬에 열광하는 젊은이들로 인산인해를 이뤘고, 관련 굿즈들이 완판될 정도로 전시회는 대성공을 거뒀습니다. MZ세대에게 고흐라는 거장의 걸작을 친근하게 전달하는 매우 훌륭한 기획이었지요.

그런데 이처럼 기발한 기획은 구상만으로 이뤄지진 않습니다. 무엇보다 해결해야 할 법률문제들이 참 많습니다. 반고흐 미술관 측 변호사와 포켓몬 컴퍼니 측 변호사는 이번 행사에 앞서 다양한 법적 사항들을 꼼꼼하게 체크한 뒤 계약서를 작성합니다. 저작권 이용허락, 전시 관련 보험, 굿즈 제작에 따른 2차적 저작권의 범위 등 매우 복잡한 법률관계가 산재합니다.

왜 법학자가 미술관에 가는지 이제 조금 이해가 되신다고요? 그렇습니다. 경우에 따라 법학자를 포함한 법률가들은 법정만큼 미술관도 자주 방문해야 하지요. '도덕의 최소한'인 법은 평소에는 쉽게 드러나지 않습니다. 하지만 그 최소한의 경계가 조금이라도 침범당하면 가장 절박하게 찾는 것이 바로 법이지요. 미술관에는 예술만 존재할 것 같지만, 그 안에서 좀더 안전하게 예술을 향유하려면 법이라는 호위무사가 반드시 필요합니다.

법학자는 단단한 법리 연구를 통해 호위무사를 무장시키는 역할을 합니다. 아나돌의 혁신적 예술이 걸림돌 없이 진화하도록 돕고, 포켓몬과 고흐의 유쾌한 만남이 삐걱거리지 않도록 말입니다. 그런 의미에서 최근 법학에서 '예술 관련 법'에 대한 연구가 넓어지는 건 고무적인 일입니다.

법학자는 연구실에 갇혀 두꺼운 법서들과 씨름하는 고답적인 존재 같지만, 실은 그 누구보다도 인간 세상 곳곳을 깊이 들여다봐야만 합니다. 마치 화가들이 눈에 보이지 않는 세상의 이면까지 캔버스에 담아내듯이 법학자는 인간 내면에 흐르는 미묘한 이성과 감정까지 고려하여 법리를 연구해야 하지요. 그런 의미에서 세상을 바라보는 화가와 법학자의 시선은 닮았습니다.

법학자인 필자는 언제부터인가 미술관에서 그림을 보고 있으면 그 속에 펼쳐진 삶의 우여곡절이 궁금했습니다. 아는 만큼 그림이 보인다고 했지요. 그림에 대한 배경을 찾아보고 이해할수록 그 뒤에 숨겨진 법률관계가 보였습니다. 그림 안에 담긴 역사적 맥락에서 법적 함의를 찾게 된 것이지요. 아울러 그림을 둘러싼 저작권과 위작 문제를 비롯해 천문학적 액수의 작품에 얽힌 소유권 다툼 등 그 내막을 들춰보면 법적 쟁점으로 가득한 이야기보따리가 있었습니다. 그 이야기보따리를 풀어헤치는 일은 결국 이 책 〈미술관에 간 법학자〉의 집필로 이어졌습니다.

화가들이 그린 신화나 역사 속 재판 장면은 그 자체가 법학의 중요한 연구대상이 되기도 합니다. 푸생은 서로 자기의 아이라고 주장하는 두 엄마 가운데 누가 진짜 엄마인지 가려낸 '솔로몬의 지혜로운 재판'을 그렸는데요. 법학자의 그림 감상은 자연스럽게 대리모와 익명출산 논쟁으로 이어집니다. 루벤스가 그린 '파리스의 사심 가득한 심판'에서는 판사의 제척·기피·회피 및 사법의 공정성 문제가 읽힙니다. 아폴론에게서 산 채로 살가죽이 벗겨지는 박피형을 당하는 마르시아스를 그린 티치아노의 그림은 죄형법정주의를 소환합니다.

뿐만 아니라 휘슬러와 러스킨의 명예훼손 소송, 무려 800만 달러가 넘는 마크

로스코 그림 위작 소송, 그라피티 작가들의 저작인격권 침해를 둘러싼 다툼, 작가들의 컬러 독점사용에 대한 특허권 및 계약자유의 원칙 논란, 그림값이 옥션하우스의 경매를 통해 천정부지로 오르는 현상, 제국주의의 희생양이 된 약탈 문화재와 히틀러가 압수한 홀로코스트 아트에 대한 반환소송 등 예술법 분야에서 빼놓을 수 없는 중요한 케이스들을 최대한 알기 쉽게 풀어냈습니다.

미술과 문화재 및 미술관과 박물관 관련 법제도에 대해서도 지면을 아끼지 않았습니다. 2027년 시행을 앞둔 미술진흥법상의 추급권 논쟁, 우리 법에서 미술관과 박물관의 개념을 구분함으로써 초래되는 문제, 문화재 반환을 둘러싼 문화국제주의와 문화국가주의의 대립 등 문화계의 여러 이슈들을 되짚어 봤습니다.

필자는 로스쿨에서 민법을 10여 년째 가르치고 있는데요. 최근 들어 예술 전문 변호사를 꿈꾸며 로스쿨에 진학한 학생들이 크게 늘고 있습니다. 학교 측을 설득해 우리나라 로스쿨 최초로 '예술과 법' 강의를 개설하게 된 배경입니다. 그만큼 예술 관련 분야의 경제적 가치가 커지고 있음을 방증합니다.

책을 집필하며 고마운 분들이 떠오릅니다. 먼저 필자에게 영감을 주고 작품과 대화할 수 있게 해 준 예술가들에게 경의를 표합니다. 이 책의 기획단계에서부터 딱딱한 전공서적으로 흐르는 원고의 방향을 잘 잡아준 어바웃어북의 에디터들에게도 감사의 마음을 전합니다. 늘 바쁜 아내가 주말에도 책을 쓴다고 서재에 박혀 있는 것을 이해해 준 남편, 미술관에 기꺼이 동행해 주면서 흥미로운 질문을 던져 준 민규, 민서에게도 고마움을 전합니다. 그리고 미술관을 놀이터 삼아 예술을 향유할 수 있는 취향을 만들어 주신 아버지, 어머니께 이 책을 바칩니다.

2024년 여름 우면동 서재에서
김현진

contents

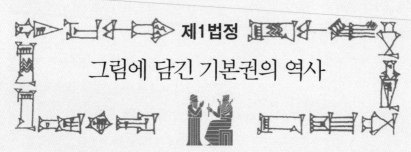

제1법정

그림에 담긴 기본권의 역사

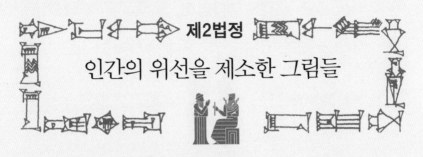

제2법정

인간의 위선을 제소한 그림들

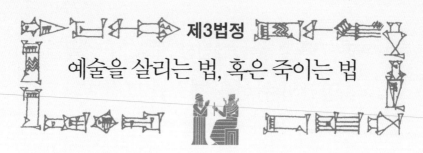

제3법정
예술을 살리는 법, 혹은 죽이는 법

| 일러두기 |

• 본문에 등장하는 인명의 영문명 및 생몰연도를 첨자 스타일로 국문명과 함께 표기하였다. 항목을 달리하여 등장 하는 인명의 영문명 및 생몰연도는 반복해 표기하였다. 이때 현존하는 인물이나 생몰연도가 부정확한 경우는 생 몰연도를 생략하였다.

• 미술이나 영화 작품 및 도서 등은 모두 〈 〉로 묶었다.

• 본문 뒤에 색인을 두어, 작가명 및 인명을 가나다순으로 찾아볼 수 있도록 하였다.

• 인명, 지명의 한글 표기는 원칙적으로 외래어 표기법에 따랐으나, 일부는 통용되는 방식을 따랐다.

• 미술작품 정보는 '작가명, 작품명, 제작연도, 크기, 기법 및 재료, 소장처' 순으로 표시하였다.

• 작품의 크기는 세로×가로로 표기하였다.

• 작품의 소장처 표기에서 박물관, 미술관, 갤러리, 뮤지엄 등은 표기가 통일되지 않은 관계로, 일반적으로 통용되는 표기를 따랐다.

제1법정

그림에 담긴
기본권의 역사

일은 어떻게 세상을 나누는가

- 우리 안에 기생해 온 노동착취와 계급, 노예의 역사 -

매끈한 원목 나무가 발바닥에 닿을 때의 촉감을 좋아합니다. 그래서 얼마 전 집을 지을 때 마루에 많은 신경을 썼지요. 마루자재를 고르다가 오르세 미술관에서 봤던 카유보트Gustave Caillebotte, 1848~1894의 그림이 생각났습니다.

세 명의 건장한 일꾼들이 웃통을 벗고 마루를 깎고 있습니다. 아르누보 문양의 창문 주물 사이로 빛이 들어와 일꾼들의 등을 비춥니다. 수려한 오스만 양식의 몰딩으로 둘러진 실내 바닥에는 쪽모이 스타일의 마루가 제격입니다.

그림을 자세히 보면, 대패질하는 사람들의 호흡과 동작을 이해하기 위해 화가가 이 장면을 얼마나 오랫동안 관찰한 뒤 캔버스에 옮겼는지 알 수 있습니다. 대패 날의 간격을 조정하기 위한 망치가 바닥에 놓여 있고, 화면 오른쪽에는 고된 작업의 윤활유인 포도주 병과 잔도 보입니다. 하지만 일꾼들은 화가의 시선은 아랑곳 하지 않고 바닥을 향해 몸을 숙인 채 작업에만 몰두하고 있습니다.

인상파 화가였던 카유보트는 빛과 원근법을 아주 효과적으로 사용했습니

카유보트, 〈마루를 깎는 사람들〉, 1875년, 102×146.5cm, 캔버스에 유채, 오르세 미술관, 파리

다. 창문에 비치는 환한 빛이 마루를 반짝이게 만들고 인부들의 근육을 살아 숨 쉬게 합니다. 비대칭적으로 위치한 세 명의 남자가 사방에 대팻밥을 날리며 작업하는 와중에도 그림이 균형감을 잃지 않는 것은 마루의 결이 빛을 따라 이어져 원근법적으로 시선을 모아주기 때문입니다.

'양극화'란 이름의 계급

1875년 카유보트는 이 그림을 살롱전에 출품했지만 낙선의 고배를 마십니다. 그런데 낙선 이유가 불편합니다. '고된 노동이라는 저급하고 천박한 주제'를 다뤘다는 겁니다. 화가는 부르주아가 살고 있는 고급 주택의 대마루에 송판을 깔고 대패질을 하여 다듬고 사포로 문질러서 매끈하게 만드는 작업현장을 그렸습니다. 당시 마루를 깎는 일은 매우 힘든 일이라서 누구나 꺼리는 노동이었지요. 카유보트는 관선(官選)인 살롱전에서 퇴짜 맞은 이 그림을 1876년에 열린 두 번째 인상파 전시회에 출품하여 세상에 공개합니다.

카유보트의 〈마루를 깎는 사람들〉은 프랑스에서 도시노동자가 일하는 모습을 담은 최초의 작품입니다. 그런데 아이러니하게도 그림을 그린 화가 본인은 스물다섯의 나이에 거액의 재산을 상속 받은 부유한 집안 출신이었지요. 여느 사람들과 달리 카유보트의 시선은 자신이 속한 부자들의 화려한 삶에 두지 않았습니다. 파리지앵의 소소한 일상을 인상주의적 시각으로 담아내는 데 주목했지요. 그가 당시 인상파 화가들과 밀접하게 교류했던 이유입니다.

지금이야 인상파 작품들이 오르세 미술관에서 전 세계 관람객들과 만나고 있지만, 19세기 후반만 하더라도 몽마르트를 배회하는 가난한 예술가들의 그림에 지나지 않았습니다. 하지만 카유보트의 눈에는 그렇지 않았지요. 그는 르누아르, 드가, 모네, 세잔, 피사로, 시슬레 등의 그림 67점을 사들여 인상파의 후원자를 자처했습니다.

1894년 카유보트가 사망하자 유족들은 그가 소장해온 인상파 화가들의 작품을 프랑스 정부에 기증합니다. 이 그림들을 지금의 시세로 환산하면 그야말로 천문학적인 액수입니다. 그런데 프랑스 정부는 카유보트 유족의 기증을 거절합니다. 정부는 왜 이런 어처구니없는 일을 저질렀을까요. 인상파 화가들의 그림에 대한 진가를 알아보지 못했던 겁니다. 사람들은 이를 가리켜 '카유보트 스캔들'이라 부릅니다.

사실 '카유보트 스캔들'과 같은 관료주의적 해프닝은 그리 놀랄 일도 아닙니다. 파리는 예술의 도시이고 프랑스는 시민혁명으로 민주주의를 쟁취한 나라이지만, 예술과 혁명과 민주주의의 이면에는 불편한 진실이 있습니다. 지금부터 그 이야기를 해볼까 합니다.

이번 글을 카유보트의 〈마루를 깎는 사람들〉로 시작한 건 미술작품에 담긴 '노동'과 '계급'에 대한 함의를 풀어보고 싶었기 때문입니다. 그런데 노동은 그렇다 해도 계급이라니요. 7~80년대 운동권시절 철 지난 얘기를 4차 산업혁명 시대에 왜? 사실 계급이란 단어가 화석화된 것 같지만 세상에는 여전히 계급이 존재합니다. 다만 '양극화'라는 말로 바꿔 쓰일 뿐이지요.

카유보트의 〈마루를 깎는 사람들〉이 살롱전에서 낙선한 이유에도 계급이 있습니다. 살롱전의 고매한 심사위원들은 '저급'한 노동자들의 작업현장을 '고급'한 예술에 끌어들인 게 불쾌했던 겁니다. 당시 지식인들에게 노동자들은 그저 계몽의 대상일 뿐 혁명을 함께 이끌 연대의 동지는 아니었지요. 당시 이러한 지식인의 위선을 풍자했던 화가들이 있었습니다.

도미에Honoré Daumier, 1808~1879 의 〈삼등칸〉과 〈일등칸〉을 한자리에 놓고 함께 보면 계급의 선명성이 도드라집니다. 열차의 삼등칸에 빼곡한 노동자들 앞으로 수유 중인 여인과 빈 바구니를 쥐고 있는 할머니 그리고 바지주머니에 손을 넣은 채 깊이 잠든 소년이 보입니다. 노동자들의 가족입니다. 그들은 모두 눈을 감고 있습니다. 굳이 눈을 떠봐야 보이는 건 빛도 잘 들어오지 않는 어둡고 비좁은 공간 속 지친 사람들입니다. 환한 햇살이 들어오는 〈일등칸〉에서는 신문을 읽을 수도 있고 멀리 창밖을 바라보며 사색에 잠길 수도 있습니다. '같은' 열차이지만 삼등칸과 일등칸은 '다른' 세상입니다.

상황은 지금도 다르지 않습니다. 많은 사람들이 비행기의 이코노미석을 타지만 그 순간 계급을 떠올리진 않습니다. 계급이 존재하지만 너무나 당연해서 느끼지 못하는 거지요. 우리 몸에 서식하는 기생충 같습니다. 봉준호 감독의 영화 〈기생충〉이 떠오르는 이유입니다. 삼등칸(운전석)의 운전기사는 느끼지 못하는 냄새에 뒷자리 일등칸(상석)의 회사 대표는 미간을 찌푸립니다. 계급의 냄새

도미에, 〈삼등칸〉, 1865년, 65.4×90.2cm, 캔버스에 유채, 메트로폴리탄 뮤지엄, 뉴욕

도미에, 〈일등칸〉, 1864년, 20.5×30cm, 캔버스에 유채, 월터스 뮤지엄, 볼티모어

입니다. 미래는 어떨까요. 봉준호 감독의 영화 〈설국열차〉를 상상하고 싶진 않지만, 영화 속 장면들은 도미에 그림의 데자뷔 같습니다.

노동이란 개념을 불순하다고 여기는 이유

그 시절 부유층이 카유보트의 〈마루를 깎는 사람들〉이나 도미에의 〈삼등칸〉 같은 그림을 외면했던 건 그림 속 주제가 자신들의 삶과 다르다고 여겼기 때문입니다. 한마디로 공감이 되지 않았지요. 화가 입장에서도 그림을 구입하는 부유층들이 반기지 않는 그림을 굳이 그릴 이유가 없었습니다.

그럼에도 이런 세태가 안중에도 없는 화가의 그림이 또 있습니다. 쿠르베 Gustave Courbet, 1817~1877 의 〈돌을 깨는 사람들〉입니다. 화가는 무겁고 거대한 돌덩이를 캐내고 나르고 부수는 석공들의 작업현장을 그렸습니다. 나이가 지긋한 석공이 모자를 쓰고 한낮의 뙤약볕 아래서 무릎을 꿇고 망치로 돌을 깨고 있습니다. 그는 이런 일을 하기에는 너무 늙었습니다. 이를 거들고 있는 젊은 노동자는 찢어진 윗도리를 걸친 채 무거운 짐을 무릎으로 받치고 있습니다.

부유층은 호화로운 대저택에 고된 노동자들의 그림을 걸고 싶진 않았습니다. 그들은 신화나 종교화, 왕족이나 귀족의 초상화, 수려한 풍경화 등 여전히 낭만주의 작품을 선호했지요. 하지만 쿠르베는 현실을 외면하지 않았습니다. 세상에는 인간의 삶 자체를 있는 그대로 표현한 그림도 필요하다고 생각했지요. 서양미술사가 이 그림을 근대 사실주의 미술을 집약한 대표작으로 기억하는 이유입니다.

쿠르베의 〈돌을 깨는 사람들〉과 함께 봐야 할 그림이 있습니다. 스페인 인상주의 거장 소로야 Joaquin Sorolla, 1863~1923 의 〈그들은 여전히 물고기가 비싸다고 말했다〉입니다. 화가는 어수선한 갑판 위에서 노년의 두 어부가 상처 입은 젊은 어부를 응급처치하는 장면을 그렸습니다. 젊은 어부의 상처가 제법 깊어 보입니다.

어부들은 세찬 바다에 나가 위험을 무릅쓰고 고기를 잡습니다. 폭풍우라도 만나면 사투를 벌여야 하는 순간도 있습니다. 목숨을 걸고 잡아온 물고기들을 중간상인들은 항상 비싸다며 값을 깎으려고 합니다. 어부들 입장에서는 팔지 않을 수가 없습니다. 당장 팔지 않으면 물고기가 상하기 때문이지요. 그런데 중간상인을 통해 시장에 나온 생선은 어부들이 판 가격보다 훨씬 올라 있습니다. 결국 돈을 버는 건 유통을 장악한 중간상인입니다. 이들 상인은 산업혁명으로 큰돈을 번 공장주와 함께 부르주아 계급을 형성합니다.

자본주의 사회에서 계급이 나뉘는 기준은 대체로 '소득'과 맞닿아 있습니다. 당연한 말이지만 소득은 '일'과 불가분의 관계에 있지요. '일이 계급을 결정한다'는 명제는 진실입니다. 여기서 일(work)은 노동(labor)입니다. 쿠르베의 그림 속 석공들은 일꾼이자 노동자입니다. 이처럼 일(꾼)과 노동(자)은 같은 말

쿠르베, 〈돌을 깨는 사람들〉, 1849년, 150×260cm, 캔버스에 유채, 드레스덴 국립미술관

이지만, 일 대신 노동이란 단어를 사용하면 뭔가 저급하거나 불순하다고 생각합니다. 그 이유는 노동이 계급과 결합하여 노동계급(working class)이 되었을 때 떠오르는 개념 중에 '파업(strike)'이 있기 때문입니다.

'파업'이란 노동 조건을 유지하거나 개선하기 위하여 노동자들이 집단적으로 작업을 중지하는 행위를 말합니다. 사실 파업은 노동자들에게 부여된 중요한 권리행사 중 하나입니다. 우리 헌법은 '노동 3권'이라 하여 '단결권', '단체교섭권', '단체행동권'을 규정하고 있는데요(제33조 제1항). 다만 파업은 '노동법'에서 정하는 적법절차에 따라 이뤄져야 하지요.

여기서 노동법이란 노동자들의 노동 조건 및 권리를 보장하고 향상하는 것을 목적으로 만든 일체의 법률들을 포괄하는 개념입니다. 우리나라의 경우, '근로기준법', '노동조합 및 노동관계 조정법', '최저임금법' 등이 해당됩니다.

소로야, 〈그들은 여전히 물고기가 비싸다고 말했다〉, 1894년, 151.5×204cm, 캔버스에 유채, 개인 소장

사실 노동법은 계급의 존재를 인정하는 데서 출발합니다. 이 점에서 민법과 다르다고 할 수 있습니다. 노동관계는 민법상 피용자(노동자)와 고용자(사용자)의 고용계약에 의해서 형성됩니다. 이때 민법의 대원칙인 '계약자유의 원칙'에 따라 계약당사자 쌍방은 동등한 지위에서 계약을 체결한다고 봅니다. 불공정한 계약의 경우 무효 또는 취소의 사유에 해당될 뿐이지요.

하지만 대체로 자본주의체제에서 고용자는 피용자와의 관계에서 우월한 지위에 있기 마련입니다. 계약당사자 쌍방의 동등한 지위는 현실적으로 불가능하지요. 이 경우 피용자 측에 불리한 계약조건을 법으로 금지하고자 나온 게 노동법입니다. 고용자와 피용자 사이에 존재하는 기울어진 운동장, 즉 계급의 부당성을 막는 것을 목적으로 하지요.

노동 3권을 그리다

쿠르베와 도미에가 은유적으로 노동과 계급을 그렸다면, 아예 제목에 '계급'을 붙인 그림도 있습니다. 이탈리아 화가 펠리차Giuseppe Pellizza, 1868~1907 의 〈제4계급〉입니다. 펠리차는 이탈리아 피에몬테에 있는 볼페도라는 시골에서 태어나 평생을 고향에서 활동한 화가입니다. 그는 부유한 농장주의 아들로 태어났지만 〈제4계급〉처럼 공장 노동자들을 대상으로 그림을 그리기도 했지요.

어둠을 뚫고 빛을 향해 한 무리의 사람들이 걸어오고 있습니다. 이들은 공장노동자를 일컫는 제4계급입니다. 당시 유럽에서는 왕족과 귀족을 제1계급, 성직자를 제2계급 그리고 신흥 부르주아를 가리켜 제3계급이라 했습니다. 농촌에서 온 대도시의 공장노동자는 제4계급, 즉 프롤레타리아(Proletariat)*라 했지요.

이들이 향하는 곳은 공장주가 있는 사무실입니다. 직장폐쇄, 부당해고, 임금체불 등 뭔가 부당한 처우를 받아 단체행동에 나선 것입니다. 무리 앞 두 사

펠리차, 〈제4계급〉, 1901년, 293×545cm, 캔버스에 유채, 노베첸토 미술관, 밀라노

람이 단체의 대표로 보입니다. 그 옆에서 아기를 안은 여인이 달려와 애원하듯 얘기하고 있습니다. 아마도 대표의 아내 같습니다. 맨발인 여인은 혹여 남편이 다치지는 않을까 노심초사합니다.

펠리차의 〈제4계급〉에는 우리 헌법이 보장하는 노동 3권, 즉 단결권과 단체행동권, 단체교섭권이 담겨 있습니다. 다수의 노동자들이 한데 모여(단결권), 작업장을 벗어나(단체행동권), 대열에 앞장 선 대표의 지휘 아래(단체교섭권) 나아가고 있습니다.

노동권이 강하게 보장될수록 노동자와 농민 단체들은 좀더 체계적인 조직으로 거듭나면서 정치세력화합니다. 1830년대에서 1840년대에 걸쳐 영국에서 일어난 차티스트 운동이 대표적입니다. 노동단체는 당시 유산계급에만 있었던 투표권을 노동자들에게까지 확대할 것을 강하게 요구했지요. 독일에서

---

*고대 로마의 프롤레타리우스(proletarius), 즉 정치적 권리나 병역의무도 없고 아이(proles)만 낳는 무산자(無産者)라는 뜻에서 파생된 말로, 흔히 임금노동자를 가리킨다.

는 1875년에 개혁 성향의 사회민주당이 창당되었고, 1882년과 1892년에는 프랑스와 이탈리아에 각각 노동당이 들어섭니다. 이후 유럽의 노동단체 및 정당들은 인터내셔널(국제노동자협회, International Working Men's Association)을 통해 국경을 넘어 연대하게 됩니다.

노동착취에서 노예거래로

앞서 노동법의 목적이 노동자의 권익 보장 및 향상에 있다고 했는데요. 그런데 노동법의 출발은 그렇지 못했습니다. 노동법은 산업혁명이 발화한 19세기 영국에서 태동합니다. 공장을 통한 대량생산체제로 접어들면서 공장 노동자들은 무리한 작업으로 혹독한 세월을 견뎌야 했습니다. 일손이 부족해지면서 아동과 여성들까지 위험한 작업현장에 내몰리면서 장시간 노동으로 목숨까지 잃는 일들이 빈번해집니다.

이에 영국 왕실은 1802년 '도제법(아동 노동자 보호법)'을 시작으로 1833년에 '일반 공장법'을 제정하여 아동과 여성의 노동시간을 제한합니다. 보통 영국의 공장법(Factory Act)을 근대 노동법의 효시로 보는데요. 하지만 공장법은 자본계급인 공장주의 입장에서 생산성 향상을 위해 만든 법이었습니다. 아동 및 여성 노동자들이 작업현장에서 다칠 때마다 생산에 차질이 생기는 문제를 그냥 두고 볼 수 없었던 것입니다.

산업혁명으로 일어난 대량생산체제는 심각한 노동권 침해 문제로만 끝나지 않았습니다. 노동력 착취의 채찍이 아프리카와 아메리카 등 신대륙의 원주민들에게까지 향했지요. 자본주의체제에서 노예제의 망령이 제국주의에 날개를 달아준 것입니다.

영국 풍경화의 대가 터너^{William Turner, 1775-1851}는 증기기관차와 증기선 등 산업

터너, 〈노예선〉, 1840년, 90.8×122.6cm, 캔버스에 유채, 보스턴 미술관

혁명을 상징하는 문명을 그렸습니다. 한편 그의 작품 중에는 식민지 침탈을 위해 나선 전함이나 노예선 등 제국주의적 만행을 규탄하는 그림들도 있습니다. 터너가 1840년에 완성한 〈노예선〉에는 '죽은 자와 죽어가는 자를 바다에 던지는 노예상인들-폭풍이 다가온다'라는 긴 부제가 붙었습니다.

터너는 붉은 빛과 노란 빛의 강렬한 변주, 잿빛 바다와 하얀 하늘의 극적인 대조, 물결치듯 덧칠한 붓질을 통해 실제로 발생했던 참혹한 사건을 고발합니다. 그가 바라본 세상은 여느 화가들이 그린 풍경처럼 항상 목가적이지만은 않았습니다. 터너는 대기 중의 물 또는 불과 같은 요소들의 대립으로 자연현상을 이해하면서 폭풍우나 화재 같은 재해를 강렬한 색채를 통해 표현함으로써 이른바 '평화롭지 않은' 풍경화의 새로운 영역을 개척했습니다. 이 그림 〈노예선〉은 그 중 하나입니다.

두껍게 채색한 물감은 거칠고 현란한 붓의 움직임으로 화면 전체를 어지럽게 메웁니다. 폭풍우 속에 난파 직전의 범선이 위태롭게 떠 있습니다. 충격적인 건 화면의 오른쪽 하단입니다. 팔다리가 쇠사슬에 묶인 노예들이 거친 파도에 휩쓸려가고 있습니다. 사나운 물고기 떼가 노예들의 몸뚱이를 물어뜯고 그 주위로 피 냄새를 맡은 갈매기들이 몰려듭니다.

노예들은 먼 아프리카 대륙에서부터 몇 달 동안 상상하기조차 끔찍한 배 위의 좁은 공간에 짐짝처럼 묶여있었으니 유럽에 도착하기 전에 병들어 죽는 일이 다반사였습니다. 터너는 노예선 위에서 병들거나 죽어가는 노예들을 바다에 내던진 노예상들의 만행을 고발한 언론기사를 접하고 충격을 받아 이 그림을 그렸습니다.

이 사건은 1839년 출판된 토머스 클락^{Thomas Clark, 1775~1859}의 〈노예거래 폐지의 역사〉에 자세히 묘사되어 있는데요. 영국에서 노예거래는 1807년 공식적으로 금지되었지만, 이 그림이 그려진 1840년에도 노예시장은 여전히 성행했습니다. 심지어 스페인과 미국에서는 노예무역이 성황을 이뤘지요. 1840년 노예제 종식을 위한 국제회의가 런던에서 개최되기도 했지만, 영국의 노예상들은 여전히 노예 중계무역으로 큰돈을 벌고 있었습니다.

더 큰 문제는 운송보험 계약상 항해 중 바다에서 실종된 노예에 대해서는 보험금을 지급받을 수 있었지만 배안에서 사망한 경우에는 보험금을 지급받을 수 없었다는 사실입니다. 당시 노예들은 해난보험에 가입돼 있었는데요. 폭풍우 등 위기 상황에서 화물을 버리고 배를 지키는 행위는 '화물 포기'라서 보험금 지급대상에 해당했지만, 죽어가는 노예는 '병든 화물'로 취급하여 보험금 지급대상에서 제외한 것입니다.

노예상들은 영국으로 돌아와 바다에 던져 버린 노예 한 명당 30파운드의 보험금을 받았습니다. 선장도, 보험회사도 노예를 바다에 던진 만행을 살인이라 생각하지 않았습니다. 노예를 사람으로 여기지 않았으니까요. 당시 법원의 입장은 더 노골적이었습니다. 판결문에는 "노예는 말과 소처럼 취급되어도 좋다"라는 문구가 버젓이 기록되어 있습니다.

터너의 〈노예선〉이 1840년 5월 런던의 아카데미 연례 전시회에 출품되자 비평가들은 비난을 퍼부었습니다. 비평가들은 그림에 나타난 과도한 채색과 거친 붓 터치, 유치한 드로잉 등을 문제 삼았지만, 영국인들이 드러내고 싶지 않은 노예무역이란 역린을 화가가 정면으로 건드린 것에 대한 과민반응이었지요.

법이 무기력하다고 느끼는 순간

영국을 비롯한 유럽의 노예거래는 특히 신대륙에서 크게 번성했습니다. 턱없이 부족한 노동력으로는 넓고 황량한 개척지를 바꿀 수가 없었지요. 노예가 절실했던 것입니다. 영국 출신 화가이자 작가인 크로우Eyre Crowe, 1824~1910는 〈판매를 기다리는 노예들〉에서 수군거리는 백인 노예상들에 둘러싸인 흑인들의 가혹한 운명을 그렸습니다.

지난 400여 년 동안 신대륙으로 끌려 온 아프리카 흑인 노예는 최소 1,500만 명으로 추산됩니다. 이 가운데 200만 명이 노예선에서 숨을 거뒀습니다. 어처구니없지만 미국에서의 노예거래는 법률에 근거하여 성행한 하나의 제도였습니다. 미국 연방의회가 1850년에 의결한 '제2차 도망노예법(Second Fugitive Slave Act)'이 바로 그 대표적인 악법입니다. 도망노예법이란 다른 주로 도망간 노예의 반환에 관한 법규로, 도주 사실 및 도망자의 확인은 일방적 증언만으로 결정되었고, 도망자에게는 스스로 변론하는 것을 허용하지 않는 내용을 골자로 합니다. 아울러 도망한 노예를 놓쳤거나 법의 집행을 거부하는 보안관 및 노예를 도망가게 도운 이에게도 벌금을 부과했지요.

크로우, 〈판매를 기다리는 노예들〉, 1861년, 캔버스에 유채, 개인 소장

　노예제도는 미국으로 하여금 남북전쟁이라는 혹독한 대가를 치르게 합니다. 그리고 남북전쟁이 끝난 뒤인 1865년 12월 18일에 "노예제는 미국 연방 및 미국 연방의 관할에 속하는 어떤 지역에서도 금지된다"는 내용의 수정헌법 제13조가 연방의회를 통과하지요.

　미국 인권 존중사상의 징표인 수정헌법에서 노예제의 금지를 천명했으니 드디어 흑인들에게 살맛나는 세상이 도래했을까요. 미국 남부에서는 '짐크로 우법(Jim Crow Laws)*'이라는 악법을 통해 1876년부터 1965년까지 무려 90년 가까이 흑인에 대한 인종차별을 자행했습니다. 가령 흑인의 수영장 출입을 금지하는 등 공공장소에서 흑인과 백인을 법으로 분리한 것입니다.

　짐크로우법은 'separate but equal(분리하되 평등)'이라는 모순형용 논리의 근거가 되었는데요. 호머 플래시Homer Plessy, 1862~1925라는 혼혈계 미국인이 흑인의

---

* 짐 크로우는 1830년대 미국 코미디 뮤지컬에서 백인배우가 연기해 유명해진 흑인 캐릭터 이름에서 따온 것으로, 흑인을 경멸하는 의미가 담겼다.

탑승을 금지한 열차칸에 탔다가 체포되는 사건이 발생했습니다. 플래시는 끝까지 법정투쟁을 이어갔지만, 담당 판사인 헨리 브라운Henry Brown, 1836~1913은 '분리하되 평등' 논리를 들어 플래시의 주장이 이유 없다고 판결합니다. 백인과 흑인은 헌법상 '평등'하지만 '분리' 처분을 명시한 법 또한 유효하기 때문에 이를 어기는 흑인은 처벌되어야 한다는 궤변에 가까운 논리입니다.

그로부터 50여 년이 훌쩍 지난 1954년 5월 17일에서야 비로소 연방대법원은 브라운 사건(Brown v. Board of Education of Topeka)에서 교육시설에서의 흑인과 백인의 분리가 수정헌법을 위반했다고 판결합니다. 그런데 이 판결 직후 아이젠하워Dwight Eisenhower, 1890~1969 미국 대통령은 기자들의 질문에 이렇게 말합니다.

"나는 법이 사람의 마음을 바꿀 수 있다고는 생각하지 않는다."

아이젠하워 대통령의 말은 슬프게도 사실입니다. 짐크로우법은 1965년에 폐지되었지만, '분리하되 평등'이라는 궤변이 오늘날 미국 사회에서 완전히 사라졌다고 할 수 있을까요. 법과 판결의 무기력함을 느끼게 하는 대목입니다. 우리나라는 어떨까요. '근로기준법'에서 '중대재해처벌법'까지 수십 가지 노동법들이 〈법전〉을 채우고 있지만, 부당해고와 임금체불 및 산업재해의 발생은 OECD 국가라는 사실이 부끄러울 정도로 빈번합니다. 어디 그뿐일까요. 우리나라에서 일어나는 외국인 노동자에 대한 부당노동행위는 '우리 안의 오리엔탈리즘'을 자백하는 민낯이 아닐 수 없습니다. 역사가 반복하듯이, '노동착취-노예제-인종차별'도 계급이란 고리를 통해 반복합니다.

메멘토 모리

- 법학이 죽음을 기억해야 하는 이유 -

2023년 봄 학회에서 오래전부터 교류해오던 프랑스 교수 G를 만났습니다. 반가워서 잘 지냈냐고 안부를 물으니 담담하게 말하더군요. 작년에 스위스에서 어머니를 보내드리고 왔다고. 93세가 된 어머니가 어느 날 스스로 거동할 수 없게 되자 스위스에 갈 때가 되었다고, 함께 가 줄 수 있냐고 물으셨답니다. 스위스는 존엄사가 합법화된 나라이지요. 일찍이 어머니의 뜻을 알았기에 기꺼이 동행하여 그녀가 평화롭게 가시는 모습을 지켜드렸다고 하더군요. 너무 슬펐지만 어머니의 선택이기에 자식으로서 받아들일 수밖에 없었다는 말과 함께.

 G의 얘기를 듣는 순간 가슴이 먹먹해지면서 머리 한 구석이 텅 빈 느낌이 들었습니다. 어머니는 변호사이자 법학자인 둘째 아들을 늘 자랑스러워 했지요. 아들이 해외 학회에 갈 때면 종종 동행하여 아들의 발표를 흐뭇하게 바라보곤 했답니다. 그녀는 70대 중반에 프랑스 문학으로 박사학위를 받았을 정도로 지적이며 삶의 의지가 충만했던 어른이었습니다. 하지만 흐르는 세월은 어

클림트, 〈삶과 죽음〉, 1915년, 180.5×200.5cm, 캔버스에 유채, 레오폴드 미술관, 비엔나

쩔 도리가 없었지요. 식사는커녕 배변마저 당신 혼자 처리하지 못하는 삶이 길어지면서 존엄사를 결정한 것입니다.

G의 얘기를 듣는 순간 두 가지 생각이 머릿속에 교차했습니다. 자신의 생이 얼마 남지 않았음을 느꼈을 때 어떤 생각이 들까. 막상 그런 상황에 직면했을 때 존엄사를 결정할 수 있을까. 사람이 언제 죽을지는 아무도 모르는 일이지만, 갑작스런 지인의 부고를 받을 때면 삶과 죽음의 경계가 그리 멀리 있지 않음을 느끼곤 합니다.

어머니의 마지막 선택

클림트Gustav Klimt, 1862~1918는 삶과 죽음 사이에 놓인 어둡고 적막한 경계를 그렸습니다. 어느 누구도 대신 건널 수 없는 고독한 공간이지요. 그림 왼쪽에 검은 십자가 패턴의 가운을 입고 몽둥이를 들고 서 있는 해골은 저승사자입니다. 사람들을 노려보며 호시탐탐 저승으로 데려갈 기회를 엿보는 것 같습니다. 이번에는 또 누구를 데리고 가려는 걸까요. 화면 오른쪽에는 사람들이 서로 부대끼며 엉켜 있습니다. 무리 왼쪽에 있는 젊은 여성만이 눈을 크게 뜨고 저승사자를 정면으로 응시하고 있을 뿐 다른 이들은 모두 눈을 감고 있습니다. 애써 죽음을 외면하고 있지만, 이들 중에 누가 먼저 죽을지는 아무도 모릅니다. 죽음에는 순서가 없기 때문이지요. 아무리 그렇더라도 무리 속 아이는 당장 데려가지 말아야 할 텐데요. 근육질 남성과 바로 아래 여성은 연인관계로 서로 부둥켜안고 있습니다. 죽음은 항상 사람의 인연을 갈라놓습니다.

고개를 숙이고 있는 노인은 저승사자의 선택을 직감한 걸까요. 삶을 체념한 듯한 표정에서 경건함이 느껴집니다. 심지어 아이 곁에 있는 두 여인의 표정에서는 평온함마저 묻어납니다. 무리 위로 올라갈수록 사람들의 표정에는 슬

폼과 두려움보다는 안온함이 서려있습니다. 저승사자로서는 당혹스러울 수도 있겠습니다. 클림트는 삶과 죽음을 하나의 캔버스에 담아냄으로써 둘의 관계가 단절되지 않고 회귀하고 있음을 암시합니다.

G에게서 어머니의 존엄사 얘기를 들었을 때 문득 이 그림이 떠올랐습니다. 어머니는 삶의 긴 여정이 끝나갈 즈음에 저승사자의 낌새를 느끼자 무기력하게 죽기를 기다리지 않고 스스로 속세와의 엉킴을 평화롭게 풀어낸 것입니다.

세상에서 가장 슬픈 그림

우리나라의 장례문화에는 호상(好喪)이란 말이 있습니다. 복을 누리고 장수한 사람의 죽음을 뜻하지요. 물론 모든 인간의 삶이 호상으로 귀결되진 않습니다. 호상보다는 안타까운 죽음이 훨씬 많지요. 언젠가 파리 오르세 미술관에서 만난 〈임종을 맞은 카미유〉는 제가 본 가장 슬픈 그림 중 하나였습니다. 카미유는 모네Claude Monet, 1840-1926의 아내입니다. 모네는 병마와 싸우다 죽음을 앞둔 아내의 마지막 얼굴을 그렸습니다.

그림은 마치 짙은 안개를 채색한 것 같습니다. 형체를 알아보기 힘들 정도로 흐릿해서 오르세에서 안내원에게 제지를 당하지 않을 만큼 그림에 가까이 다가가 세심히 살펴봤던 기억이 납니다. 그림을 보고 있으면 카미유의 얼굴이 점점 푸른색에서 흰색으로 변해가는 듯해 보입니다. 그림 앞에서 자칫 큰 숨을 내쉬기라도 하면 그녀의 얼굴이 홀연히 흩어져 버릴 것만 같습니다. 카미유는 가슴에 꽃이 살짝 보이는 것을 제외하고는 마치 영혼이 육체를 빠져 나와 거의 사라진 것처럼 채색되어 있습니다.

물감으로 덧칠된 그녀의 낯빛이 더 가슴 아팠던 건 삶의 끝자락에서 마지막 온힘을 다해 남편 모네에게 미소를 지어보이고 있기 때문입니다. 모네는 아

내의 미소를 잊을 수가 없었습니다. 아내의 마지막 얼굴을 캔버스에 옮긴 이유입니다.

25살의 패기 넘치는 화가 모네는 18살의 어린 모델 카미유와 사랑에 빠집니다. 하지만 모네 집안의 반대와 경제적 사정으로 결혼식도 올리지 못했지요. 시댁의 냉대와 가난 그리고 병마에 시달렸던 카미유는 두 아이를 뒤로 하고 영원히 세상과 이별합니다.

"어느 날 무척 사랑했던 사람이 죽어갑니다. 점점 창백해지는 그녀의 얼굴에 시선을 떼지 못한 채 관찰하고 있는 나 자신을 깨닫는 순간 놀라움을 금치 못했습니다……내가 그토록 아꼈던 그녀의 모습을 붙잡으려는 생각이 들기도 전에 기질적으로 변화하는 그녀의 낯빛에 대한 전율이 일어나기 시작했습니다."

모네가 그림을 완성한 뒤 남겼던 글귀에서 세상에서 가장 참혹한 순간을 맞이했을 때 느꼈던 예술가로서의 전율과 그 대상이 가장 사랑하는 사람이라는 슬픔이 교차하는 복잡한 심경이 읽힙니다. 이 그림은 모네가 살아 있는 동안 단 한 번도 전시되거나 판매된 적이 없었습니다. 심지어 그의 서명도 사후에 찍혔다고 합니다.

죽음에 얽힌 법학의 논쟁

예로부터 화가들은 삶의 덧없음을 그렸습니다. 이를 가리켜 바니타스(vanitas) 라고 합니다. 특히 네덜란드 출신 화가들은 'Homo bulla'라는 라틴어에 경도되어 이를 주제로 그림을 그렸습니다. 'Homo bulla'를 우리말로 옮기면 '인간은 거품이다' 정도가 되는데요. 인간의 삶이란 곧 사라지는 거품처럼 허무함을 의미합니다. 네덜란드의 종교화가 야콥 데 비트 Jacob de Wit, 1695~1754는 아기들이 비누거품을 불고 있는 모습을 그렸습니다. 비누거품들은 아기들을 상징합

모네 〈임종을 맞은 카미유〉, 1879년, 90×68cm, 캔버스에 유채, 오르세 미술관, 파리

니다. 태어난 지 얼마 안 된 아기들의 토실 토실한 살결은 비누거 품처럼 영롱해 보이지 만, 세월이 흘러 언젠 가는 흔적도 없이 사 라져 해골만 남게 될 것입니다. 그래서일까 요. 'Homo bulla'를 그 린 거의 모든 그림에 는 해골이 등장합니다. 한편 해골은 삶의 덧 없음만을 상징하지 않 습니다. 네덜란드 화 가들이 해골을 그리 면서 'Homo bulla'와

야콥 데 비트, 〈Homo bulla〉, 1724년, 120×90cm, 캔버스에 유채,
바이블(Bijbels) 박물관, 암스테르담

함께 가슴에 품었던 문장은 'Memento mori'입니다. 역시 라틴어인데 우리말 로 옮기면 '죽음을 기억하라'입니다.

법학자에게 죽음이란 'Homo bulla'가 아닌 'Memento mori'의 의미가 깊습 니다. 법학에서 죽음은 '소멸'과 '생성'의 의미가 공존합니다. 가령 민법에서 죽음은 '상속'이라고 하는 새로운 법률관계를 생성시킵니다. 형법에서는 어떤 사건이 피의자(혹은 피고인)의 사망으로 종결되는가 하면, 살인으로 수사와 기 소가 개시되기도 하지요. 그런 의미에서 화가의 붓끝이 삶의 덧없음에 침잠한 다면, 법학자의 펜촉은 죽음의 기억에 방점을 찍습니다.

법학에서 죽음은 학설과 판례의 경연장이기도 합니다. 법학은 죽음의 시작, 즉 '인간은 언제부터 사망했다고 보는가'부터 첨예하게 대립합니다. 심장 고동이 영구적으로 정지한 때를 죽었다고 보는 '맥박종지설', 호흡이 영구적으로 멈춘 때라고 보는 '호흡종지설'이 있습니다. 그리고 뇌의 기능이 완전히 소실되어 회복불가능한 상태인 뇌사를 죽음으로 인정하는 '뇌사설'도 함께 논의되고 있지요. 통설과 판례는 '맥박종지설'로 모아집니다.

그런데 '맥박종지설'은 한계가 있습니다. '맥박종지설'만을 주장할 경우 뇌사는 아직 살아 있는 상태가 되므로, 뇌사자로부터 장기를 적출하는 것은 살인죄의 구성요건에 해당하게 됩니다. 따라서 '장기 등 이식에 관한 법률'을 통해 뇌사자의 장기 이식이 허용되도록 입법적으로 해결한 것입니다.

병상의 죽음을 맞이할 권리

법학에서 죽음에 대한 논쟁 중 가장 뜨거운 감자는 앞서 G교수의 어머니가 선택한 '존엄사' 즉 '안락사(安樂死, euthanasia)'입니다. 인간 생명의 존엄성은 아무리 강조해도 지나치지 않습니다. 그런데 살고는 있으나 사는 것이 아닌 경우가 있습니다. 예컨대 오랜 세월 식물인간처럼 병상에 누워있어야만 하는 상황이라면, 삶과 죽음의 실존적 문제에 봉착하게 됩니다. 이는 옳고 그름의 정답 찾기 영역이 아니지요. 저마다 처한 상황에서 종교적 신념과 삶의 가치관이 다르기 때문입니다.

문제는 환자 본인이 안락사에 대한 의사를 문서로 남겨놓지 않은 경우입니다. 이때 환자 부모와 배우자의 견해가 대립한다면 누구의 손을 들어줘야 할까요. 보호자 사이에 합의가 이뤄지지 않을 경우 최종 결정은 주치의가 내릴까요, 아니면 판사가 결정할까요. 쉽지 않은 문제입니다.

프랑스의 한 사례를 함께 생각해 보겠습니다. 2008년 9월 뱅상(31세)은 오토바이로 출근하다 교통사고를 당했습니다. 뱅상은 자상한 남편이자 2개월 된 딸을 둔 아빠입니다. 병원에서는 그가 뇌에 심각한 상해를 입어 의식을 잃은 식물인간 상태에 빠졌다고 했습니다. 그는 중환자실에서 기계에 연결되어 한 가닥 튜브로 코를 통해 공급되는 영양분과 물로 생명을 유지할 수밖에 없었습니다. 뱅상의 상태가 4년 간 전혀 나아질 기미를 보이지 않자 병원 의료진과 주치의는 연명치료를 중단할지 여부를 그의 아내와 숙의합니다. 여기서 치료 중단이란 튜브를 통한 영양분과 물의 공급을 중단하는 것이고 이는 곧 뱅상을 죽음에 이르게 할 것입니다.

아내는 의학적으로 회생이 불가능하다는 의료진의 설명에 치료 중단을 결정합니다. 하지만 독실한 가톨릭 신자였던 뱅상의 부모는 즉각 반발하여 병원을 상대로 소송을 제기합니다. 법원은 병원 측이 연명치료 중단에 대해 부모 및 형제와 논의하지 않았다는 이유로 원고의 손을 들어 줍니다. 그러자 병원 측은 다시 뱅상의 형제들로부터 동의를 받았고, 2014년 법원은 연명치료 중단을 허가하는 판결을 내립니다. 그런데 여전히 아들의 연명치료 중단을 반대한 뱅상의 부모는 항소와 함께 유럽인권법원에도 제소합니다. 2015년 유럽인권법원은 "인위적인 연명은 적절하지 못한 치료 즉 치료적 집착(therapeutic obstinacy)에 해당할 수 있다"는 이유로 부모의 청구를 기각합니다. 그 사이 항소법원은 1심을 뒤집어 연명치료 중단 허가가 이유 없다며 원심으로 파기환송합니다. 소송 결과에 따라 연명치료 중단과 재개가 반복을 거듭합니다. 그리고 마침내 프랑스 최고법원인 파기원은 항소법원의 판단을 뒤집고 뱅상으로부터 튜브를 제거할 수 있다는 최종결정을 내립니다. 연명치료를 중단한 뱅상은 숨을 거둡니다. 10년 9개월 12일간의 긴 투병은 그렇게 막을 내렸습니다.

뱅상사건에 앞서 프랑스는 2005년 '말기환자 등의 새로운 권리를 규정하

뭉크, 〈죽은 어머니와 소녀〉, 1899년, 105×180cm, 캔버스에 유채, 뭉크 뮤지엄, 오슬로

는 법률'을 제정했습니다. 이 법은 "의학적 치료가 무용·부적절하거나 인위적 생명연장 외에 다른 효과가 없다고 판단될 때는 치료를 미루거나 중단할 수 있"음을 골자로 합니다. 문제는 식물인간 상태에서 가끔 눈을 뜨기는 하지만 외부 자극에 아무런 반응을 하지 못하는 뱅상의 사례가 이 법의 적용을 받을 수 있는지 여부였습니다.

가족의 죽음을 결정하는 일에 있어서 이성과 감정은 강하게 충돌할 수밖에 없습니다. 의학적으로 회복이 불가능한 뱅상의 죽음을 받아들여야 하는 이성적 판단에 앞서 자식의 죽음을 인정할 수 없었던 뱅상의 부모 심정은 오죽했을까 싶습니다. 이러한 마음을 담아 그림 한 점을 보겠습니다. 노르웨이 화가 뭉크Edvard Munch, 1863~1944의 〈죽은 어머니와 소녀〉입니다.

그림 속 어머니의 얼굴은 하얀 침대처럼 창백합니다. 소녀가 입은 빨간색 원피스와 선명한 대조를 이룹니다. '선명한 슬픔'이란 이런 걸까요. 피할 수 없는 슬픔입니다. 어린 소녀는 귀를 막고 애써 어머니의 죽음을 외면합니다. 사랑하는 사람을 잃으면 '부정-분노-협상-우울-수용'의 5단계를 거친다고 합니다. 그림 속 소녀는 부정의 단계에 놓여 있습니다. 뱅상의 부모는 부정과 분노 사이 어느 지점에서 아들을 떠나보내지 못했던 게 아닐까 싶습니다.

'죽음에 조력한다'는 법리 논쟁

뱅상사건과 비슷한 시기에 우리나라에서는 이른바 '김할머니사건'이 있었습니다. 김할머니는 2008년 2월 건강검진으로 폐암 조직검사를 받다가 과다출혈로 식물인간이 되었습니다. 자녀들은 같은 해 5월 평소 어머니의 뜻에 따라 인공호흡기 등 연명치료 중단을 요구했지만(튜브의 영양 공급 중단을 요구하지는 않았습니다), 병원 측은 가족의 요청을 거부했습니다. 결국 병원과 환자 가족 사이에 법정공방이 이어지면서 상고심인 대법원에까지 이르게 됩니다.

2009년 5월 대법원은, "식물인간 상태인 고령의 환자를 인공호흡기로 연명하는 것에 대하여 질병의 호전을 포기한 상태에서 현 상태만을 유지하기 위한 연명치료는 무의미한 신체침해 행위로서 오히려 인간의 존엄과 가치를 해하는 것이며, 회복불가능한 사망의 단계에 이른 환자가 인간으로서의 존엄과 가치 및 행복추구권에 기초하여 자기결정권을 행사하는 것으로 인정되는 경우에는 연명치료 중단을 허용할 수 있다"고 판시하여 가족의 손을 들어줍니다. 김할머니는 위 판결에 따라 인공호흡기를 뗀 뒤에도 201일을 더 자가호흡으로 사시다 2010년 1월 운명하셨습니다.

김할머니사건은 2018년 1월부터 시행에 들어간 '호스피스·완화의료 및 임종과정에 있는 환자의 연명의료결정에 관한 법률'(이하 '연명의료결정법') 제정에 중요한 단초가 되었습니다. 연명의료결정법은 회생가능성이 없는 임종기 환자가 연명치료를 중단하기 위한 요건을 다음과 같이 명시합니다.

① 건강할 때 미리 '사전연명의료의향서'를 작성한 경우

② 말기·임종기 환자가 직접 '연명의료계획서'를 작성한 경우

③ 환자가 평소 연명치료를 원치 않았음을 가족 2인 이상이 진술한 경우

④ 가족 전원이 동의한 경우 가운데 위 한 가지 요건을 충족한 경우

연명의료결정법은 최근 개정을 통해, 환자의 부모와 배우자·자녀·손자 등 모든 직계 존·비속의 동의를 받아야 했던 ④번 조건을 완화하여, 이제는 환자의 배우자와 부모·자녀의 동의만 있으면 허용하도록 했습니다. 바람직한 개정이라고 생각합니다. 그리고 한 걸음 더 나아가, '의료에 있어서 지속적 대리인제도(Durable Power of Attorney for Health Care)' 도입을 고려해 볼 필요가 있습니다. 자신의 의사능력이 상실되었을 경우 본인을 대리하여 의료 결정을 내리거나 의료행위에 대한 동의를 할 대리인을 지정하여 서면으로 대리권을 수여하는 제도입니다.

연명의료결정법이 시행되고는 있지만 여전히 안락사의 허용 범위를 놓고 견해가 갈립니다. 일반적으로 안락사란 불치(不治)의 병 등으로 극심한 고통에 시달리는 환자 본인 또는 그 가족의 요청에 따라 인위적으로 죽음을 앞당기거나 생명 유지에 필수적인 영양 공급 혹은 약물 투여를 중단함으로써 생명을 단축하는 행위를 말합니다. 사망시기를 인위적으로 앞당기지 않는 '소극적 안락사'와 약물 투여 등으로 사망시기를 앞당기는 '적극적 안락사'로 나뉩니다. 보통 존엄사는 소극적 안락사를 의미합니다.

최근 국회에서는 2022년 6월에 발의된 '연명의료결정법 일부개정법률안'이 재발의됐습니다. 개정법률안은 이른바 '의사의 조력에 의한 존엄사'(이하 '조

력존엄사') 허용을 주요 골자로 합니다. 조력존엄사는 연명치료를 중단하기 위한 경구약(또는 주사제) 처방은 의사가 하되, 이를 복용(투약)하는 행위는 환자 본인이 직접 하는 것을 말합니다. 소극적 안락사로 한정하던 존엄사의 범위를 좀더 넓히자는 취지입니다.

조력존엄사 법제화를 찬성하는 입장은 이렇습니다. 첫째, 죽음에 대한 자기 결정권이 보장되어야 합니다. 둘째, 인간은 누구나 품위 있는 죽음을 선택할 권리가 있습니다. 셋째, 장기간 의식불명 환자의 가족이 겪는 현실적인 어려움을 더 이상 외면해선 곤란합니다.

조력존엄사 법제화를 반대하는 입장은 첫째, 조력존엄사가 법제화되면 말기 환자들에게 죽음을 강요하는 사례가 생길지도 모릅니다. 둘째, 의료비 부담 탓에 사회적 약자들이 조력존엄사라는 '현대판 고려장'에 내몰리는 부작용이 우려됩니다. 셋째, 이로 인한 생명경시 풍조를 경계합니다.

삶이 숭고한 이유

조력존엄사를 허용하는 대표적인 국가로는 스위스와 네덜란드가 있습니다. 네덜란드는 존엄사를 세계에서 가장 먼저 합법화한 국가입니다. 스위스에는 조력존엄사를 돕는 단체들이 생길 정도로 존엄사에 대한 사회적 저변이 넓습니다. 이런 이유로 존엄사가 엄격한 나라의 국민들 중에 스위스로 향하는 이들이 해마다 늘고 있습니다. 우리나라도 예외는 아닙니다. 2023년 7월 기준 스위스에서 조력존엄사 단체의 도움을 받아 사망한 한국인이 최소한 10명이라는 외신도 있습니다. 300여 명의 한국인이 디그니타스 등 스위스 조력존엄사 단체에 가입되어 있다는 보도도 있습니다.

하지만 실상을 들여다 보면 스위스의 조력존엄사에 얽힌 불편한 진실과 마주하게 됩니다. 스위스 정부는 처음에는 말기암이나 전신마비 같은 회복불가능한 환자들에게만 조력존엄사를 허용했습니다. 그런데 2006년부터 특정 질병이 없어도 무기력할 수밖에 없는 고령의 노인이나 우울증 등 정신질환자들에게도 조력존엄사를 허용합니다. 스스로 삶을 마감하고자 했던 한 정신질환자가 조력존엄사 허용을 두고 스위스 연방대법원을 상대로 한 소송을 제기해 승소했기 때문입니다. 당시 연방대법원은 스스로 판단능력이 있는 사람이라면 누구나 자신의 삶을 끝내는 시간과 방법을 정할 권리가 있다고 판시했지요. 여기에는 삶의 의미를 잃어버린 우울증 환자도 포함된다고 봤습니다. 2018년 호주의 식물학자 데이비드 구달David William Goodall, 1914-2018이 특별한 질환이 없음에도 스위스에서 조력존엄사로 104세의 나이로 생을 마감해 크게 화제가 되기도 했지요.

조력존엄사는 영어로 'physician-assisted suicide'라고 표기합니다. 우리말로 옮기면 '의사조력자살'이 됩니다. 조력존엄사가 조력자살이라는 말과 혼용되는 것은 이런 이유 때문입니다. 그런데 자살을 돕는다는 표현은 자칫 형법상 '자살방조죄'를 연상시킬 수 있습니다. 특히 스위스에서처럼 조력존엄사의 범위가 넓을 경우 형법상 자살방조죄와의 구별이 쉽지 않아집니다. 스위스는 물론 우리나라 형법도 자살방조를 처벌하고 있는데요. 자살방조란 이미 자살을 결의하고 있는 자에 대하여 그의 자살행위를 원조하여 자살을 용이하게 하는 행위를 말합니다(형법 제253조).

제아무리 생명에 대한 자기결정권을 존중한다고 해도 자살은 전혀 다른 문제입니다. 삶의 허무 등 정신적 고통에서 벗어나기 위해 자살을 선택하는 것은 회복불가능한 불치병으로 의료진과의 숙의 아래 연명치료 중단을 결정하는 것과는 본질적으로 다르지요. 그런 의미에서 스위스에서 행해지는 넓은 범위의 조력존엄사를 찬성할 수 없습니다. 해마다 자살률이 상승 곡선을 그리는 통계*에 신경이 쓰였던 스위스 정부는 차라리 인간답게 삶을 끝낼 수 있도록 한다는 '부당한 명분'으로 조력자살의 범위를 넓히도록 국민적 공감대를 끌고 간 건 아닐까요. 생명에 대한 뒤틀린 가치관의 발로라는 생각마저 듭니다.

이 대목에서 다시 그림 한 점을 감상하겠습니다. 영국 화가 밀레이^{John Everett} ^{Millais, 1829~1896}가 그린 〈오필리아〉입니다. 밀레이는 셰익스피어^{William Shakespeare,} ^{1564~1616}의 〈햄릿〉 4막 7장에서 햄릿의 어머니이자 덴마크 왕비인 거트루드가 오필리아의 오빠 레어티스에게 비극적인 최후를 전하는 장면을 그렸습니다. 오필리아는 연인 햄릿이 자신의 아버지를 살해한 충격에 실성하여 강물에 몸을 던집니다.

밀레이는 희극 속 오필리아의 절망적인 심리상태를 꽃들로 묘사했습니다. 그녀의 목에 걸려있는 제비꽃은 '신뢰'와 '젊은 날의 죽음'을, 그녀 뺨의 장미는 '아름다움'을, 오른손 위에 부유하는 양귀비는 '깊은 잠'과 '죽음'을 의미합니다. 그리고 하얀 데이지 꽃은 '순결'을, 팬지는 '공허한 사랑'을, 아도니스는 '슬픔'을 내포합니다. 또 그녀를 향해 늘어진 버드나무 가지는 '버림받은 사랑'을, 그 뒤편의 쐐기풀은 '고통'을 상징합니다.

이 그림이 1852년에 왕립아카데미를 통해 처음 세상에 공개되자 당시 비평가들 사이에서는 그야말로 쓴소리 일색이었습니다. 무엇보다 자살을 소재로 그린 것 자체가 불편했지요. 보수적인 성공회가 국교인 영국 사회에서 자살은 신의 섭리를 거스르는 죄악이었습니다. 그럼에도 불구하고 밀레이는 자살한 오필리아의 모습을 천사보다 아름답게 그렸습니다. 자칫 자살을 미화한 게 아니냐는 오해를 살 만했지요.

밀레이의 〈오필리아〉는 영국인들이 가장 좋아하는 그림으로 꼽힙니다. 영

---

*하지만 스위스의 자살률은 인구 10만 명당 11.1명(2019년 기준)으로, OECD 국가들의 평균보다 높지 않다. OECD 자살률 1위인 한국(2020년 기준 10만 명당 24.1명)의 절반에도 미치지 않는다.

밀레이, 〈오필리아〉, 1852년, 76.2×111.8cm, 캔버스에 유채, 테이트 브리튼 미술관, 런던

국인들은 대체 왜 이 그림을 좋아하는 걸까요. 정말로 죽은 오필리아가 천사보다 아름다워서일까요. 혹시 영국인들은 삶이 버거울 때마다 오히려 절망의 끝을 걷다 죽음을 택한 오필리아를 통해 큰 위로를 받는 건 아닐까요.

아주 가끔 사는 게 끔찍할 만큼 힘겨울 때가 있습니다. 하지만 별 도리가 없습니다. 사는 수밖에요. 그럴 때 저는 '산다'가 아니라 '살아낸다'고 말씀 드리고 싶습니다. 인생이란 사는 게 아니라 견디는 것, 살아내는 것이지요. 삶이 숭고한 이유입니다.

When Dike met Muse

전쟁을 심판한 그림들

- 전쟁법과 양심적 병역거부를 소환하다 -

범죄가 자주 일어나는 우범지역을 흔히 무법천지(無法天地)라고 하지요. 말 그대로 법이 없는 혼돈상태를 뜻합니다. 그런데 우범지역하고는 비교도 안 될 만큼 무섭고 참혹한 무법천지가 있습니다. '전쟁'입니다.

아이러니하게도 무법천지한 전쟁에도 나름 '법'은 존재합니다. '전시국제법(law of war)'입니다. 전시국제법은 국가 간의 개전선언 및 전시행위에 적용되는 법으로, 전쟁법(戰爭法)이라 불리기도 합니다. 전시국제법은 교전국 간에 적용되는 '교전법규'와 교전국과 중립국의 관계를 규정하는 '중립법규'로 구성됩니다. 19세기로 접어들면서 식민지 침략을 둘러싼 서구 열강들 간의 이권 다툼이 잦아지자 국제사회는 전쟁 피해를 최소화하려는 일환으로 '교전법규(laws of warfare)'를 만듭니다. 〈제네바 협정〉(1868년)과 〈헤이그 평화조약〉(1899년, 1907년)이 대표적인 예인데요. 전투가 허용되는 교전구역과 무기, 전투 참여자의 자격, 폭격의 계획 및 부상병과 포로, 민간인의 인도적 보호 등에 이르기까지 자세한 사항을 국제조약에 명시하지요.

하지만 교전법규는 두 차례 세계대전에서 제 역할을 하지 못했습니다. 나치는 유대인 등 민간인 대량학살과 주변국을 향한 무차별 선전포고를 일삼았지만, 국내법과는 달리 구속력이 없는 국제조약인 교전법규는 나치의 만행에 속수무책이었던 셈이지요.

침략자들을 향한 고야의 경고

오래 전부터 화가들은 전쟁을 주제로 그림을 그렸습니다. 나폴레옹 같은 전쟁 영웅을 상찬하거나 애국심을 고취시키려는 의도에서였습니다. 반면 스페인의 국민화가 고야Francisco Goya, 1746~1828는 침략국 군대의 민간인 학살 현장을 캔버스에 옮겼습니다. 마드리드 프라도 미술관에 가면 반드시 봐야할 대작 〈1808년 5월 3일의 학살〉입니다.

그림의 제목이 암시하듯 고야는 1808년 5월 3일에 자행된 침략국 프랑스군의 민간인 학살 장면을 그렸습니다. 18세기 말과 19세기 초의 유럽은 나폴레옹Napoléon Bonaparte, 1769~1821이 일으킨 전쟁의 소용돌이에 휘감겨 있었지요. 나폴레옹의 야욕은 당연히 이웃나라인 스페인까지 미쳤습니다. 나폴레옹은 카를로스 4세Charles IV, 1748~1819의 무능과 정치적 혼란을 틈타 자신의 친형 조제프Joseph Bonaparte, 1768~1844를 스페인 국왕으로 추대합니다. 이에 분노한 마드리드 시민들이 총·칼로 무장한 프랑스군에 맞서 봉기하지만 실패로 돌아갑니다. 프랑스군은 마드리드 시민들을 무차별 학살합니다. 고야는 바로 그 참혹한 장면을 그렸습니다.

그림 속 언덕 뒤쪽으로 펼쳐진 칠흑 같은 어둠은 절망과 죽음의 분위기를 자아냅니다. 이미 처형을 당해 죽은 사람들의 시체가 바닥에 널브러져 있고,

고야, 〈1808년 5월 3일의 학살〉, 1814년, 268×348cm, 캔버스에 유채, 프라도 미술관, 마드리드

죽음을 앞둔 시민들이 어깨를 움츠리고 얼굴을 가린 채 있습니다. 바로 그 무리 속에서 당당히 양팔을 들고 있는 청년이 있습니다.

고야는 청년의 모습을 마치 십자가에 못 박힌 예수와 같은 자세로 묘사함으로써 처형당한 시민들이 모두 순교자임을 암시합니다. 저 멀리 구원을 상징하는 성당이 이를 방증합니다.

일렬로 늘어서 총구를 겨누는 군인들의 자세는 감정이 없는 냉혈한으로 묘사되어 있습니다. 그런데 군복 어디에도 프랑스군이라는 징표가 없습니다. 고야는 이 그림을 특정한 역사적 비극에 한정하지 않았습니다. 화가는 잔악한 폭력과 학살이 시공을 넘어 언제 어디에서도 일어날 수 있음을 경고합니다.

전쟁에서의 민간인 학살은 지금도 크게 달라지지 않았습니다. 국제사회는 1949년 체결된 '제네바 민간인 보호 협약'으로 민간인 학살을 금지시킨 바 있습니다. 하지만 최근 발발한 러시아-우크라이나 전쟁에서도 적지 않은 민간인 학살이 일어났지요.

"프랑스가 막시밀리안을 저격했다"

고야의 〈1808년 5월 3일의 학살〉은 미술사적으로도 매우 중요한 의미가 있는 작품입니다. 마네와 피카소 등 후대의 거장들이 이 그림을 오마주하여 그들이 살았던 시대에 일어난 전쟁을 그렸기 때문입니다.

마네^{Edouard Manet, 1832~1883}의 〈막시밀리안 황제의 처형〉은 1867년 6월 19일 멕시코에서 총살당한 막시밀리안^{Maximilian, 1832~1867} 황제를 그린 것입니다. 1858년 가난한 원주민 출신 법률가 후아레스^{Benito Pablo Juarez, 1806~1872}가 대통령이 되자 국민 대부분은 환영했지만 대지주와 가톨릭 성직자들은 인정하지 않았습니다. 기득권세력은 후아레스 정부의 개혁에 격렬히 반대했는데요. 결국 내전으로 번지자 프랑스에 군사적 도움을 요청합니다. 해외 식민지 확장에 열을 올리던 나폴레옹 3세^{Napoléon III, 1808~1873}는 군대를 파견하여 1864년 멕시코를 점령하고 오스트리아 합스부르크가의 일원인 젊은 막시밀리안 대공을 식민지의 황제로 추대합

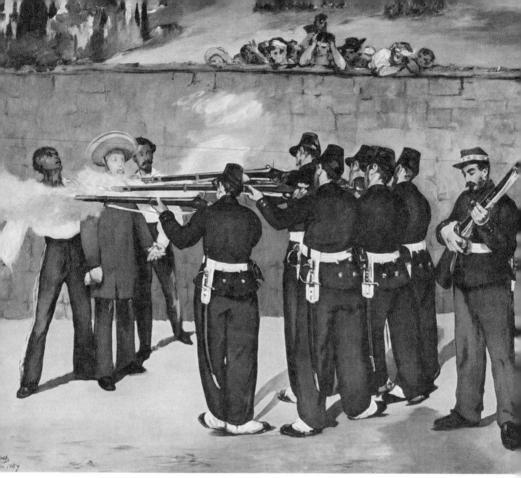

마네, 〈막시밀리안 황제의 처형〉, 1868년, 252×305cm, 캔버스에 유채, 만하임 미술관, 독일

니다. 그러나 남북전쟁을 끝낸 미국이 후아레스를 지원하면서 프랑스군은 패배를 거듭하여 철수하게 되고, 망명을 거부한 막시밀리안은 법정에서 사형을 선고받습니다.

　마네는 나폴레옹 3세의 제국주의 야욕에 희생양이 된 막시밀리안의 비참한 최후를 그렸습니다. 담벼락 위에서 머리를 감싸고 팔을 괴고 있는 사람들은 멕시코 원주민처럼 보입니다. 조국이 강대국들의 전쟁터가 된 비정한 현실을 그저 무기력한 관찰자가 되어 바라보는 것 같습니다. 사형수는 막시밀리안을 비롯해 3명뿐인데 비해 집행자는 6명이나 됩니다. 승전국과 패전국 사이 힘의 불균형이 느껴집니다.

화가는 어떤 감정의 과잉도 없이 사물이나 풍경을 처음 느꼈던 '인상' 그대로 묘사했습니다. 심지어 집행자와 사형수 모두 검정색과 흰색만으로 채색하는 등 어느 누구에게도 포커스를 맞추지 않았습니다. 사형 집행이란 끔찍한 장면을 총구와 담벼락이 평행하는 단순한 구도로 표현함으로써 별다른 극적인 장치 없이 상황을 객관적으로 묘사했습니다. 마치 전쟁 중의 평범한 일상을 기록한 사진 같습니다. 그래서일까요. 그림을 보는 관람자들은 오히려 더욱 섬뜩한 공포를 느낍니다. 사람을 처형하는 게 평범한 일상이라니 말입니다.

총을 쏘는 멕시코 군인 무리 뒤로 시선을 아래로 향한 채 무심하게 총의 상태를 살피는 하급관리가 보입니다. 그는 프랑스군을 배신하고 후아레스 군대의 일원이 된 프랑스 본토인입니다. 마네는 이러한 인물 배치를 통해 비극의 책임이 프랑스 본국에 있음을 지적합니다. 당시 프랑스의 진보 지식인들 사이에서는 나폴레옹 3세의 무리한 침략 전쟁을 강하게 비판했지요. 작가 에밀 졸라Émile Zola, 1840~1902는 "프랑스가 막시밀리안을 저격했다"라는 공격적인 논평을 내기도 했습니다.

패전국의 원수 및 군사책임자는 전범(戰犯)으로서 무거운 책임을 져야만 합니다. 같은 맥락에서 막시밀리안은 나폴레옹 3세를 대신해 총살형을 받은 것입니다. 전범을 처벌하는 국제군사재판은 제2차 세계대전 직후 승전국인 연합국의 주도로 본격화 되었습니다. 당시 전범들은 뉘른베르크재판 및 도쿄재판에 회부되어 A·B·C급으로 나뉘어 처벌되었습니다. A급은 침략전쟁을 계획·준비·수행하고 공동모의를 한 자, B급은 교전법규나 관례를 위반하여 살해·포로학대·약탈 등을 저지른 자, C급은 반인도적으로 살인·학살을 하거나 국적이나 종교가 다르다는 이유로 민간인을 학대하거나 노예화한 자입니다.

이념적 덫이 된 걸작

|

마네에 이어 피카소^{Pablo Picasso, 1881~1973}도 고야의 그림을 오마주했는데요. 뜻밖에도 그는 한국전쟁에서의 양민 학살 장면을 그렸습니다. 가로 폭이 2미터가 넘는 화면 오른쪽에 투구와 철제 갑옷으로 무장한 군인들이 총·칼을 겨누고 있고, 그 반대편에 임신부와 아이들이 벌거벗은 채 잔뜩 겁에 질려 있습니다. 그림의 구도가 고야의 〈1808년 5월 3일의 학살〉과 닮았습니다.

이 그림은 1950년 황해도 신천군에서 일어난 이른바 '신천군 학살사건'을 다루고 있습니다. 한국전쟁이 발발하고 UN군이 북상하자 신천군에 남아있던 반공세력들은 폭동을 일으켜 관공서를 장악하고 퇴각하던 인민군을 공격했습니다. 아울러 공산당의 부역자들과 그 가족까지 숙청했지요. 이후 중국군의 개

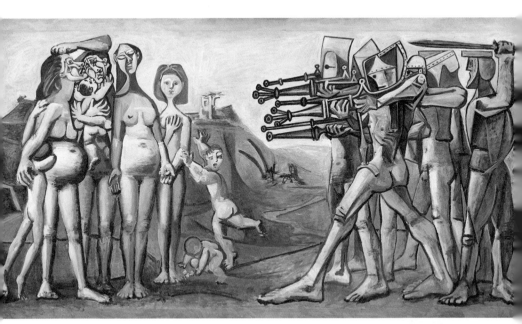

피카소, 〈한국에서의 학살〉, 1951년, 110×210cm, 캔버스에 유채, 피카소 미술관, 파리

입으로 전세가 역전되자 이번에는 인민군이 남쪽으로 진군하는 과정에서 미처 퇴각하지 못한 국군 가족들을 무차별 살육합니다. 당시 상황에 대해서는 남측과 북측의 주장이 서로 엇갈렸지만, 피카소는 전쟁으로 인해 무고하게 희생당한 사람들과 이들에게 총부리를 겨눌 수밖에 없었던 군인들의 비극적인 운명을 은유적으로 묘사했습니다.

서양미술사에서는 이 그림과 함께 스페인 내전을 그린 〈게르니카〉(1937년)와 나치를 비판한 〈시체안치소〉(1945년)를 피카소의 '반전(反戰) 3부작'이라 기록합니다. 피카소는 두 차례 세계대전과 스페인 내전까지 전쟁의 시대를 살아내야 했던 예술가였지요. 하지만 한때 그가 프랑스 공산당에 가입했다는 사실을 꼬투리 삼아 '반전 3부작'에 이념적 덫이 씌워지기도 합니다. 매카시즘을 비롯한 반공주의가 득세하던 1950년대 미국에서는 〈한국에서의 학살〉이 미군의 양민 학살을 고발한 작품으로 단정하고 한동안 피카소 작품들을 자국에서 열리는 전시회에서 퇴출시키는 어처구니없는 일들이 벌어졌지요.

내전의 비극을 그리다

전쟁은 국가 간 충돌로만 일어나지 않습니다. 국가 안에서 정치적, 이념적, 지역적 갈등이 심화되어 내전(內戰)의 형태로 일어나기도 하지요. 한국전쟁에는 '동족상잔(同族相殘)의 비극'이라는 수식어가 따라붙습니다. 동족상잔이란 같은 겨레끼리 치르는 전쟁인데요. 다만 한국전쟁이 '내전(內戰)'에 해당하는가에 대해서는 견해가 엇갈립니다.

남북전쟁(the Civil War)은 미국이 치른 전쟁 중에서 가장 피해 규모가 큰 내전이라 할 수 있습니다. 두 차례의 세계대전과 한국전쟁, 베트남전쟁과 아프가니스탄전쟁에 이르기까지 미국이 치른 모든 대외 전쟁의 전사자와 맞먹는 규모의 희생자가 남북전쟁에서 발생했지요. 당시 미국 총인구(약 3,100만 명)의 10%가 넘는 320만 명이 전쟁에 동원됐는데 이중 60만 명 이상의 군인이 사망했고, 민간인을 포함하면 100만 명 이상이 목숨을 잃었다는 기록이 전해집니다.

한편 근·현대 전쟁사에서 남북전쟁 못지않게 중요한 내전으로 꼽히는 게 '스페인 내전'입니다. 1936년 2월 총선거에서 승리한 인민전선 내각이 들어서자 이를 반대하는 프랑코Francisco Franco, 1892~1975가 군대를 이끌고 반란을 일으킵니다. 대부분의 내전에는 어김없이 외부세력이 개입하는데요. 스페인 내전도 마찬가지였습니다. 파시스트가 정권을 장악한 독일과 이탈리아는 프랑코를 지원했고, 인민전선 정부 측은 러시아가 원조합니다. 프랑코 반정부군은 1939년 3월 수도 마드리드를 함락하면서 내전을 승리로 이끕니다.

스페인 내전은 1930년대 유럽을 휩쓸었던 이데올로기가 첨예하게 대립하다 급기야 무력 충돌로 이어진 대표적인 사례입니다. 당시 유럽의 지식인을 비롯한 문화예술인들은 프랑코의 반지성적 쿠데타를 질타합니다. 헤밍웨이Ernest Miller Hemingway, 1899~1961는 종군기자로 참전하면서 겪은 스페인 내전의 참상을 소설 〈누구를 위하여 종은 울리나〉를 통해 전 세계에 고발합니다. 피카소는 반전 3부작 중 하나인 〈게르니카〉에서 무고한 양민을 학살한 현장을 그립니다. 위대한 첼리스트 카잘스Pablo Casals, 1876~1973는 훗날 국제사회가 프랑코 정권을 묵인하는 것에 대한 항의 표시로 음악활동 중단을 선언합니다. 그리고 스페인 초현실주의 거장 달리Salvador Dalí, 1904~1989는 〈삶은 콩이 있는 부드러운 구조물〉이라는 그림을 통해 스페인 내전이 그로부터 머지않아 발발하게 되는 제2차 세계대전이라는 거대한 비극의 전조임을 예견합니다.

이 작품의 부제는 '내란의 예감'인데요. 달리는 실제로 스페인 내전이 있기 6개월 전에 그림을 완성했습니다. 고국의 불안한 정치적 상황이 심상치 않음

달리, 〈삶은 콩이 있는 부드러운 구조물〉, 1936년, 99.9×100cm, 캔버스에 유채, 필라델피아 미술관

을 직감한 달리는 초현실적인 이미지를 통해 자신이 겪고 있는 극심한 불안감을 표현했습니다. 달리는 이 그림에서 지평선 배경을 가능한 한 낮게 묘사하고 기괴한 대상을 극단적으로 잡아 늘림으로써 기존의 원근법을 뭉개버립니다. 달리 특유의 '왜곡(歪曲) 원근법'은 혼돈의 시대를 은유하지요.

얼핏 보면 그림 속 두 괴물이 서로 싸우는 것처럼 보입니다. 위의 괴물은 얼굴과 가슴, 한쪽 다리를 가지고 있는데 반해 그 아래 것의 형상은 뭐라 설명할 수 없을 정도로 모호합니다. 그런데 이 두 존재를 합쳐서 보면 인간을 닮은 형체가 됩니다. 즉 하나의 인체가 둘로 분리되어 서로 싸운다는 구상은 스페인 내전을 상징합니다. 바닥에 떨어져 있는 것은 내장처럼 보이지만, 달리는 이를 가리켜 삶은 콩이라고 했습니다. 아비규환의 내전 속에서 굶주림을 호소하는 민중을 위로한 것이지요.

달리는 괴물의 얼굴을 고야의 〈자식을 잡아먹는 사투르누스〉에서 모티브를 가져왔다고 밝혔습니다. 신화에 등장하는 사투르누스(그리스 신화의 크로노스)는 권력을 빼앗길까 두려워 자식까지 잡아먹은 극악무도한 존재입니다. 신화에 관심이 많았던 초현실주의자 달리의 면모를 엿볼 수 있는 대목입니다. 달리는 인간에 내재한 난폭성의 발로가 곧 전쟁이며, 그 잔혹한 현장은 사투르누스가 혈육을 잡아먹는 살풍경과 다르지 않음을 경고합니다.

평화에 대한 값비싼 대가

전쟁의 개념을 법적으로 정의하는 것은 쉬운 일이 아닙니다. 전쟁에는 늘 첨예한 이해관계가 대립하기 때문입니다. 그럼에도 불구하고 전쟁의 개념에 대한 논의는 중요합니다. 전쟁이란 나라와 나라 또는 교전단체가 무기를 가지고 싸우는 일로, 전시국제법상 선전포고로 일어납니다. 전쟁은 크게 '적법한 전쟁(legal war)'과 '위법한 전쟁(illegal war)'으로 나뉘는데요. 위법한 전쟁이 침략 전쟁을 가리킨다면, 적법한 전쟁은 보통 '자위(自衛)를 위한 전쟁'을 말합니다.

우리 헌법은 제5조 제1항에서 "대한민국은 국제 평화의 유지에 노력하고 침략적 전쟁을 부인한다"고 규정하여 위법한 전쟁 금지를 명시하고 있습니다. 다만 적의 도발에 맞서는 군사적 대응은 '침략적 전쟁'에 해당하지 않지요. 즉 우리 헌법이 '자위를 위한 전쟁'까지 부인하는 건 아니라는 얘깁니다. 아울러 '국제 평화의 유지에 노력하고'라는 문구를 통해 해외에 평화유지군을 파견하는 것이 헌법정신에 저촉되지 않는 것으로 해석할 수 있겠습니다.

한편 이웃나라인 일본 평화헌법의 경우, '자위를 위한 전쟁'의 해석에 있어서 문제의 소지가 있습니다. 일본의 현행 헌법은 1946년 연합국의 일본 점령 당시 미군 주도의 연합군 최고사령부가 초안을 작성하고 국회에서 약간의 수정을 거쳐 이듬해인 1947년 5월부터 시행됐는데요. 헌법 제9조에서 일본의 군대 보유를 사실상 전면 금지하고 있기 때문에 평화헌법이라 불리게 되었지요. 따라서 일본은 UN이 인정하는 집단적 자위권은 있지만 이를 행사하지는 못합니다. 전범국에 대한 UN의 조처인 셈이지요.

그런데 지난 2014년 7월 1일 아베정부는 "일본과 밀접한 관계에 있는 나라에 무력공격이 발생해 일본의 존립이 위협받고, 국민에게 명백한 위험이 있는 경우 최소한의 실력행사는 헌법상 허용된다"는 내용의 새로운 헌법 해석을 통해 집단적 자위권 행사의 발판을 마련했습니다. 그리고 2015년 9월에는 집단적 자위권 행사를 규정한 안보법제를 도입해 사실상 평화헌법 제9조를 유명무실화시켰지요. 이로써 자위대는 일본이 직접 공격을 당하지 않더라도 자국의 안전이 위협받거나 국제사회의 평화가 위태롭다고 판단될 경우에 세계 어디에서든 교전이 가능해졌습니다.

평화는 결코 아무런 노력 없이 이뤄지는 게 아닙니다. 반드시 그에 상응한 대가를 치러야 하지요. 우리 헌법이 선언한 '평화 유지' 역시 마찬가지인데요. 이를 위한 합당한 조치가 필요합니다. 그 중 가장 핵심이 바로 '국방의 의무'입니다. 대한민국 국민이라면 누구나 외국의 침략행위로부터 국가의 독립을 유지하고 영토를 보전하기 위해 국방의 의무를 집니다. 헌법 제39조는 제1항에서 "모든 국민은 법률이 정하는 바에 의하여 국방의 의무를 진다"고 규정하고 있고, 1949년 병역법이 공포되면서 징병제를 원칙으로 하는 병역제도가 실시되고 있습니다. 이에 따라 대한민국 남성은 병역법 제3조에 따라 병역 의무를 지게 되어 정부의 군대에서 일정 기간 동안 복무해야 하지요.

병역 의무는 으레 당연한 것처럼 보이지만, 헌법이 보장하는 다른 기본권과 서로 충돌하는 문제가 발생하기도 합니다. 특히 헌법상 '양심의 자유'와의 관계가 그렇습니다. 우리 헌법 제19조는 "모든 국민은 양심의 자유를 가진다"라고 명시하고 있는데요. 헌법에서 말하는 양심이란 구체적으로 어떤 걸까요. 우리 주변에는 종교적 또는 개인적인 신념에 따라 군복무나 무장을 거부하는 사람들이 있습니다. 이를 가리켜 '양심적 병역거부(Conscientious Objection)'라고 하는데요. 역사적으로 양심적 병역거부자들은 대부분 처형·투옥되거나 사회적인 불이익을 받았습니다. 그만큼 병역 의무는 매우 엄중합니다.

역사에 기록된 최초의 양심적 병역거부자는 고대 로마제국의 막시밀리아누스Maximilianus, 274~295로 알려져 있습니다. 그는 입대할 나이가 되자 로마군인으로서 황제에게 충성을 맹세할 것을 강요받았습니다. 하지만 독실한 기독교인이었던 막시밀리아누스는 비폭력 평화를 강조한 성경의 가르침대로 군복무를 거부하다 참수형을 당하지요(훗날 그는 성인으로 추대됩니다).

양심적 병역거부가 최초로 합법화된 것은 1575년 네덜란드에서 빌럼 1세Willem I, 1533~1584가 메노나이트(Mennonite)* 신도들로 하여금 세금으로 군복무를 대신할 수 있도록 하는 법령을 선포하면서였습니다. 양심적 병역거부는 영국에서도 크고 작은 논란을 일으켜왔습니다. 1757년 영국에서는 퀘이커(Quarker)** 신도들의 군복무를 면제하는 법률을 제정했음에도 불구하고 병역거부로 인한 사회적 핍박을 피하기 위해 아메리카 신대륙으로 이주하는 이들이 적지 않았습니다. 병역을 피해 대서양을 건너온 이들이 지금의 펜실베이니아주의 기반

---

* 네덜란드의 종교개혁자 메노 시몬스(Menno Simons, 1496~1591)에 의해 생겨난 교파로, 기독교 교리를 엄격하게 지키는 삶을 강조하는 과정에서 군복무를 세금으로 대신하기도 했다.
** 1647년 영국인 조지 팍스(George Fox, 1624~1691)가 창설한 프로테스탄트의 한 교파로, 아메리카 신대륙을 중심으로 급진적 청교도 운동을 전개했다.

을 닦은 것으로 알려져 있는데요. 이런 이유로 미국은 독립 초기부터 양심적 병역거부로 인한 논란이 끊이질 않았습니다.

남북전쟁이 한창이던 1863년 의회는 미국 역사상 최초로 '징병법'을 통과시킵니다. 자신을 대신해 복무할 사람을 데려오거나 300달러를 내면 군복무를 면제해주다가 다시 법을 개정해 오직 종교적인 이유로만 군복무를 면제받을 수 있도록 하지요. 아래 그림은 미국 화가 골^{William Gilbert Gaul, 1855~1919}이 그린 〈집을 떠나며〉입니다. 그는 주로 남북전쟁 시기의 생활사를 캔버스에 담았습니다. 병역의무를 다하기 위해서 전쟁터로 떠나는 아들을 아버지가 격려하고

골, 〈집을 떠나며〉, 1907년, 85.7×111.1cm, 캔버스에 유채, 버밍엄 미술관, 앨라배마

있습니다. 하지만 아버지의 표정에는 아들을 다신 볼 수 없을지도 모른다는 불안감이 서려 있습니다. 이를 눈치 챈 어머니는 오열합니다.

전쟁의 피해자이자 가해자란 운명

두 번의 세계대전을 통해 대량학살 및 핵폭격이라는 엄청난 참극을 겪은 인류는 이른바 '생존을 위한 평화'에 눈을 뜨게 됩니다. 이로 인해 양심적 병역거부에 대한 가치관에도 변화가 찾아옵니다. 양심적 병역거부가 20세기 이전까지는 주로 종교적 이유에서 일어났다면, 세계대전 전후로는 평화 자체에 대한 갈급에서 반전운동에 바탕을 둔 양심적 병역거부가 생겨나기 시작한 것이지요.

영국에서는 일찍이 1916년 병역법을 개정하여 대체복무를 허용합니다. 반면 나치 독일은 제2차 세계대전이 발발하자 양심적 병역거부자들을 탈영병으로 간주하여 수용소에 감금하고 처형합니다. 종전 이후 독일은 이에 대한 반성적 조처로 헌법에 '병역을 거부할 권리'를 명시합니다. 동독과 서독으로 분단되어 군사적으로 대립하고 있었음에도 양심적 병역거부를 합법화한 것이지요.

미국에서 양심적 병역거부가 가장 심했던 시기는 베트남 전쟁에서였습니다. 베트남전에서의 패배는 미국인들에게 큰 충격을 가져다주었습니다. 이는 반전에 대한 국민적 공감대로 나타나지요. 이로 인해 미국 정부는 1973년 징병제를 폐지합니다. 당시 미국 대통령 후보였던 지미 카터^{Jimmy Carter}는 당선공약으로 모든 병역 거부·기피자 및 탈영병을 사면하겠다고 선언합니다. 그는 당선되자마자 취임 바로 다음날 그 약속을 지킵니다.

남과 북이 대치한 휴전상태인 우리나라에서 양심적 병역거부는 법으로 허용되지 않는 위법행위였습니다. 우리나라에서 일어나는 대부분의 양심적 병역거부는 여전히 종교적인 이유가 가장 많습니다. 전쟁과 관련된 일체 행위에 가담하지 않겠다는 종교적 신념을 가진 여호와의 증인 가운데 징역형을 선고받은 이들이 무려 2만여 명에 달하지요.

2018년 6월 헌법재판소는 대체복무제를 규정하지 아니한 병역법 제5조 제1항에 대해 헌법불합치 결정을 내렸습니다.* 이로 인해 2019년 12월 개정된 병역법에는 '대체역'이 신설되었습니다. 양심적 병역거부자들이 더 이상 감옥에 가지 않고 일정한 심사를 통과하면 대체복무를 통해 구제받을 수 있는 길이 생긴 것입니다.

OECD 37개 회원국 중 징병제를 채택하고 있는 국가는 13개국입니다. 이중 10개 국가가 양심적 병역거부를 인정하여 대체복무제를 실시하고 있습니다. UN 역시 1989년 '세계인권선언' 제18조 및 '시민적·정치적 권리에 관한 국제규약' 제18조에서 양심에 따른 병역거부권을 보장하고 있습니다.

"당신은 전쟁에 관심이 없을지 몰라도, 전쟁은 당신에게 관심이 있다."

러시아 혁명가 트로츠키^{Leon Trotskii, 1879~1940}가 한 말입니다. 곱씹을수록 참 무서운 말이 아닐 수 없습니다. 병역은 이행하지 않으면 안 되는 헌법상 의무이지만 그 근저에는 전쟁이 있습니다. 전쟁의 관심추가 당신, 아니 우리를 향하는 건 우리 자신이 총을 들어야 할 의무의 대상이자 바로 그 총이 겨누는 타깃이기도 하기 때문입니다. 전쟁에서 우리는 싸움의 수단이자 폭력의 대상입니다. 우리는 전쟁의 피해자일까요, 아니면 가해자일까요. 홀로코스트(유대인 학살)는 전쟁광이 아닌 상부의 명령에 순응한 지극히 평범한 사람들의 냉소적 무관심에 의해 자행되었다는 아렌트^{Hannah Arendt, 1906~1976}의 말이 큰 울림을 주는 이유입니다.

---

*헌법재판소 2018. 6. 28. 선고 2011헌바379 등 결정

입은 비뚤어져도
할 말은 하는 법리

- 명예의 보호와 표현의 자유가 충돌할 때 -

'오른쪽 그림은 무엇을 그린 걸까요?'라는 질문에 어디선가 고개를 갸우뚱거리며 '이게 그림 맞아요?'라는 반문이 들리는 것 같습니다. 네, 그림이 맞습니다. 심지어 19세기 후반 미술계를 떠들썩하게 했던 작품이지요. 영국에서 활동했던 미국 화가 휘슬러James Abbott McNeill Whistler, 1834~1903가 런던의 크레몬 정원에서 있었던 불꽃놀이의 순간을 그린 것입니다.

화가는 블랙 · 다크블루 · 다크그린을 채색하여 전반적으로 어두운 배경 위에 오렌지 · 레드 · 핑크 · 옐로 등 밝은 색상의 반점을 흩뿌려 불꽃들이 만개하는 순간을 묘사했습니다. 오렌지 빛에서 피어오르는 연기는 짙푸른 템스 강물과 밤하늘을 구분 짓는 동시에 경계를 모호하게 만듭니다. 안개 자욱한 공기가 화면 전체에 퍼지면서 사람들의 실루엣을 감싸는 장면에서 이 그림의 장르가 추상화란 사실을 깨닫게 됩니다.

'검은색과 황금색의 야상곡 – 떨어지는 로켓(Nocturne in Black and Gold – the

휘슬러, 〈검은색과 황금색의 야상곡 – 떨어지는 로켓〉, 1877년, 60.3×46.6cm, 캔버스에 유채, 디트로이트 미술관

Falling Rocket)'이라는 작품 제목도 예사롭지 않습니다. 화가는 밤하늘로 쏘아올린 불꽃들이 터지는 광경에서 로켓 엔진이 내뿜는 불씨들을 떠올렸던 모양입니다.

불꽃의 매력은 순간적으로 발화하다 사라져버리는 찰나성(刹那性)에 있습니다. 불꽃에서 형형색색의 빛이 발하는 것은 연소반응 때문입니다. 각각의 금속들이 화약과 함께 연소하면서 산소와 결합하는데, 이때 발생하는 빛은 원소마다 다른 파장을 일으킵니다. 따라서 화약에 혼합된 금속마다 서로 다른 색깔로 빛나는 불꽃을 만드는 것이지요.

프랑스대혁명 기념일에 트로카데로 광장에 앉아 에펠탑을 배경으로 하늘을 수놓았던 불꽃놀이를 보며 환호했던 기억이 납니다. 성대한 행사마다 펼쳐지는 불꽃놀이의 역사는 제법 깊습니다. 일찍이 중국인들은 불로장생의 환약을 만들려는 연단술(鍊丹術)에서 기원한 화약을 제조하는 과정에서 분사하는 불꽃에 매료되어 중추절 같은 명절에 악귀를 물리치려고 불꽃놀이를 했다는 기록이 전해집니다. 이것이 13세기경 마르코 폴로Marco Polo, 1254~1324를 통해 유럽으로 전파되었지요.

예나 지금이나 불꽃놀이에 빠지지 않는 게 음악입니다. 휘슬러는 드뷔시Claude Achille Debussy, 1862~1918의 야상곡에서 영감을 얻어 이 그림을 그렸습니다. 그림의 제목에 '야상곡(夜想曲, Nocturn)'이 붙은 이유입니다. 사실 야상곡은 고요한 밤의 분위기를 나타낸 서정적인 피아노곡으로, 왠지 불꽃놀이하고는 어울리지 않지요. 쇼팽Frédéric François Chopin, 1810~1849의 야상곡을 떠올리면 더욱 그렇습니다. 하지만 드뷔시의 야상곡은 다릅니다. 구름과 축제, 사이렌을 주제로 하는 세 개의 관현악 곡으로 듣는 이에게 꿈과 환상을 불러일으킵니다. 휘슬러가 영감을 얻을 만하지요.

예술이야, 사기야?

|

"눈앞에 보이는 사물을 있는 그대로 그리는 이가 예술가라면, 예술가의 왕은 사진가일 것이다."

휘슬러가 한 얘기입니다. 그는 그리고자 하는 대상의 물리적 정확성에 관심을 두지 않고 그 속에 감춰진 무형의 본질을 포착하는 데 예술가의 진면모가 있다고 생각했지요. 앞서 글을 시작하며 이 그림이 19세기 후반 미술계를 떠들썩하게 했다고 소개했는데요. 화제를 모았다는 건 반드시 좋은 의미만은 아니지요. 불행하게도 이 그림에 얽힌 갈등은 소송으로까지 번졌는데요. 지금부터 그 전말을 살펴보겠습니다.

〈검은색과 황금색의 야상곡 – 떨어지는 로켓〉은 1877년 런던의 그로스브너(Grosvenor) 갤러리에서 처음 전시되었습니다. 당시 영국에는 유독 예술가들이 두려워하는 인물이 있었는데요. 신랄한 비평으로 유명한 존 러스킨John Ruskin, 1819~1900이라는 평론가입니다. 러스킨은 휘슬러의 이 그림을 보고 분노합니다(평론가로서 비평을 넘어 분노까지 했다니 사태의 심각성이 감지됩니다). 그는 매거진 〈포르스 클라비게라(Fors Clavigera)〉의 1877년 7월 판에 다음과 같은 글을 기고합니다.

"그로스브너 갤러리는 이 그림을 전시하지 말았어야 했다. 이 그림은 교육받지 못한 화가의 독단에서 나온 계획적인 사기에 가깝다. 그동안 수많은 런던 토박이들의 경솔한 행동을 접해왔지만, 대중의 얼굴에 물감을 던지고 200기니(guinea)*를 요구한 사람은 없었다."(···표시는 편집자주)

악평도 이런 악평이 없습니다. 러스킨은 낭만주의 화가 터너William Turner, 1775~1851의 작품을 좋아하는 평론가인데요. 터너처럼 미술에서 자연을 섬세하게 묘사하는 근면함(!)을 강조해왔지요. 이러한 예술관을 가진 러스킨에게 휘슬러의 그림은 불편할 수밖에 없었습니다. 문제는 러스킨처럼 저명한 평론가의 말과 글은 파급력이 크다는 사실입니다. 러스킨의 주장대로라면 휘슬러는 예술을 빙자한 사기꾼인 셈이지요.

휘슬러는 가만있지 않았습니다. 러스킨의 혹평이 자신의 명예를 심각하게 훼손했다며 러스킨을 상대로 2,000파운드**의 손해배상과 소송비용을 청구합니다. 이 명예훼손 소송은 세간의 화제를 모았을 뿐 아니라 예술의 본질과 목적이 무엇인지 화두를 던집니다. 평론가들의 예술 비평은 어디까지 허용되어야 하고, 예술지상주의는 과연 얼마나 신성불가침한 영역인가에 대한 논쟁에 불을 지핀 것이지요.

하지만 정작 재판 자체는 그다지 생산적인 논쟁의 장이 되진 못했습니다. 러스킨의 제자로 재판에 증인으로 나선 화가 존스^{Edward Burne-Jones, 1833~1898}는 "휘슬러의 작품은 분명 훌륭하지만 그렇다고 뛰어난 걸작이라고 하기에는 무리가 있다. 구도가 불완전하다. 구도는 색상만큼이나 중요하다"라고 증언했는데요. 존스의 말대로라면 휘슬러의 작품은 예술성이 부족할 뿐 사기에 해당하진 않습니다.

이에 대해 휘슬러는 법정에서 자신의 예술적 가치관에 대해 일장연설을 합니다. 예나 지금이나 예술가가 공적인 자리에서 자신의 창작행위에 대해 얘기할 기회는 그리 많지 않지요. 아무튼 휘슬러의 주장은 법정 안 청중들의 박수까지 받을 정도로 설득력이 있었다는 후문입니다.

물론 이를 지켜만 보고 있을 러스킨이 아니었지요. 러스킨의 변호인은 작품을 '해치우는 데(knock off)'라는 모욕적인 단어를 사용하면서 "그림을 그리는 데 시간이 얼마나 걸렸냐"고 휘슬러에게 묻습니다. 휘슬러가 그림을 그리는 데 전혀 노력을 기울이지 않았고 심지어 그저 장난하듯 휘갈겼다는 인상을 재판장과 배심원들에게 심어주려는 의도였지요.

휘슬러는 "이틀 걸렸소"라고 답변합니다. 그러자 러스킨의 변호인은 겨우 이틀간의 작업 대가가 200기니나 되냐며 휘슬러를 공격하자, 휘슬러는 기다렸다는 듯 이렇게 말합니다. "아니오, 내 생애 전체를 통해 깨달은 지식에 대한 가치를 매긴 것입니다."

당시 배심원 심리에서 법원은 피고인 러스킨이 매거진에 기고한 비평글 중 '계획적인 사기(willful imposture)'라는 표현에 주목했습니다. 이는 원고인 휘슬러의 인격에 대한 진술이지, 그의 작품에 대한 의견표시가 아니라고 하면서 비평가들에게 주어지는 제한적 면책사유인 '공정 논평'에 해당하지 않는다고 했습니다. 배심원들은 원고인 휘슬러의 손을 들어줬지만, 배상액은 단지 1파딩(farthing)***에 불과했습니다. 심지어 소송비용은 각자 부담하라고 했습니다. 휘슬러와 러스킨 모두에게 가혹한 판결이었지요.

휘슬러는 승소했지만 변호사 비용을 마련하려고 진 빚을 갚기 위해 저택과 작품들을 팔고도 부족해 결국 파산하고 말았습니다. 러스킨은 어땠을까요. 그는 패소의 충격으로 심각한 신경쇠약 증세에 시달리다 하던 일까지 접어야 했는데, 명예로운 옥스퍼드대학교 교수직마저 사임하고 맙니다. 타인의 명예를 훼손한 자의 명예도 사라져 버린 셈이지요. 그는 사임의 변으로 "평론가의 견해를 표현할 방법을 영국 법원이 막는 한 나는 교수직에 있을 이유가 없다"라고 했습니다. 영국의 사법부가 예술에 대한 자유로운 평론을 보장하지 않았다는 겁니다.

'휘슬러 대 러스킨'의 명예훼손 재판은 미술계를 넘어 영국 사회 전체에 크게 회자됩니다. 당시 이 사건을 다룬 언론기사들 가운데 인상적인 카툰이 있습니다. 매거진 〈Punch〉에 실린 커투니스트 샘본Edward Linley Sambourne, 1844~1910이 그린

---

* 영국에서 1663년에 처음 주조하여 1813년까지 발행한 금화로, 1기니는 1실링(shilling)의 21배다.
** 현재 가치로 환산하면 약 14만 파운드(한화 약 2억3,000만 원)에 해당한다.
*** 현재 가치로 환산하면 약 7펜스로 한화 112원 정도다.

샘본, 〈법에 대한 호소〉, 1878년 12월 7일자 〈Punch〉 수록,
델라웨어 대학교 도서관

것입니다. 가발을 쓴 판사는 휘슬러에게 커다란 파딩 주화를 선물하며 그가 승소하여 받은 대가가 얼마나 초라한지를 풍자합니다. 러스킨에 대해서는 훨씬 더 신랄합니다. 러스킨을 비꼬는 "예술이라 불리는 벌판에 앉아 있는 늙은 펠리컨"이란 표현에 맞게 묘사했는데요. 러스킨은 마치 참수형을 당하는 죄인처럼 고개를 숙이고 있습니다. 카툰 하단의 머리가 둘 달린 뱀은 재판의 최종 결과를 가리킵니다. 머리에 '비용'이라는 라벨이 붙은 뱀은 휘슬러와 러스킨 모두를 향해 혀를 날름거리며 결국 양측 모두 패소했음을 알립니다.

'휘슬러 대 러스킨' 재판은 예술가의 창작과 평론가의 비평이 충돌하면서 빚어진 갈등에 대한 법리적 논쟁을 불러일으킨 계기가 되었습니다. 휘슬러는 막대한 소송비용으로 파산에 이르긴 했지만, 미술에 있어서 창작의 범위를 확장시켰다는 평가를 받았습니다. 회화에서 대상을 진지하고 섬세하게 묘사하는 기법도 중요하지만, 화가의 추상적인 감성 또한 존중받아야 한다는 겁니다. 수많은 물리적 시간과 노력을 기울여야 하는 사실화가 회화의 중심을 이루던 영국의 화단을 저격한 것이지요.

예술이야, 변기야?

휘슬러의 추상화가 예술이냐, 사기냐에 대한 다툼은 오늘날 더 이상 논쟁거리가 되지 못합니다. 자고로 현대미술은 '충격을 주는 것' 또는 '낯선 것'이라는 주장마저 제기되는 시대에 사기가 웬 말인가요. 그럼에도 불구하고 러스킨이 뒤샹Marcel Duchamp, 1887~1963의 〈샘(Fountain)〉을 보았다면 어떤 비평을 퍼부었을지 상상이 갑니다.

1917년 뉴욕 현대미술관(MoMA)에서의 일입니다. 미국 독립예술가협회가 주최하는 '앙데팡당(Indépendants, 296쪽 각주)' 전시회에 남성 소변기 하나가 출품됩니다. 프랑스 예술가 뒤샹이 가게에서 구입한 변기에 자신의 이름 대신 변기 제조업자 이름인 리처드 머트와 연도(R.Mutt 1917)를 서명하여 'Fountain'이라는 표제를 달아 출품한 것이지요.

프랑스의 앙데팡당전이 미국으로 건너와 개최된 제1회 전시회였던 만큼 예술의 자유를 최대한 보장한다는 취지에서 누구나 작품을 전시할 수 있었습니다. 하지만 변기를 본 주최 측은 이만저만 당혹스러운 게 아니었지요. 과연 변기를 다른 작품들과 함께 전시하는 게 맞는지 갑론을박이 벌어졌고, 결국 〈샘〉을 전시하지 않기로 결정합니다. 이에 대한 뒤샹의 반론은 다음과 같습니다.

"출품료를 낸 작가는 어떤 작품이든 전시할 권리가 있습니다. 무슨 근거로 〈샘〉을 거부하는 건가요. 누군가 〈샘〉을 가리켜 비도덕적이고 상스럽다고 말하는데, 전혀 그렇지

뒤샹, 〈샘〉, 1964년, 높이 36cm, 도자기, 퐁피두센터, 파리

않습니다. 또한 머트가 그것을 직접 자기 손으로 제작했는지 여부는 중요하지 않습니다. 그가 그것을 '선택했다'는 사실이 중요합니다. 그것을 선택함으로써 평범한 생활용품을 가져와 새로운 이름과 관점을 통해 변기의 기능적 의미는 사라졌습니다. 그러니까 사물에 대한 새로운 생각을 창조한 것입니다."

뒤샹은 전통적 미학을 부정하는 동시에 예술적 창조의 모순과 허상을 고발하는 증거물로서 '이미 제작된' 변기를 선택한 것입니다. 이를 가리켜 '레디메이드(ready-made) 혁명'이라 부르는 데요. 예술가의 선택에 의해 예술작품이 된 기성품을 가리킵니다. 이는 뒤샹이 〈샘〉을 통해 창조해 낸 미적 개념입니다. 현대미술에서 미(美)는 '발견' 혹은 '선택'되는 것이라는 시각을 연 것이지요.

변기 아니 〈샘〉에 대한 여러분의 생각은 어떨지 궁금합니다. 한 가지 분명한 것은 예술에 대한 비평과 의견개진은 자유로운 창작행위만큼 존중되어야 하지요. 그 자체가 '표현의 자유'이기 때문입니다. 비평은 주로 출판물이나 미디어를 통해서 이뤄짐에 따라 표현의 자유 중에서 '언론의 자유'에 해당합니다. 다만 비평이 예술작품을 평가하는 것에 그치지 않고 예술가의 인격이나 명예까지 훼손한다면 헌법이 보장하는 표현의 자유를 벗어나는 불법행위(위법행위)가 될 수 있습니다. 우리 헌법은 인격권과 명예권을 직접적으로 명시하고 있지는 않지만, 제10조가 규정하는 '인간의 존엄과 가치'를 실현하는 중요한 개념으로 작용합니다. 결국 언론의 자유와 명예의 보호라는 헌법상 두 기본권이 충돌하게 되는데요. 이 경우 두 기본권의 법익 사이에 무엇이 우선하는지에 따른 이익형량의 문제로 귀결됩니다.

명예의 보호야, 표현의 자유야?

그러면 어디까지가 허용되는 비평(표현)일까요. 즉 명예가 훼손되는 기준은 무엇일까요. 이를 이해하려면 명예훼손에 대한 법적인 개념부터 짚고 넘어가야 합니다. 명예훼손은 민법과 형법에서 달리 해석됩니다.

먼저 민법상 명예훼손은, 말이나 그림 또는 글로서 사람의 품성, 덕행, 명성, 신용 등 인격적 가치에 대한 사회의 객관적인 평가를 저하시키는 행위가 공표되는 경우에 발생합니다. 민법상 명예훼손은 불법행위로 손해배상에 따른 위자료를 청구할 수 있습니다(제764조 제1항).

형법상 명예훼손은, 공연히 사실이나 허위사실을 적시하여 타인의 명예를 훼손함으로써 성립합니다(제307조). 여기서 '공연히'란 불특정 또는 다수인이 인식할 수 있는 상태를 말하는데, 특정된 1인에게 한 말도 결과적으로 불특정 또는 다수인에게 전파될 가능성이 있으면 공연성이 인정된다고 봅니다. 다음으로 '사실 적시'는 그 표현과 함께 전체적 취지와 발언의 맥락을 고려할 때 개인적 의견 진술이 아니라 사실의 표현이 타인의 사회적 가치나 평가가 침해될 가능성이 있을 정도로 구체성을 띠어야 합니다. 그런데 형법상 명예훼손죄는, 그것이 진실이든 허위이든 적시된 사실의 진위 여부에 관계없이 성립합니다. 다만 적시된 사실이 허위라면 형이 가중됩니다(제307조 제2항). 그리고 타인의 명예를 훼손할 정도의 사실을 적시한다는 고의가 있어야 합니다. 아울러 명예훼손죄는 피해자 측의 고소가 없어도 검찰이 기소할 수 있는 '반의사불벌죄'입니다.

반면 공연히 허위의 사실을 적시하여 사자(死者)의 명예를 훼손하는 경우에는 사자 명예훼손죄가 성립할 수 있는데 반드시 친족이나 자손의 고소가 있어야 성립하는 '친고죄'라는 점에서 차이가 있습니다(형법 제308조).

그런데 공연히 사실을 적시하여 타인의 명예가 훼손되었을지라도, 정당방위이거나 피해자의 승낙이 있는 경우 또는 진실한 사실로서 오로지 공공의 이익에 부합하는 경우에는 위법성이 조각(阻却)되어 처벌되지 않습니다(형법 제

310조). 여기서 조각이란 쉽게 말해 위법성이 사라진다는 뜻입니다.

민법상 명예훼손에 비해 형법상 명예훼손죄를 자세하게 다룬 것은 그 존치 여부를 두고 나라마다 다툼이 있기 때문입니다. 영국은 다음의 이유를 들어 지난 2010년에 법무부장관이 명예훼손죄의 폐지를 선언했습니다. "형법상 명예훼손죄는 오늘날처럼 '표현의 자유'가 권리가 아니었던 지나간 시대의 범죄다. 여전히 언론을 제한하는 다른 나라들에 대해 (형법상 명예훼손죄를 폐지함으로써) 영국은 본보기가 될 것이다."

영국은 명예를 지키려고 결투나 보복을 하는 사람들을 막기 위해 13세기에 명예훼손법을 제정한 이래로 다른 사람의 명예를 침해한 행위가 사실이든 거짓이든 상관없이 형사처벌해 왔던 것입니다.

미국도 사실상 명예훼손죄가 없습니다. 1964년 루이지애나 명예훼손 처벌법을 위헌이라고 한 '개리슨 대 루이지애나주(Garrison v. Louisiana)' 판결* 이후 뉴욕과 캘리포니아주를 포함한 여러 주의 법원에서 명예훼손 처벌조항을 위헌 결정했거나 주 의회에서 자발적으로 폐기했지요. 일부 몇몇 주에서 '허위사실 명예훼손죄'를 두고 있지만 검찰이 기소하는 사례는 거의 없습니다.

미국은 명예훼손죄를 사문화시킨 대신 징벌적 손해배상제도**를 활용하여 민사상 손해배상책임을 묻고 있습니다. 특히 타인의 명예 보호가 아니라 사생활 비밀 보호(프라이버시권)에 근거해 민사상 책임을 지우고 있지요. 정치인 등 공인(公人, public figure)의 공적 사안에 대해서는 손해배상의 범위를 크게 제한함으로써 표현(언론)의 자유와 알 권리를 최대한 보장하는 것입니다.

미국에서 민사상 불법행위로 간주하는 명예훼손의 경우에는 그 범위마저 매우 제한적입니다. 즉 가해자가 고의 또는 과실로 피해자의 명예를 훼손하는 사실을 피해자가 아닌 제3자에게 공개한 경우에 한합니다. 따라서 가해자가 피해자와의 1대1 대화에서 명예를 훼손하는 발언을 했다면 불법행위로 보지 않습니다. 뿐만 아니라 피해자가 가해자의 해당 발언 내용에 동의한 경우에도 명예훼손은 성립하지 않습니다. 아울러 해당 발언이 사실인 경우에도 불법행위로 보지 않습니다.

명예의 보호보다 표현의 자유!

미국에서의 명예훼손 법리와 관련하여 흥미로운 그림들이 있습니다. 먼저 살펴볼 작품은 컬런^{Francoszek C.Kulon}이란 화가가 그린 〈우리 명예로운 자유의 판사님(Our Honorable Judge of Liberty)〉입니다. 화가는 과거 자신이 연루된 절도사건을 담당했던 판사 제프리 앨버쉬^{Jeffrey Altbach}를 머리에 뿔이 나고, 염소의 발굽과 꼬리가 있는 악마의 모습으로 그렸습니다. 컬런은 이 그림을 자신의 갤러리 개업을 홍보하는 전단지에 넣어 인쇄합니다. 앨버쉬 판사의 옐로우 페이지 광고를 함께 게재함으로써 누가 보더라도 이 그림의 모델이 앨버쉬 판사임을 알 수 있게 했지요.

이에 분노한 앨버쉬 판사는 컬런이 자신의 명예를 훼손했다며 소송을 제기했습니다. 그러나 법원은, "원고인 판사는 공적인 역할을 하는 공인으로서 그에 대하여는 표현의 자유가 넓게 인정되어야 하고, 위 그림을 본 누구도 앨버쉬 판사를 실제 악마라고 생각하지 않아 전단지에 있는 그림은 사실 적시가 아닌 의견표명에 불과하다"라고 판시***했습니다. 명예보다는 표현의 자유 보호에 방점을 찍은 것이지요.

---

* Garrison vs. Louisiana 379 U.S. 64(1964)
** 가해자의 불법행위에 대해 피해자가 입은 재산상의 손해 원금과 이자에 형벌적 요소로서의 금액이 추가적으로 포함되어 배상하도록 한 제도. 보상적 손해배상만으로는 예방적 효과가 충분하지 않기 때문에 고액의 손해배상을 하게 함으로써 장래에 그러한 범죄나 부당행위를 다시 반복하지 않도록 하는 데 목적이 있다.
*** Altbach v. Kulon, 302 A.D. 2d 655,. 658, 754 N.Y.S. 2d 709, 712 (3d Dep't 2003)

이어서 미국 화가 폴 조지Paul Georges, 1923~2002의 〈뮤즈 강도〉를 살펴보겠습니다. 이 그림에서 화가는 동료 예술가인 실버만Jacob Silberman과 시아니Anthony Siani를 칼을 든 강도로 묘사했습니다. 이에 실버만과 시아니는 조지를 상대로 징벌적 손해배상금으로 각각 3만 달러를 청구하는 소송을 법원에 냈습니다. 원고와 피고는 모두 미술계에 알려진 예술가들로 친구 사이였지만, 예술에 대한 가치관이 충돌하면서 갈등이 생긴 상태였지요.

컬런, 〈존경하는 자유의 판사님〉, 2000년, 119.3×91.4cm, 캔버스에 유채, 개인 소장

원고는 피고가 이 그림을 최소한 1회 이상 전시회에 선보여 명예를 훼손했다고 주장했습니다. 피고는 칼을 든 세 명의 남성이 붉은 천으로 몸을 가린 여성을 암살하려는 장면을 그렸습니다. 강도들은 신원을 숨기기 위해 가면을 쓰고 있지만 아이러니하게도 가면은 자신의 얼굴입니다. 즉 시아니와 실버만의 얼굴이 새겨진 마스크를 쓴 두 남성은 소화전에서 피가 뿜어져 나오는 어두운 골목에서 '예술의 뮤즈'

인 여성을 칼로 위협합니다. 피고는 그림 속 장면이 단지 '우화적'일 뿐이라고 항변했습니다. 반면 원고는 그림에 자신들을 조롱하고 경멸하려는 의도로 강도로 묘사해 명예가 훼손되었다고 주장했습니다.

법원의 배심원들은 이 그림이 원고의 명예를 훼손했다고 평결했습니다. 반면 항소법원은 그림 속 묘사가 명예훼손이 성립하기 위한 악의나 경멸의 수준에 이르지 않는다고 했습니다. 즉 상식적인 사람이라면 이 그림을 보고 원고가 폭행이나 살인 같은 범죄에 실제로 가담했거나 그렇게 할 의도가 있다고 여기지 않을 것이라고 했지요. 아울러 이 그림은 숨겨진 의미를 전달하기 위해 비유와 상징을 사용했다는 점에서 분명히 우화라고 봤습니다. 즉 제목에 '뮤즈'라는 단어를 사용한 맥락에서 알 수 있듯이 그림 속 여성은 예술을 상징하며,

조지, 〈뮤즈 강도〉, 1974년, 203.2×261.6cm, 캔버스에 유채, 개인 소장

원고의 예술적 신념과 활동이 예술을 파괴하는 장면을 비유한 것일 뿐 강도행위를 묘사하지 않았다는 것입니다.

이 소송은 1974부터 1982년까지 무려 8년 동안 이어졌는데요. 법원은 이 판결에서도 표현의 자유와 명예의 보호라는 두 기본권이 충돌할 경우 표현의 자유를 더 우위에 둔 것입니다.*

진실이 명예에 앞서는 이유

표현의 자유를 최대한 보장하는 전 세계적 흐름에 맞춰 우리나라도 미국이나 영국처럼 형법상 명예훼손죄 조항을 없애는 게 맞을까요. 즉 명예훼손에 대해 민사상 손해배상 책임만 묻는 것으로 충분할까요.

명예훼손에 있어서 징벌적 손해배상제도가 없는 우리나라에서는 수사기관을 통해 분쟁을 해결하는 것이 불가피해 보입니다. 다만 내용이 사실로 판명된 경우까지 명예훼손죄로 처벌하는 것은 지나쳐 보입니다. 공익 목적이 있는 경우에는 위법성이 조각되어 형사처벌되지 않지만, 판사에 따라 공익성의 기준에 대한 판단이 달라질 수 있다는 지적이 끊임없이 제기되는 이유입니다. 진실을 알리고 정당하게 비판하는 표현의 자유가 침해될 소지가 있다는 것이지요.

2021년 헌법재판소는 공연히 사실을 적시하여 타인의 명예를 훼손한 자를 형사처벌하도록 규정한 형법 제307조 제1항이 표현의 자유를 침해하지 않는다고 보아 합헌결정**을 내린 바 있습니다. 하지만 저는 해당 결정에서 반대의견이 훨씬 설득력이 있다고 생각합니다.

---

*Silberman v. Georges, 91 A.D. 2d 520 (N.Y. App. Div. 1982).
**헌법재판소 2021. 2. 25. 선고 2017헌마1113, 2018헌바330(병합) 결정

"진실한 사실이 가려진 채 형성된 허위·과장된 명예가 표현의 자유에 대한 위축 효과를 야기하면서까지 보호해야 할 법익이라고 보기 어려운 점을 고려하면, 형법 제307조 제1항은 과잉금지 원칙에 반하여 표현의 자유를 침해[하고]……진실한 사실은 공동체의 자유로운 의사 형성과 진실 발견의 전제가 되므로, '적시된 사실이 진실인 경우'에는 허위사실을 바탕으로 형성된 개인의 명예보다 표현의 자유 보장에 중점을 둘 필요성이 있다."

국제사회에서는 사실 적시 명예훼손죄가 애초부터 없거나 폐지되는 추세입니다. 현재 사실 적시 명예훼손죄가 인정되는 나라는 독일, 프랑스, 오스트리아, 스위스, 일본 정도입니다. 하지만 이 나라들도 진실한 사실이거나 피의자가 진실로 믿을 만한 정당한 이유가 있으면 명예훼손죄로 처벌하지 않지요. UN은 2011년과 2015년 두 차례에 걸쳐 우리나라에 사실 적시 명예훼손죄를 폐지할 것을 권고한 바 있습니다. 여러분의 생각은 어떤가요?

당신의 깃털은 안녕하신가요

- 조세저항을 그린 누드화 -

마음이 답답하거나 힘들어질 때면 듣는 노래가 있습니다. "Tonight I'm gonna have myself a real good time(오늘밤 난 스스로에게 정말로 좋은 시간을 선사할거야)."로 시작하는 영국 록 밴드 퀸의 〈Don't stop me now〉입니다. 언제 들어도 마음이 뻥 뚫리지요. 1993년 여름 새내기 대학생 시절 저는 거의 매일 이 노래와 함께 유럽을 누비며 배낭여행을 만끽했습니다. 그때의 행복했던 기억 때문일까요. 30년이 훌쩍 지난 지금까지도 〈Don't stop me now〉는 '나를 위한 응원가'이지요.

그 시절 흥얼거리며 노래를 따라 부르다가 가사 중에 궁금한 이름이 등장했습니다. "I'm a racing car passing by like Lady Godiva(나는 레이디 고디바처럼 질주하는 레이싱카야).……There's no stopping me(아무것도 날 막을 수 없어)."

레이디 고디바? 고디바 부인? 그가 누굴까. 지금 같으면 스마트폰으로 바로 검색해보면 되지만, 그때만 해도 인터넷이 생소하던 시절이었지요. 귀국 후 등

곳길에 이 노래를 다시 듣다가 문제의 고디바 부인을 신원조회(!)하기 위해 학교도서관으로 향해 두꺼운 백과사전을 뒤졌습니다(그땐 그랬습니다). 그리고 저는 전혀 예상치 못한 흥미진진한 이야기에 빠져들었습니다.

정의로운 누드화

"죽음과 세금을 제외하면 확실한 것은 아무 것도 없다."
미국의 과학자이자 사상가로 1787년 헌법회의 펜실베이니아 대표를 지냈던 벤저민 프랭클린Benjamin Franklin, 1706~1790이 남긴 말입니다. 프랭클린은 우리가 살아가면서 피하고 싶지만 피할 수 없는 두 가지로 '죽음'과 '세금'을 언급했는데요. 그만큼 납세의무를 강조한 거지요. 그런데 고디바 부인을 소개하다 말고 세금 얘기는 왜 하는 걸까요.

동서고금을 막론하고 국가는 빠듯한 나라살림을 위해 어떻게든 세금을 더 걷으려고 합니다. 하지만 국민인 납세자 입장에서 세금은 늘 버겁기 마련입니다. 11세기 초 영국 중서부의 코번트리(Coventry) 지역을 통치하던 봉건 영주 레오프릭 백작Leofric, Earl of Mercia은 소작농에게 가혹할 정도로 높은 세금을 부과하여 원성을 샀습니다. 이를 지켜 본 영주의 젊은 아내 고디바* 부인Lady Godiva은 남편의 가렴주구(苛斂誅求)로 고통 받는 소작농들의 처지를 안타까워하면서 남편에게 세금을 낮춰 줄 것을 여러 차례 간청했지만 영주는 단호하게 거절합니다.

하지만 아내의 간청이 좀처럼 수그러들지 않자 영주는 말도 안 되는 엉뚱한 얘기를 제안이랍시고 늘어놓습니다. "당신이 정오에 알몸으로 말을 타고 마을을 한 바퀴 돌면 모를까……". 영주의 제안에는 결코 아내의 간청을 들어

---

*국립국어원의 외래어 표기에 따르면 '고다이버'가 바른 표기이지만, 이 책에서는 일상적인 용례에 따라 '고디바'로 표기함.

줄 뜻이 없음이 담겨 있습니다.

고디바 부인은 얼토당토 않는 제안을 한 남편이 당장 갈라서고 싶을 만큼 미웠습니다. 그리고 남편을 향한 증오가 커지는 만큼 소작농을 향한 애틋한 마음도 깊어졌지요. 고디바 부인은 남편의 제안을 받아들이기로 결심합니다. 그러자 이러한 사실이 삽시간에 마을 전체에 퍼지고 맙니다.

고디바 부인은 알몸으로 말의 안장 위에 오른 뒤 마을로 향합니다. 그런데 더 감동적인 장면이 펼쳐집니다. 마을 주민 모두가 집으로 들어가 문을 닫아 걸고 창문에 커튼을 내립니다. 순식간에 마을 전체가 고요와 침묵으로 휩싸입니다. 마을 사람들은 고디바 부인에 대한 감사와 존경의 표시로 젊고 아름다운 여성의 알몸을 보고픈 관음적 욕구를 삼간 것입니다.

화가들은 고디바 부인이 알몸으로 말을 타고 마을을 거닐던 그날의 모습을 상상해 캔버스에 옮겼습니다. 이 책에서 소개할 첫 번째 그림은 프랑스 화가 르페브르Jules Joseph Lefebvre, 1836~1911가 그린 〈고디바 부인〉입니다. 르페브르의 그림을 보면 마을은 적막함과 고요함 속에서 평온한 기운마저 감돕니다. 이러한 상황은 말을 끄는 검은 옷차림의 하녀를 통해서도 효과적으로 묘사됩니다.

화면 한 가운데에서 밝게 빛나는 고디바 부인은 부끄러움을 감추지 못하여 두 손으로 가슴을 가리고 있습니다. 그림은 좁고 구불구불한 중세시대의 골목을 배경으로 하고 있어 사실감을 더합니다. 길에는 고디바 부인과 하녀 말고는 단 한 명도 얼씬거리지 않습니다. 한 마리의 박쥐와 비둘기 두 마리만이 주변을 맴돕니다. 박쥐는 고디바 부인을 지키는 호위병을 상징합니다. 혹시라도 고디바 부인을 훔쳐보는 사내가 발견되면 박쥐는 크게 날개 짓하며 경고음을 낼 것입니다. 비둘기는 결코 그런 일은 발생하지 않을 것이라는 평화로운 마을 분위기를 상징합니다.

두 번째 그림은 바로 영국 빅토리아시대 라파엘전파* 화가 콜리에John Maler

르페브르 〈고디바 부인〉, 1890년, 620×390cm, 캔버스에 유체, 피카르디 미술관, 아미엥(프랑스)

콜리에, 〈고디바 부인〉, 1898년, 142.2×183cm, 캔버스에 유채, 허버트 아트 갤러리 앤 뮤지엄, 코번트리(영국)

Collier,1850~1934가 그린 〈고디바 부인〉입니다. 그림 속 고디바 부인은 수줍은 듯 고개를 떨구고 있습니다. 길게 늘어트린 머리카락으로 얼굴을 가린 채, 역시 알몸으로 백마를 타고 천천히 성지 주변을 배회하고 있습니다. 마치 일종의 무언시위 같습니다. 처연한 고디바 부인의 아름다운 자태에서 빛이 나는 것 같습니다. 붉은 안장과 다홍빛 천은 고디바 부인의 뽀얀 피부를 더욱 도드라지게 하는 효과를 자아냅니다. 베이지 톤으로 단순하면서도 고요하게 표현한 거리의 배경은 주제에 집중하도록 돕습니다.

그런데 마을 주민들이 외출을 삼가고 문을 걸어 잠그고 창문에 커튼까지 쳤는데, 그림 속 고디바 부인을 본 사람은 과연 누구일까요. 고디바 부인의 알몸을 본 누군가에 의해서 그녀의 자태 및 주변 분위기가 구전되다 후세 화가들에게까지 전달된 게 아닐까요. 코번트리 지역에서 내려오는 설화에 따르면, 오직 한 명 재단사 톰만이 고디바 부인을 훔쳐봤다고 합니다. 관음증을 일컫는 '훔쳐보는 톰(peeping Tom)'이라는 표현이 여기서 나왔지요. 설화에 따르면, 톰은 천벌을 받아 눈이 멀게 되었다거나 혹은 마을 주민들에게 심한 매를 맞아 시력을 잃었다는 얘기도 있습니다.

문명을 위해 지불하는 대가

고디바 부인의 행동은 오늘날의 시각에서 보면 일종의 '조세저항'입니다. 숭고한 뜻을 관철하기 위한 고디바 부인의 파격적인 알몸 시위는 관습과 상식을 깨는 정치적 행동을 뜻하는 '고다이바이즘(Godivaism)'이라는 용어를 탄생시켰습니다. 아무튼 고디바 부인의 조세저항 운동은, 아내의 대담한 용기를 높이 산 남편의 마음을 움직였습니다. 영주인 남편은 소작농들에게 거두는 세금을 큰 폭으로 낮췄습니다. 영국 코번트리에 가면 고디바 부인의 용기와 저항정신을 기리는 동상을 볼 수 있습니다.

• 영국에서 왕립아카데미에 다니던 젊은 화가들이 1848년에 결성한 단체로, 당시 라파엘로나 미켈란젤로를 모방하는 사조에 반발하여 르네상스 이전처럼 자연에서 겸허하게 배우는 예술을 표방했다.

한편 봉건시대에는 소작농의 세금을 좌지우지할 만큼 영주에게 막강한 권한이 집중되어 있었습니다. 이는 당시 세금의 징수가 매우 자의적이었음을 방증합니다. 적어도 오늘날에는 소수 권력자에 의해 세금의 경중이 정해지지는 않습니다. 이는 국민의 대표기관인 의회의 승인 없이는 국민에게 과세할 수 없다는 '승낙과세원리'에서 발전한 '조세법률주의' 덕택입니다.

"조세는 우리가 문명을 위해 지불하는 대가이다."

워싱턴D.C.에 위치한 미국 국세청 앞에 새겨진 문구입니다. 국민의 기본권을 보장하고 국가가 풍요롭고 평온한 상태를 유지하려면 무엇보다 탄탄한 재정수입이 바탕이 되어야 하는데요. 재정수입의 대부분은 세금을 통해 충당됩니다. 역사적인 관점에서 국가의 존속과 발전은 납세의 의무와 궤를 같이 해왔지요.

조세란 "국가 또는 지방자치단체가 재원을 조달할 목적으로 국민으로부터 강제적으로 부과·징수하는 금전적 부담"입니다. 헌법상 조세의 부과와 징수는 국민의 재산권에 중대한 제한을 가져오기 때문에 이에 관한 사항은 국민의 대표기관인 의회가 제정하는 법률에 의하도록 되어 있습니다. 이는 국민주권주의와 법치주의를 채택하고 있는 민주국가 헌법의 공통된 기본 원칙입니다.

우리 헌법 제38조가 "모든 국민은 법률이 정하는 바에 의하여 납세의 의무를 진다"고 규정합니다. 중요한 것은 세금을 얼마나 납부해야 하는가에 있습니다. 이에 대해 우리 헌법 제59조는 "조세의 항목과 세율을 법률로 정"하도록 규정하고 있습니다. 즉 고디바 부인의 남편인 코번트리의 영주처럼 자의적으로 세금을 부과해서는 안 되고, 국가는 반드시 법률에 따라 과세해야 합니다. 따라서 조세의 종목과 세율뿐만 아니라 과세요건 등은 국회가 제정한 법률로써 정해야 하며, 법률에서 위임하지 않은 내용은 시행령이나 시행규칙에서 정할 수 없습니다. 나아가 과세는 법률을 집행함에 있어서도 엄격하게 해석·적

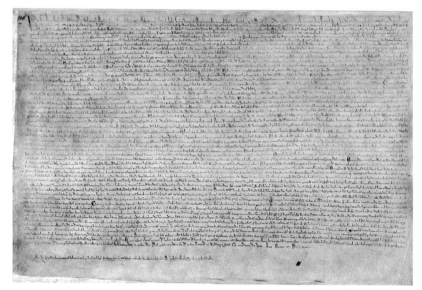

런던 영국 국립도서관에 전시된 마그나 카르타.

용해야 하며, 소급 적용 및 행정편의적인 확장·유추 적용도 엄격하게 금지하고 있습니다.

이러한 조세법률주의는 언제부터 확립된 것일까요. 서구에서는 조세법률주의보다 '조세승낙주의'라는 표현을 즐겨 사용하는데 그 효시는 영국의 마그나 카르타(Magna Carta)입니다. 1215년 6월 15일 템스 강 유역의 러니미드(Runnymede) 초원에서 국왕 존 John, 1167-1216 은 전제군주체제에 맞서 반란을 일으킨 영주(귀족)들과의 협상 과정에서 63개 조항의 규약을 정합니다. 이때 영주들의 권리를 보장하는 의식을 치른 뒤 서명한 문서가 바로 마그나 카르타입니다. 마그나 카르타는 법제사적으로 '법의 지배(Rules of Law)'를 천명한 최초의 문서인데요(179쪽). 특히 제12조와 제14조는 각각 의회주의와 조세법률주의를 명시하고 있습니다.

역사를 거슬러 올라가면 세금은 국가의 건전한 재정수입으로서가 아니라 소수 권력집단의 탐욕을 채우는 수단으로 작용했던 경우가 적지 않았습니다. 마그나 카르타의 발상지 영국도 마찬가지였습니다. 과거 영국은 벽지세, 굴뚝세, 심지어 창문세 등 온갖 종류의 세금을 만들어 과세한 것으로 유명합니다. 이를테면 창문의 개수를 기준으로 세금을 부과했던 시기에 지어진 영국의 집들을 보면 창문 모양을 벽돌로 막아 놓은 건축물을 볼 수 있습니다. 프랑스에서는 창문의 개수가 아니라 창문 폭의 너비를 기준으로 세금을 부과한 탓에 좁고 긴 형태의 창문이 많습니다.

한편 아무리 법률에 의해 세금이 정해졌다고 하더라도 지나치게 세율이 높

커리어, 〈보스턴 차 사건〉, 1846년, 의회도서관, 워싱턴D.C

거나 형평에 어긋난 부당한 과세에 맞서 세금을 내지 못하겠다는 조세저항도 역사적으로 눈여겨봐야 할 대목입니다. 농사지을 땅과 일자리 그리고 종교의 자유를 찾아 북아메리카로 이주한 영국인들은 원주민을 몰아내고 자신들의 터전을 마련합니다. 신대륙 영국인들은 지금의 미국 영토를 13개 지역으로 나누어 각 지역마다 자치의회를 설치한 뒤 본국의 영국인들과 거의 동등한 권리를 보장받습니다.

하지만 영국 왕 조지 3세^{George III, 1738~1820}가 프랑스와의 '7년 전쟁'에서 패하자 어려워진 재정을 위해 신대륙 주민으로부터 세금을 더 거둬들이면서 상황이 급변합니다. 조지 3세는 1765년 인지세법(The Stamp Act)을 만들어 신대륙에서 사용되는 증권, 은행권, 신문, 법정문서를 비롯하여 학위증서에 이르기까지 모든 서류에 영국 정부의 인지를 첨부할 것을 명시합니다. 인지세법의 부당한 과세에 맞서 신대륙 영국인들이 외친 구호가 바로 "대표 없이는 과세 없다(No taxation without representation)"입니다. 이 말은 독립전쟁에서의 슬로건이 될 정도로 신대륙 영국인들로부터 공감을 샀지요. 신대륙 영국인들은, 식민지에 대한 과세권은 오직 식민지 의회에만 있다는 결의안을 채택한 뒤 영국 본토 상품에 대한 불매운동을 벌여 인지세법을 폐지시킵니다.

하지만 이를 지켜만 보고 있을 영국 정부가 아니었지요. 오히려 한 술 더 떠서 영국에서 수출하고 신대륙에서 수입하는 유리, 종이, 잉크, 페인트, 납, 차 같은 상품에 세금을 부과하는 타운센드법(Townshend Acts)을 제정합니다. 이에 신대륙 영국인들이 거세게 항의하자 영국 정부는 군대를 파견합니다. 순간 신대륙에는 일촉즉발의 전운이 감돌게 됩니다.

1773년 12월 16일 밤 신대륙 영국인들은 영국 본토로부터 차(茶) 수입을 저지하기 위해 인디언 복장을 하고 차를 싣고 보스턴 항구에 정박 중이던 동인도회사의 선박에 난입하여 차 342박스를 바다로 던져 버립니다. 영국은 이를 계기로 보스턴 항을 폐쇄하는 등 강경조치를 취했고, 이는 독립전쟁의 결정적인 원인이 되지요. 미국의 석판화가 커리어[Nathaniel Currier, 1813~1888]가 그린 〈보스턴 차 사건〉에는 당시 신대륙 영국인들의 거침없는 저항과 분노가 드러납니다.

대혁명의 도화선이 된 조세불평등

프랑스에서는 조세저항이 대혁명의 도화선 구실을 합니다. 프랑스가 미국의 독립혁명에 개입하여 자금을 지원했는데, 이것이 경제에 악영향을 미쳤지요. 1789년 5월 프랑스 국왕 루이 16세[Louis XVI, 1754~1793]는 제1신분(성직자 10만 명을 대표하여 290명), 제2신분(귀족 40만 명을 대표하여 270명), 제3신분(평민 2,450만 명을 대표하여 585명)의 대표들을 베르사유 궁전에 불러 삼부회를 개최합니다. 당시 프랑스 전체 인구의 98%에 해당하는 평민만이 세금을 납부하고 제1신분과 제2신분은 세금을 감면받고 있어 납세자를 확대하여 국가의 재정 파탄을 막기 위한 목적으로 계급별 대표들을 소집한 것입니다. 삼부회에서 신분별 표결방식을 택할 경우 제1신분과 제2신분이 협력하면 2대1이 되어 평민에게 불리하므로, 제3신분 대표들은 계급별 투표에 반대하고 인원별 표결을 주장했지만 받아들여지지 않았습니다.

제3신분 대표들은 정치지도자 라파예트[Marquis de Lafayette, 1757~1834], 미라보[Honoré Mirabeau, 1749~1791] 백작, 시에예스[Emmanuel Joseph Sieyès, 1748~1836] 신부 등 뜻있는 귀족 및 성직자들과 힘을 모아 삼부회를 국민의회로 전환하기로 결정하고, 자신들의 동의 없이는 어떠한 세금도 징수할 수 없음을 선언합니다.

이에 격노한 왕실이 회의장을 폐쇄해 버리자, 평민 대표들은 므뉘 플레지르 궁에 있는 실내 테니스 코트로 이동해 헌법이 제정되기 전까지 절대로 해산하지 않겠다고 서약합니다. 그리고 파리 시민들은 국민의회를 강제 해산하려는

다비드, 〈테니스 코트에서의 서약〉, 1789년, 65×88.7cm, 캔버스에 유채, 카르나발레 박물관, 파리

루이 16세에 대항해 바스티유 감옥을 습격하고 대혁명을 일으킵니다. 프랑스의 신고전주의 화가 다비드^{Jacques-Louis David, 1748~1825}는 당시 평민 대표들이 테니스 코트에서 서약하는 장면을 그렸습니다.

급진적 개혁을 추진해온 자코뱅당은 당대 최고의 화가이자 열렬한 혁명당원인 다비드에게 대혁명의 기폭제가 됐던 테니스 코트의 서약을 기념할 역사화를 주문합니다. 다비드는 수백 명의 혁명당원들이 열렬히 환호하는 장면을 거대한 캔버스에 옮기기 위해 1년 넘게 습작에 매달렸지만 끝내 그림을 완성하지 못합니다. 요동치던 혁명정국 속에서 그림에 등장하는 인물들이 하루아침에 역적으로 몰려 처형당하는 일이 비일비재했기 때문이었지요.

대혁명의 결과 루이 16세는 단두대의 이슬로 사라집니다. 그리고 국민의회는 새로운 헌법을 작성하기 시작합니다. 그러나 헌법 초안을 작성하는 데는 몇 개월 정도의 시간이 걸렸기 때문에 국민의회는 새 헌법의 정신을 담은 기본원리를 공표했는데, 이것이 바로 '프랑스 인권선언'입니다. 1789년 8월 26일 제헌국회가 채택한 프랑스 인권선언 제14조에는 "모든 국민은 스스로 혹은 대표자를 통하여 공공조세의 필요성을 확인하고 이를 자유롭게 동의하며 그 지출을 확인하고 그 세율, 과세 요건, 징수 및 과세 기간을 결정할 권리가 있다"고 명시합니다. 평민계급이 요구해온 조세법률주의가 프랑스 인권선언에 담기게 된 것이지요. 하지만 이후로도 부당한 과세 문제는 쉽게 해결되지 않았습니다. 조세를 규정한 법률의 내용이 문제가 되었지요.

대혁명은 끝났지만 정치적 혼란은 쉽게 가라앉지 않았습니다. 프랑스 시민들이 피로감을 호소하며 조속한 안정을 염원하는 사이 왕으로 추대된 루이 필리프Louis Philippe,1773~1850는 혁명의 정신을 받들어 시민의 대변자가 되겠다며 공언했지만 말 뿐이었습니다. 왕 위에 오를 때는 '시민의 왕'이라 불렸지만, 권력에서 내려올 때는 '늙은 독재자'란 비난에 휩싸였지요.

당시 프랑스는 산업화로 인한 극심한 빈부격차를 겪어야 했습니다. 부유층이 사치와 여가를 탐닉하는 동안 서민들은 16시간 이상의 고된 노동과 가난, 전염병 등으로 시름했지요. 그러나 아둔한 루이 필리프는 상황 파악을 못하고 시대 흐름도 전혀 읽지 못한 채 부자들의 세금은 감면해 주고 서민들에겐 과도한 세금을 물렸습니다. 결국 프랑스는 대혁명 이전의 암흑시대로 돌아가고 말았습니다.

프랑스 사회를 발칵 뒤집어놓은 그림

살아 있는 권력을 공개적으로 저격한 그림이 있습니다. 풍자화가 도미에Honoré Daumier, 1808~1879가 그린 〈가르강튀아〉입니다. 이 그림이 시사주간지 〈라 카리카튀르(La Caricature)〉에 실리자 프랑스 사회는 발칵 뒤집어집니다. 그림에 묘사된 흉측한 캐릭터는 누가 봐도 루이 필리프입니다. 왕은 라블레François Rabelais, 1483~1553의 소설에 등장하는 탐욕의 대식가 '가르강튀아(Gargantua)'로 묘사되었습니다. 화면 오른쪽에 헐벗은 소시민과 노동자 계급에게서 쥐어짜낸 금화(세금)로 자신의 배를 채우고 있습니다. 화면 왼쪽에는 교활한 정치가들이 왕의 배설물을 받아먹으려고 떼 지어 모여듭니다. 두 상황이 강한 대조를 이루며 부패한 프랑스 사회를 적나라하게 고발합니다. 당시 국회의원에 입후보하려면

도미에, 〈가르강튀아〉, 1831년, 21.4×30.5cm, 석판화, 프랑스 국립도서관, 파리

1천 프랑을, 투표를 하기 위해서도 3백 프랑을 지불할 수 있는 특권계급이어야 했는데, 이는 프랑스 인구 3천100만 명 중 0.6%에 불과했습니다.

〈가르강튀아〉는 상징과 비유, 대비를 효과적으로 사용하여 '과장', '웃음', '기지(機智)'라고 하는 풍자화의 특징을 매우 잘 드러내고 있습니다. 그림 속 루이 필리프는 시민이나 정치인들에 비해 몸집이 거구인데, 이는 권력의 크기를 나타냅니다. 왕의 배는 산처럼 부풀어 있어 나태하고 욕심 많으며 추악해 보이기까지 합니다. 왕의 머리는 '바보', '멍청이'를 뜻하는 서양배 모양입니다. 흐릿한 눈과 축 처진 볼살, 거대한 입은 채워도 채워도 끝이 없는 탐욕을 상징합니다. 한껏 부푼 배와는 대조적으로 다리는 가냘퍼보입니다. 왕은 극단적인 상·하체의 불균형으로 자리에서 일어서다 바닥에 주저앉고 말 것처럼 보입니다. 썩은 권력의 유통기한이 얼마 남지 않았음을 암시합니다.

그런데 도미에는 이 그림을 그리고 안전했을까요. 권력을 이렇게나 심각하게 망가뜨려 묘사했는데 말입니다. 이로 인해 도미에는 법정에 서게 됩니다. 그리고 징역형을 선고받습니다. 1832년 8월부터 1833년 2월까지 6개월간 생트-펠라지 교도소에 수감되지요.

국민을 털 빠진 거위로 만들지 않으려면

조세제도를 역사적으로 연구해온 학자들에 따르면, 인류 문명이 진흙 표면에 문자를 새기기 시작했을 때 가장 먼저 기록한 것이 바로 세금이었다고 합니다. 실제로 수메르인이 남긴 점토판에는 세금(공물)에 관한 기록이 존재하지요. 유서 깊은 세금의 역사를 들여다보면, 지배계급과 피지배계급 사이에서 벌어진 다툼의 연속이라 해도 지나치지 않습니다.

"가장 바람직한 조세는 거위가 비명을 덜 지르게 하면서 최대한 많은 깃털을 뽑는 것과 같다."

부르봉 왕조에서 재무상을 지낸 콜베르Jean Baptiste Colbert, 1619~1683가 남긴 말입니다. 과세의 기술은 거위가 얼마나 고통을 느끼지 않게 깃털을 뽑느냐에 달려 있다는 얘깁니다. 그는 세금 부담을 급격히 늘리면 백성들의 조세저항이 거세지므로 몇 가지 요령을 제시했습니다. 이를테면 물건 값에 붙이는 간접세 부과 대상을 늘리고 면세 범위를 줄이는 식입니다. 무엇보다도 콜베르는 영주가 소유한 토지를 경작하는 평민에게 부과하는 세금을 개혁했습니다. 명확한 과세 기준이 없어 영주가 마음대로 올려 평민의 고통을 키웠던 '악덕세'에 칼을 댄 것입니다. 고디바의 남편 같은 영주들이 프랑스에도 적지 않았습니다. 콜베르는 영주의 과세권한을 제한하고 국가가 정한 법령에 따라 세금을 부과하도록 함으로써 일찍이 조세법률주의를 구현했던 셈입니다.

한편 조세법률주의의 한계도 함께 기억해 둘 필요가 있습니다. 세금은 한번 법으로 정하면 쉽게 폐지하기 어려운 속성이 있습니다. 이를 가리켜 '톱니바퀴 효과'라고 합니다. 톱니바퀴처럼 한쪽으로 움직이기 시작하면 쉽게 방향을 바꾸지 못한다는 뜻이지요. 몇 년 전 국민 건강을 이유로 담배에 무거운 세금을 붙여 하루아침에 담뱃값이 2배로 치솟았습니다. 담뱃세가 일종의 '죄악세'라는 명목이었지요. 하지만 흡연율은 떨어지지 않았습니다. 흡연자들의 담뱃값 부담만 키웠지요. 거위의 비명소리만 커졌던 셈입니다. 점토판에 새로운 세목(税目)을 새기는 일에 신중을 기해야 하는 까닭입니다.

When Dike met Muse

'극복'이란 시선을
극복한다는 것

- '장애'와 '차별'에 대한 오해와 편견들 -

19세기의 마지막 여름 스페인 발렌시아 말바로사 해변은 여느 때처럼 뜨거운 태양이 작렬했습니다. 해변은 더위를 참지 못해 뛰어든 개구쟁이 아이들로 정신없습니다. 수영 팬티도 없이 바다에 뛰어든 아이들은 물놀이에 시간 가는 줄 모릅니다. 해변에 우두커니 앉아 그 모습을 물끄러미 바라보던 한 화가가 있습니다. 그는 주로 바닷가에서 어부들의 모습을 그렸지만, 그날은 다른 곳을 응시하고 있습니다.

화가는 저 멀리서 한 무리의 벌거벗은 아이들과 그들 곁을 지키는 수도사를 목격합니다. 목발을 짚고 있는 소년을 비롯해 거동이 불편해 보이는 아이들을 수도사 홀로 건사하고 있습니다. 그 모습을 뚫어지게 보던 화가는 이윽고 수도사가 있는 곳으로 다가갑니다. "혹시 누가 되지 않는다면 당신과 아이들의 모습을 그려도 괜찮을까요?" 화가는 수도사에게 어렵게 입을 떼어 묻습니다. 이 말에 잠시 머뭇거리던 수도사는 고개를 끄덕이며 그렇게 하라고 승낙합

소로야, 〈슬픈 유산〉, 1899년, 210×285cm, 캔버스에 유채, 반까하(Bancaja) 문화센터, 발렌시아

니다. 화가는 지체 없이 캔버스를 가져와 빠른 붓놀림으로 수도사와 아이들의
모습을 그렸습니다.

　이 그림이 세상에 나오자 사람들은 찬사를 아끼지 않았습니다. 그림은 스
페인을 넘어 프랑스에서도 화제를 모았습니다. 1900년 파리에서 열린 만국박
람회에 출품되어 그랑프리를 수상했습니다. 덕분에 화가는 유명해집니다. 1년
뒤 마드리드 내셔널 전시회에서 명예의 메달도 받았지요. 스페인 인상주의의

거장 소로야Joaquín Sorolla, 1864~1923 이야기입니다.

불행과 슬픔에 대한 오해

소로야는 이 그림에 대한 스페인 한 언론사와의 인터뷰에서 다음과 같이 밝힙니다. "그림 속 불행한 사람들의 존재가 저에게 고통스러운 인상을 주었다는 것은 두 말할 필요가 없습니다." 2살 때 전염병으로 부모를 여읜 소로야는 불우한 유년기를 보내야 했습니다. 이러한 경험 때문인지 그에게는 소외계층을 향한 연민과 동정이 깊었습니다.

20세기 초만 하더라도 소로야의 인터뷰는 별 문제될 게 없었습니다. 오히려 그의 이름 앞에 휴머니스트 화가라는 찬사가 붙을 만합니다. 하지만 저는 소로야의 인터뷰가 불편합니다. "불행한 사람들"과 "고통스러운 인상"이란 말 때문입니다. 덧붙여 '슬픈 유산'이란 이 그림의 제목은 그 자체가 '슬프다'는 생각마저 듭니다.

그림에 등장하는 아이들은 당시 수도원에서 운영하는 산 후안 데 디오스 병원에서 돌보는 이들입니다. 매독에 걸린 부모로 인한 심각한 후유증, 소아마비, 한센병, 정신질환 등을 앓던 아이들 중 상당수가 가족을 잃고 돌봄시설에서 거주했는데요. 당시 스페인 사회는 아이들의 병이 부모들의 부도덕하고 무책임한 처신 때문이라고 낙인찍어 '슬픈 유산(Triste Herencia)'이라고 불렀습니다. 소로야는 이 말을 그대로 그림의 제목에 가져다 쓴 것입니다.

이러한 시각은 지금도 남아있습니다. 장애아를 낳으면 엄마는 '임신 중에 뭘 잘못 먹기라도 한 걸까'라는 생각에 힘겨워 합니다. 또 집안 내력의 유전적 영향은 아닐까 싶어 머리를 조아립니다. 이런 생각의 배경에는 장애를 마치 '원죄'와 연결 짓는 인식이 내재해 있기 때문은 아닐까요. 예로부터 '조상의

죄'를 탓하거나 '전생에 지은 죄'로 여기는 잘못된 고정관념이 사라지지 않은 탓입니다.

다시 그림을 보겠습니다. 아이들은 신체적인 이유로 다소 불편해 보이는 건 사실이지만, 결코 슬퍼 보이진 않습니다. 아이들 곁에는 든든한 수도사가 함께 합니다. 저는 그들 사이에 서로를 향한 깊은 신뢰와 진심 어린 존경이 깃들어 있다고 믿어 의심치 않습니다. 소로야의 말처럼 아이들과 수도사는 '불행한 사람들'이 아닙니다. 수도사가 본인과 아이들을 불행하다고 생각했다면 화가에게 자신들의 모습을 그리도록 허락하진 않았을 것입니다. 소로야의 눈에는 그들이 불행하게 보였기 때문에 '고통스러운 인상'을 받은 것입니다. '슬픈 유산'이란 선입견 가득한 말이 결국 화가의 시선을 고통스럽게 만들었는지도 모르겠습니다.

"언어가 사고를 지배한다!"

미국의 언어학자 촘스키Avram Noam Chomsky는 "언어가 사고를 지배한다"라고 말했습니다. 한때 우리나라에서는 장애가 있는 사람들을 향해 '장애자, 장애우, 장애인'을 혼용해 논란이 있었습니다. 1980년대까지는 일반적으로 '장애자'라고 했지요. 가령 1987년 제정된 현행 헌법 제34조 제5항에도 '신체장애자'라는 표현이 나옵니다. 1988년 서울 패럴림픽을 '장애자 올림픽대회'라고 공식적으로 칭하기도 했습니다. 1990년대 들어 '놈 자(者)'에 낮춤의 의미가 담겼다는 지적에 따라 '장애인'으로 수정되어 지금까지 사용되고 있습니다. 그 사이에 1987년 장애우권익문제연구소가 설립되면서 '장애우(友)'라는 신조어가 등장하기도 했습니다. 원래 의도는 "모든 장애인들은 친구처럼 연대의식을 가져야 하고, 더 나아가 우리 사회가 장애우와 비장애우가 친구가 되어 사는 인간

브뤼헐, 〈거지들 혹은 절름발이〉, 1568년, 18×21cm, 패널에 유채,
루브르 박물관, 파리

다운 사회가 되도록 하려는 것"이라고 했는데요. 하지만 '장애우'는 비장애인 입장에서 장애인을 우리와 동등한 사회 구성원이 아닌 다른 집단으로 여기도록 만든 한계가 있습니다.

장애가 없는 사람들을 '정상인'으로 칭하는 것도 문제가 있습니다. 바꿔 말하면 장애인을 '비정상인'으로 생각하게 한다는 점에서 불편한 표현이 아닐 수 없습니다. 생각건대 장애가 있고 없음을 중립적으로 표현하는 '장애인'과 '비장애인'이라는 개념 사용이 가장 적절하지 않을까 싶습니다. 이처럼 장애인을 향한 차별적 시선을 거두기 위해서는 표현하는 용어에서부터 세심한 접근이 필요합니다.

루브르에서 만난 브뤼헐Pieter Bruegel the Elder, 1525~1569의 그림을 보면서 마음이 불편했던 건 'Les culs-de-jatte'라는 제목 때문이었습니다. 우리말로 옮기면 '절름발이' 혹은 '불구자' 정도가 되겠습니다. 1568년에 그려진 회화를 보더라도 장애인을 향한 차별의 역사는 뿌리가 깊습니다. 그림에는 지체장애인들을 외면하며 걸음을 재촉하는 행인이 보입니다. 바로 그 행인의 시선에서 그림 속 주인공들은 외면하고픈 존재입니다.

이처럼 장애인을 가리키는 표현은 영어에서도 시대에 따라 변해왔습니다. 과거에는 'handicapped', 'impared'라는 (모욕적인 의미가 담긴) 단어가 쓰였던 적도 있었지만, 지금은 사용하지 않습니다. 한때는 'disabled person'이나 'mentally challenged person(정신장애인)' 및 'physically challenged person(신체장애인)'이라는 용어가 쓰이기도 했는데요. 이러한 표현들 역시 논란의 소지가 있습니다.

UN 등 국제기구에서는 집합적 의미에서 장애를 강조하는 'the disabled' 대신 장애인 개인의 개별적 권리를 중시하는 의미에서 'persons with disabilities/difficulties(PWD)'를 사용하고 있습니다. 가령 2006년 12월 제61차 유엔총회에서 192개 회원국이 만장일치로 채택한 '장애인의 권리에 관한 협약(Convention on the Rights of Persons with Disabilities, 이하 장애인협약)'이 대표적인 예입니다(2008년 5월 31일 발효).

조약을 포함한 법률에서는 어떤 용어를 사용하느냐가 매우 중요합니다. 법률은 국가 혹은 사회의 규범적 기준이 되기 때문입니다. 아울러 각 나라마다 장애인협약이 어떻게 실현되고 있는지는 그 나라의 장애인 복지 정도를 가늠하는 매우 중요한 바로미터가 됩니다. 장애인협약은 신체장애, 정신장애, 지적장애를 포함한 모든 장애가 있는 이들의 존엄과 권리를 보장하기 위해 UN이 주도해 만든 국제조약입니다. 총 50개 조항과 선택의정서 18개 조항으로 구성되어 있습니다. 장애인협약은 21세기 최초의 '국제 인권조약'이라는 점에서도 의미가 남다릅니다. 장애인 인권이 전 세계적으로 화급을 다투는 중요한 이슈임을 방증합니다.

UN이 1981년을 '세계 장애인의 해'로 정하면서 전 세계적으로 장애인의 권익과 복지에 대한 중요성이 대두했습니다. 이에 따라 우리 정부도 1981년 6월에 제정된 '심신장애자복지법'(지금의 '장애인복지법')을 필두로 관련 법들을 마련하기 시작했습니다. 특히 1990년 1월 제정된 '장애인 고용촉진 등에 관한 법률'(1991년 1월 시행)과 2007년 4월에 제정된 '장애인 차별금지 및 권리구

제 등에 관한 법률'(2008년 4월 시행)을 통해서 장애인을 위한 구체적인 권리보호 제도가 마련되었지만, OECD 기준에 부합하기에는 여전히 부족한 수준입니다.

장애인의 이동권과 성 세바스티아누스 묘의 순례자들

시급성을 요하는 장애인 복지정책은 한두 가지가 아닙니다. 저는 그 중에서도 장애인의 이동권을 주목합니다. 우리 헌법은 직접적으로 이동권을 명시하고 있진 않지만, 인간다운 생활을 향유하기 위해 가장 기본이 되는 권리(헌법 제10조)임을 부정할 수 없습니다. 하지만 장애인 입장에서는 이처럼 당연한 기본권을 누릴 수가 없습니다. 당장 주변을 살펴보면 점자표지판은 턱 없이 부족하고, 휠체어용 승강기가 없는 지하도가 태반입니다. 계단은 또 왜 이렇게 많은 걸까요.

관련 법이 없는 것도 아닙니다. '장애인·노인·임산부 등의 편의증진 보장에 관한 법률'이 제정된 것은 20여 년 전인 1997년 4월입니다. 정부는 이 법만으로는 부족해선지 2005년 1월에 '교통약자의 이동편의 증진법'을 별도로 제정합니다. 하지만 법만 정비한다고 해결되진 않지요. 정부가 정책의 우선순위를 어디에 두어야 하는가가 중요합니다. 하지만 선거 때조차도 장애인을 위한 복지 공약은 늘 뒷전입니다.

답답한 마음을 추스르기 위해 그림 한 점을 감상하겠습니다. 플랑드르 출신 화가 리페랭스Josse Lieferinxe가 그린 〈성 세바스티아누스 묘의 순례자들〉이라는 작품입니다. 성 세바스티아누스Saint Sebastianus는 기독교를 박해한 로마 황제 디오클레티아누스Gaius aurelius Valerius Diocletianus, 244~311를 비판했다는 이유로 기둥에 묶여 화살에 맞는 형을 받고 순교합니다. 성 세바스티아누스는 로마에 사는 루치나 부인의 꿈에 나타나 하수구에서 자신의 시신을 찾아 지금의 성 세바스티아누스 성당이 있는 근처 지하묘지에 매장해 달라고 부탁합니다. 꿈이 너무나 영묘하다고 느낀 루치나 부인은 그의 시신을 찾아 아피아 (Appia) 가도에 있는 지하묘지에 이장합니다. 680년경 로마에 페스트가 창궐하자 사람들은 페스트 퇴치를 기원하며 성 세바스티아누스 유해를 모시고 장엄한 행사를 거행합니다. 그러자 페스트가 거짓말처럼 사라

리페랭스, 〈성 세바스티아누스 묘의 순례자들〉, 1497년, 82×55cm, 패널에 유채, 국립 고대미술관, 로마

집니다. 그후 사람들은 성 세바스티아누스를 전염병의 수호신으로 받들어 공경하지요.

리페랭스는 성 세바스티아누스 묘를 순례하기 위해 먼 길을 온 장애인들을 그렸습니다. 성당 중앙에 놓인 것은 성인의 유골함으로 그 주위를 순례자들이 둘러싸고 자신의 병을 낫게 해 달라며 기도하고 있습니다. 중세시대에는 병을 낫게 해 달라며 성인의 유골과 유물을 찾아다니는 관습이 있었습니다(이러한 기복신앙은 지금도 남아있습니다). 그림의 정중앙에 한쪽 다리를 잃은 순례자가 보입니다. 그의 뒤로 나무 관 속에 누워 있는 늙은 여인도 있습니다. 불편한 몸으로 먼 길을 오기까지 얼마나 험난한 여정이었을지 짐작이 갑니다. 중세시대에 장애인을 위한 편의시설이 있을리 만무합니다.

로트렉의 위트가 감동적인 이유

리페랭스가 500여 년 전에 그린 〈성 세바스티아누스 묘의 순례자들〉은 많은 것을 생각하게 합니다. 화가는 화면의 중심에 성인을 두지 않고 장애인들을 배치함으로써 그들을 대상화하지도 타자화하지도 않았습니다. 성인을 모신 재단 앞에 선 장애인은 그 누구보다 당당하게 자신의 권익을 위해 호소합니다.

지금은 어떨까요. 장애인을 향한 시선은 여전히 뒤틀려있습니다. 과거처럼 장애인을 향해 대놓고 홀대하는 몰상식한 행태는 많이 사라졌습니다. 대신 그 자리를 동정과 연민이라는 불편한 배려가 차지했습니다. 장애인을 향한 동정과 연민은 결코 해결책이 될 수 없지요. 동정과 연민은 '다르다'는 차별의식에서 출발함을 부정할 수 없습니다. 오히려 또 다른 차원의 '생채기내기'는 아닌지 저어됩니다.

시카고 미술관에서 만난 물랭루즈 속 로트렉Henri de Toulouse-Lautrec, 1864~1901을 잊을 수가 없습니다. 로트렉은 파리 몽마르트에 있는 카바레 물랭루즈를 배경으로 많은 그림을 그렸습니다. 물랭루즈는 한마디로 로트렉의 놀이터 같은 곳이었는데요. 이곳 무대에 오르는 댄서와 가수, 서커스 단원들은 그가 친애하는 예술가 동료이자 그림 속 모델이지요. 물랭루즈 공연 포스터 제작자이기도 한 로트렉은 언제나 그들을 그렸습니다.

〈물랭루즈에서〉를 보고 인상 깊었던 건 그림에 로트렉 자신의 모습을 둘이나 그려 넣었기 때문입니다. 화면 중앙에 바에 앉아 여인과 함께 술을 마시는 턱수염이 난 남성이 로트렉입니다. 뒤쪽에 키가 큰 신사 옆에 있는 자그마한 이도 로트렉입니다.

로트렉은 어려서 뼈의 성장을 더디게 하는 '농축이골증'이라는 병을 앓았는데요. 12세 때는 심한 낙상으로 왼쪽 대퇴골이 부러졌고, 14세에 사고로

로트렉, 〈물랭루즈에서〉, 1895년, 123×141cm, 캔버스에 유채, 시카고 미술관

콜, 〈자화상을 그리는 로트렉〉, 1886년, 30×22cm,
종이에 연필, 오르세 미술관, 파리

로트렉, 〈자화상(캐리커처)〉,
1896년, 종이에 연필,
로트렉 뮤지엄, 알비(프랑스)

오른쪽 다리까지 부러진 후유증으로 더 이상 키가 자라지 않았습니다. 그는 150cm를 겨우 넘는 키에 지팡이가 없으면 걸을 수가 없었습니다. 그런 처지를 비관하여 한때는 알코올과 문란한 생활에 빠져 살기도 했지만, 현실을 덤덤히 받아들인 뒤부터는 충만한 예술가적 기질을 앞세워 자신의 모습을 적극적으로 드러내며 살았지요.

로트렉은 자신의 왜소한 모습을 오히려 위트 있게 캐리커처로 즐겨 그렸습니다. 누구도 흉내 낼 수 없는 로트렉만의 자화상입니다. 그런 로트렉과 가까이 지냈던 일러스트 작가이자 훗날 세계 최초로 애니메이션 영상을 제작하기도 한 에밀 콜Émile Cohl, 1857~1938은 매거진 〈Les Hommes d'Aujourd'hui〉에 〈자화상을 그리는 로트렉〉이라는 카툰을 그리기도 했습니다. 프랑스 남부 도시 알비(Albi)에 있는 로트렉 뮤지엄에 가면 그의 캐리커처 자화상들을 볼 수 있습니다.

"나는 꿈이 아닌 내게 펼쳐진 현실을 그린다"

장애를 가진 예술가 중에서 로트렉만큼 그림을 통해 자신을 드러냈던 이가 또 있습니다. 멕시코 화가 프리다 칼로Frieda Kahlo, 1907~1954입니다. 독일계 사진작가인 아버지가 붙여준 '프리다'라는 이름은 독일어로 평화를 뜻합니다. 총명한 셋째 딸 프리다는 6살 때 소아마비를 앓아 오른쪽 다리가 불편했는데요. 18살이던 1925년 교통사고를 당해 치명상을 입었습니다. 옆구리를 뚫고 들어간 강철봉이 척추와 골반을 관통해 허벅지로 빠져 나오면서 소아마비로 불편했던 오른발마저 짓이겼지요. 겨우 목숨을 건졌지만 몸 상태는 처참했습니다. 갈비뼈와 쇄골이 부러지고 요추와 골반 등이 골절되어 평생 하반신 마비를 안고 살아가야 했습니다.

침대에 누워 두 손만 자유로웠던 칼로가 할 수 있는 일은 오로지 그림을 그리는 것뿐이었습니다. 부모는 침대의 지붕 밑면에 전신 거울을 설치한 캐노피 침대와 누워서 그림을 그릴 수 있는 이젤을 마련해주었습니다. "나는 다친 것이 아니라 부서졌다"고 말했던 프리다는 부서진 몸을 응시하면서 천장에 거울을 달고 산산조각 난 자신을 그렸습니다. 가눌 수 없는 그녀의 몸을 지탱하게 해준 코르셋은 어느새 그녀의 캔버스가 되었습니다. 그녀의 감정이 코르셋을 빼곡하게 채웠지요. 그렇게 프리다는 닥치는 대로 그렸습니다. 그림만이 고통을 잊게 해줬기 때문입니다.

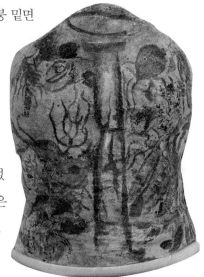

프리다는 착용했던 코르셋에 내면에 흐르는 감정을 그려 넣었다.

오랜 치료와 재활로 가까스로 다시 걷게 된 프리다는 병원에서 그린 그림을 들고 민중벽화를 그리던 리베라Diego Rivera, 1886~1957를 찾아갑니다. 둘은 예술적 동지이자 연인으로 발전하지요. 그로부터 7년 뒤인 1929년 프리다는 자기보다 21살 많은 리베라와 결혼하지만, 결혼생활은 불행했습니다. 여성편력이 심한 리베라는 형편없는 남편이었습니다. 어렵게 생긴 아이를 유산한 프리다를 두고 처제와 불륜을 저지를 정도였지요. 프리다는 고백합니다. "일생 동안 나는 심각한 사고를 두 번 당했다. 하나는 18살 때 나를 부서뜨린 전차다. 두 번째 사고는 바로 리베라다. 둘을 비교하면 후자가 훨씬 끔찍했다"라고.

프리다가 남긴 143점의 그림 중 55점은 자화상입니다. 프리다는 서른 번의 대수술, 세 번의 유산, 남편의 외도 속에서 절망과 상실감으로 피폐해진 몸과 마음을 부여잡고 자신을 그려냈습니다. 그 중에서 단연 최고는 〈부러진 기둥〉

칼로, 〈부러진 기둥〉, 1907년,
39.8×30.5cm. 캔버스에 유채,
돌로레스 올레도 미술관, 멕시코시티

입니다. 프리다는 척추가 있어야 할 자리에 부서지기 시작한 그리스 석조 기둥을 그렸습니다. 그 옆으로 검붉은 피가 흐릅니다. 온몸엔 날카로운 못이 박혀 있습니다. 특히 유산의 아픔이 느껴지는 복부와 소아마비로 불편했던 오른쪽 다리에 못이 집중적으로 박혀 있습니다. 심장에 꽂힌 대못은 이루 헤아릴 수 없었던 마음의 고통을 은유합니다. 굵고 새하얀 눈물이 얼굴에 맺혀있습니다. 짙은 눈썹과 정면을 응시하는 눈빛에서 처절한 육체적 통증이 전해집니다. 배경은 풀 한 포기 없는 황량한 사막입니다.

〈부러진 기둥〉을 비롯한 그녀의 자화상들은 멕시코를 넘어 뉴욕과 파리에 있는 주요 갤러리들의 초청을 받아 전시되었습니다. 당시 그녀의 그림을 본 피카소와 뒤샹, 칸딘스키는 프리다를 '초현실주의의 신성'으로 추켜세웠습니다. 하지만 프리다는 거장들의 상찬에서 모욕감을 느꼈습니다. 그녀는 "나는 꿈을 그리지 않는다. 내게 펼쳐진 현실을 그린다"며 초현실주의 화가로 분류되기를 거부했습니다. 그녀의 주장은 조금도 틀리지 않았습니다.

연민이 아닌 연대가 필요한 순간

'로트렉과 프리다는 장애를 극복하고 최고 예술가의 반열에 올랐습니다'라는 문장을 무심코 쳤다가 delete키를 눌렀습니다. '장애를 극복한다'는 표현에 동의할 수 없기 때문입니다. 최근 국가인권위원회는 '장애를 극복한다'는 표현이 장애를 질병이나 일시적 시련처럼 이겨내거나 헤쳐 나갈 수 있는 대상으로 오인하게 한다는 점에서, 이 문구가 사용된 '장애인복지법'이나 관련 조례 등을 개정하도록 의견을 표명하기도 했지요.

장애를 개인 차원에서 극복의 대상으로 바라보며 이를 뛰어넘고 대단한 성취를 이룬 소수의 장애인에게만 존경의 눈길을 보내는 순간 그렇지 않은 대부분의 장애인들은 또 다른 좌절과 박탈감을 느낄 수 있습니다. 장애는 장애인 혼자서 뛰어넘어야 할 허들이 아닙니다. 그것은 사회공동체가 함께 끌어안아야 할 우리 삶의 일부이지요. 필요한 것은 장애인을 향한 '연민'이 아니라 '연대'입니다.

공화의 함의

- 민주주의는 항상 옳은가 -

미술관에 가면 그림을 보면서 가끔 제목 맞추기 게임을 할 때가 있습니다. 물론 제가 지은 제목과 작품의 제목이 일치하는 경우는 별로 없지만, 그림의 제목에 대해 생각하다 보면 작품에 훨씬 감정이입이 되면서 잠깐이라도 화가가 된 것 같은 기분이 들곤 합니다. 마치 김춘수 시인의 시 〈꽃〉처럼 작품에 제목을 붙여주면 작품이 제게로 와서 특별한 의미가 된다고 할까요. 그런데 무제 (untitled)라고 붙여진 현대미술 작품 앞에서는 작가의 불친절함에 머쓱해지기도 합니다. 왠지 게임을 할 상대가 사라진 것 같아서지요.

자, 그럼 퀴즈입니다. 오른쪽 그림의 제목은 무엇일까요? 주관식이라 너무 어렵다고요? 그럼 객관식으로 바꿔볼까요.

① 가족 ② 젖 먹는 아이들 ③ 공화국 ④ 어머니 ⑤ 무제

도미에, 〈□□□〉, 1848년, 73×60cm, 캔버스에 유채, 오르세 미술관, 파리

몇 년 전 파리에서 안식년을 보냈습니다. carte blanche(오르세 미술관의 연간회원권) 덕택에 시간만 나면 오르세 미술관의 이 방 저 방을 어슬렁거리며 작품 제목 맞추기 게임을 했지요. 게임을 하다 보면 아무리 봐도 도무지 작가가 무엇을 그리려고 했는지 가늠이 안 되는 작품을 만날 때가 있습니다. 퀴즈의 그림도 그랬습니다. 그런데 그림의 제목을 본 순간 궁금증이 풀리기는커녕 오히려 더 의아해져서 그림을 한참을 바라보고 또 바라봤던 기억이 납니다. 마치 풀리지 않는 수학문제의 해답을 보고 정답을 알게 되었는데 전혀 예상치 못한 답과 풀이과정에 머리가 엉켜버린 것 같은 기분이랄까요.

이제 정답이 궁금하다고요? 정답은 3번 '공화국'입니다. 여기저기서 "뭐야~~~" 하는 탄식이 들리는 듯합니다. 제가 딱 그랬으니까요. 그래서 이 그림이 그려진 맥락을 찾아봤습니다. 프랑스의 풍자화가 도미에^{Honoré Daumier, 1808~1879}가 그린 이 작품이 발표된 시기에 일어난 프랑스대혁명과 전후 정치상황에 얽힌 배경지식이 필요했기 때문이지요.

불의를 고발한 화가들

1789년 프랑스대혁명은 절대왕정을 무너뜨렸습니다. 그리고 혁명 중 구성된 국민공회는 1792년 공화국을 선포합니다. 왕이나 귀족이 아닌 일반 시민에게 주권이 있는 공화국 말입니다. 하지만 동상이몽이랄까요. 혁명세력은 온건한 공화파(지롱드파), 강경한 공화파(자코뱅파), 왕당파로 나뉘어 서로 또 다른 싸움을 이어갔습니다. 민중은 혁명으로 주권을 얻었지만 피폐한 삶은 조금도 나아지지 않았습니다. 법률가 출신의 자코뱅파 지도자 로베스피에르^{Maximilien Robespierre, 1758~1794}는 세력다툼에서 얻은 한줌의 권력으로 독재체제를 수립해 공포정치로 프랑스 전역을 피로 물들였지만, 1794년 테르미도르 반동으로 타도되지요. 정치적 혼란이 점입가경에 이르자 급기야 군부세력이 쿠데타를 일으킵니다. 이집트원정을 비롯한 여러 전쟁에서 승승장구하던 나폴레옹^{Napoléon} $^{Bonaparte, 1769~1821}$이 1799년 정권을 장악하면서 제1공화정은 10년 만에 허무하게 막을 내립니다.

하지만 나폴레옹시대도 오래가진 못하지요. 1804년 나폴레옹은 국민투표를 거쳐 황제로 등극함으로써 제1제정이 시작되지만 해외원정에 나간 군대가 연이어 패하면서 권력을 내려놓게 됩니다. 결국 1814년 부르봉 왕조의 루이 18세$^{Louis XVIII, 1755~1824}$가 즉위하면서 왕정으로 복고되고 말지요. 다만 절대왕정과는 달리 왕권이 상당히 제한된 입헌군주제였습니다. 물론 왕실 입장에서 줄어든 권력을 그냥 놔둘 리가 없지요. 왕위를 계승한 샤를 10세$^{Charles X, 1757~1836}$는 과거 절대왕정으로 돌아가기 위한 반민주적 통치를 펼칩니다. 급기야 1830년 선거에서 패하자 7월 칙령을 통해 출판의 자유를 제한하고 의회를 해산하며 선거권마저 제한합니다. 이에 격분한 프랑스 시민들은 강하게 봉기하여 정부군과 치열한 시가전을 벌여 1830년 7월 27일 샤를 10세를 퇴위시킵니다. 역사는 이를 가리켜 '7월 혁명'이라 기록합니다.

'7월 혁명'을 이야기할 때 빼놓을 수 없는 그림이 있습니다. 들라크루아 $^{Eugène Delacroix, 1798~1863}$의 〈민중을 이끄는 자유의 여신〉*입니다. 들라크루아는 '7월 혁명' 당시의 상황에 작가의 상상력을 더해 화려한 색감으로 역동적인 시가전 장면을 묘사했습니다. 그림 한 가운데 삼색기와 총을 들고 맨발로 군중을 이끌고 있는 여성이 누구일까 궁금합니다. 이에 대해 여러 가지 설(說)이 있습니다.

---

*이 그림에 대해서는 두 가지 오해가 있다. 첫째 프랑스내혁명을 그린 그림이라는 설, 둘째 프랑스 공화국에 바친 제단화라는 설이다. 하지만 진실은 다르다. 들라크루아가 7월 혁명이 끝나고 바로 작업에 착수하여 다음 해인 1831년 살롱전에 출품한 이 작품의 부제는 '1830년 7월 28일'이다. 그러므로 1830년 '7월 혁명' 및 1848년 '2월 혁명'과 구분하기 위해 '大'자를 붙인 1789년 프랑스대혁명과 이 그림은 관계가 없는 게 분명하다. 아울러 '7월 혁명'이 일어난 1830년은 '왕정시대'로, 이 그림을 공화국에 바치는 의도로 보기에도 적절치 않다.

들라크루아, 〈민중을 이끄는 자유의 여신〉, 1830년, 260×325cm, 캔버스에 유채, 루브르 박물관, 파리

고대 로마시대에 해방된 노예가 썼던 프리지안 모자를 쓰고 있어 로마 신화 속 자유의 여신 '리베르타스'라는 주장이 한때 설득력을 갖기도 했습니다. 무엇보다 그림의 제목에 '여신'이 등장하기 때문입니다. 일각에서는 당시 가장 흔한 여성 이름인 '마리'와 '안'을 합성한 '마리안(Marianne)'이라는 일반 시민이라는 얘기도 있습니다. 이는 '7월 혁명'의 주체가 일반 시민, 즉 민중임을 강조하려는 의도로 읽힙니다. 아무튼 그림 속 여성이 실제 인물이 아닌 들라크루아가 만들어낸 가상 인물인 것만은 분명해 보입니다.

　다시 그림을 찬찬히 살펴보겠습니다. 화면에는 삼색기와 장총을 든 여성을 선두로, 총·칼로 무장한 파리 시민들이 정부군과 혁명동지들의 주검이 뒤엉켜 길바닥에 쌓여 있음에도 굴하지 않고 돌격하고 있습니다. 여성 옆에서 두 자루의 권총을 든 소년은 학생용 베레모를 썼고, 왼쪽에 작업복을 입은 채 칼을 쥐고 뛰어오는 노동자는 머리에 루이 필리프를 상징하는 장식을 붙였습니다. 그리고 그 옆으로 세련된 정장을 입고 장총을 든 사람은 들라크루아입니다. 그림 속에 화가 자신을 등장시킨 것으로 봐서, 들라크루아가 어떤 심정으로 이 그림을 그렸는지 가늠할 수 있습니다. 당시 그는 차마 시위대 앞에 서지 못했지만, 그들을 열렬히 지지했던 것입니다.

자유, 평등, 형제애를 상징하는 삼색기는 화면 왼쪽 먼 배경의 노트르담 성당에서도 흩날리고 있습니다. 삼색기의 컬러는 여성의 발아래 무릎을 꿇고 있는 남성의 '붉은' 허리띠와 '흰' 속옷 그리고 '푸른' 셔츠에서도 나타납니다. 그림의 전체적인 구도는, 여성이 화면의 중앙 가장 높은 곳에 위치하고 있는 삼각형 구도로 안정감을 주지만, 다른 한편으로는 위로 솟구치는 듯한 역동감으로 대단한 에너지를 발산하는 느낌을 가져다줍니다.

하지만 역사를 돌이켜보면 혁명을 지지한 이 대작은 역설적이게도 현실과는 동떨어진 공허한 아름다움에 불과했습니다. 파리 시민들은 왕정 타도와 공화국 건립을 주장하며 '7월 혁명'에 성공하지만, 사태를 수습하여 새로운 공화정을 구성할 능력도 조직도 없었습니다. 의회를 장악한 온건한 자유주의 세력은 무능한 왕정과 혁명세력의 급진성에 불안한 나머지 봉합책을 선택합니다. 그 일환으로 혁명에 가담했던 오를레앙 왕족 루이 필리프Louis Philippe, 1773~1850*를 왕으로 추대합니다. 이로써 '7월 왕정'이 시작됩니다

하지만 봉합책은 '죽 써서 개쥰다'는 표현이 딱 맞는 결과를 초래했습니다.

---

*루이 필리프는 왕위에 오른 기념으로 살롱전에서 이 작품을 사 들였으나 시민들의 봉기가 두려워 수장고에 숨겨두었다. 이 그림은 혁명이 완결된 제3공화국 이후인 1874년에야 비로소 루브르 박물관으로 옮겨졌다.

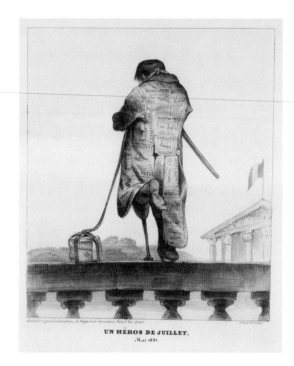

이른바 '시민왕'을 자처한 루이 필리프는 왕위에 오르자 태도를 바꿔 중산계급의 이익을 옹호하는 데 앞장섭니다. 혁명을 주도했던 노동자들의 기대는 철저하게 유린됩니다. 도미에가 정치풍자를 다루는 주간 매거진 〈라 실루에트〉에 기고한 〈7월의 영웅, 1831년 5월〉은 당시 노동자들의 절망적인 심정을 그대로 나타냅니다. 멀리 삼색기가 펄럭이는 국회의사당이 보이지만 전당포 광고지를 이어 만든 외투를 입은 '7월의 혁명 영웅'은 '최후의 수단'이라고 적힌 돌덩이를 몸에 매달고 센 강에 뛰어들려고 다리 난간 위에 서있습니다.

'7월 혁명' 이후 루이 필리프를 비판하는 또 다른 풍자화를 보겠습니다. 풍자화가 필리퐁Charles Philipon, 1800~1862이 주간매거진 〈라 카리카튀르〉(1831년 5월 23일자)에 기고한 〈7월의 비누거품〉이란 그림입니다. 루이 필리프가 왕위에 취임하면서 내 건 공약들이 한순간 비누거품처럼 사라졌음을 풍자합니다. 비누거품을 자세히 들여다보면 '출판의 자유,' '검열의 폐지' 등 루이 필리프가 내건 공약들이 적혀 있습니다. 오늘날에도 선거 때만 되면 정치인들 사이에서 공수표 같은 공약경쟁이 치열하게 펼쳐집니다. 공공을 향한 약속(公約)이 아니라 허공을 향한 약속(空約)임은 그때나 지금이나 다르지 않습니다.

아무튼 필리퐁은 〈7월의 비누거품〉으로 고소를 당하고 재판까지 받게 되는데요. 필리퐁은 고소를 당하는 고초를 겪으면서도 정치적 표현행위를 멈추지 않습니다. 심지어 그

필리퐁, 〈7월의 비누거품〉, 1831년, 22.5×19.2cm, 리소그래프, 프랑스 국립도서관, 파리

는 법정에서 루이 필리프의 얼굴이 배로 변하는 과정을 그린 〈배〉를 제시합니다. 그리고 다음과 같이 재판부에 일갈합니다.

"그림①이 국왕과 닮았다는 이유로 죄가 된다면, 그림①을 닮은 그림②도 죄가 되고, 그림②를 닮은 그림③도 죄가 되며, 그림③을 닮은 그림④도 죄가 된다. 그렇다면 배를 재배한 농민들도 모두 유죄란 말인가! 배와 유사한 형태의 물건은 모두 국왕을 묘사한 것으로 고발되어야 하는가!"

순간 법정은 웃음바다가 되었습니다. 프랑스에서 배는 '어리석음'을 상징합니다. 덕분에 배는 화가들이 무도한 권력을 풍자하는 훌륭한 도구로 활용되지요. 도미에도 배 모양을 한 왕의 얼굴이 과거에는 부드러웠지만, 현재는 권위주의적으로 변하면서, 미래에는 더욱 추악해지는 과정을 그렸습니다. 그림의 제목은 도미에답게 〈과거, 현재, 미래〉로 붙였습니다.

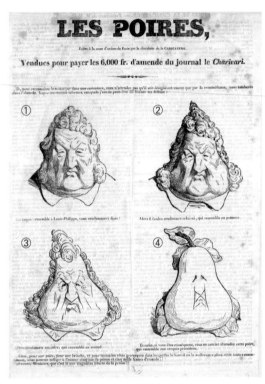

필리퐁, 〈배〉, 1831년, 리소그래프, 프랑스 국립도서관, 파리
(①②③④ 표시는 편집자)

'7월 혁명' 이후 프랑스에서는 집회와 시위가 끊이질 않았습니다. 이 과정에서 수많은 정치적 비밀 결사가 생겨났으며, 노동자들의 파업도 이어졌습니다. 1832년 6월 5일부터 6일 동안 이틀에 걸쳐 '군주제 폐지'를 목적으로 일어난 '파리 봉기'는 (비록 실패로 돌아갔지만) 민중 운동의 절정을 이룹니다. 프랑스의 대문호 빅토르 위고Victor-Marie Hugo, 1802~1885는 〈레 미제라블〉에서 당시의 상황을 생생히 묘사함으로써, 민초들이 겪고 있는 고통을 프랑스 전역에 알립니다.

민중 봉기는 갈수록 과격해 집니다. 이윽고 1835년 '7월 혁명' 기념일에 루이 필리프가 피격을 당하는 사건이 벌어집니다. 경찰은 범인이 공화주의자라고 발표했지만, 공화주의 세력을 탄압하기 위해 조작된 것임이 드러나지요. 하지만 왕정은 이를 빌미로 '반란예비죄'를 신설하고, 신문을 비롯한 각종 출판물에 대한 사전검열제를 부활합니다. 이로써 모든 정치 비판이 금지되었고 대표적인 시사 풍자 매거진 〈라 카리카튀르〉도 폐간되고 맙니다.

이후에도 오랫동안 프랑스의 정치 혼란은 가라앉지 않았습니다. 심지어 잦은 기근과 흉작으로 식량위기까지 덮칩니다. 경제난으로 철도와 건설 등 대규모 공사들이 중단되면서 실업도 폭증하지요. 당시 프랑스 사회는 일촉즉발의 화약고 같았는데요. 1848년 2월 민중의 분노를 일으키는 사건이 터집니다(2월 혁명). 파리에서 열린 보통선거의 도입에 관한 공개토론회에서 언쟁이 불거지면서 갑자기 정치적 시위로까지 번졌고, 이를 진압하는 과정에서 20여 명의 사상자가 발생합니다.

도미에, 〈과거, 현재, 미래〉, 1834년, 21×19.6cm. 리소그래프, 워싱턴D.C 내셔널 갤러리

2월 혁명에 격분한 군중들이 폭우를 무릅쓰고 왕궁 광장에 집결했고, 시내 곳곳에 바리케이드가 설치됩니다. 급기야 군대가 시민들을 향해 발포해 100여 명이 사망하면서 걷잡을 수 없는 상황으로 치닫습니다. 신변에 위협을 느낀 루이 필리프는 영국으로 망명했고, 대신 임시정부가 수립되어 국민선거를 치르게 됩니다.

그런데 뜻밖에도 나폴레옹 1세의 조카인 루이 나폴레옹 보나파르트Louis Napoléon Bonaparte, 1808~1873, 이하 '나폴레옹 3세'가 정치 지도자 라마르틴Alphonse de Lamartine, 1790~1869을 누르고 공화국 대통령에 당선되면서 프랑스는 제2공화정을 맞이하게 됩니다. 프랑스 시민들은 목숨을 걸고 혁명을 일으킬 만큼 민주주의가 갈급했지만, 정작 다수의 선택은 시인 출신의 정치가 라마르틴이 아닌 나폴레옹 혈통의 강력한 통치자로 기울었던 것입니다. 하지만 나폴레옹 3세는 대통령 재직 중 쿠데타를 일으켜 공화정체제를 붕괴시키고 1852년 12월 제2제정을 선포하고 황제에 오릅니다. 그는 해외 식민지 팽창에 앞장서며 제국의 번영을 추구했지만, 정치적으로는 언론을 통제하고 시민의 자유를 탄압했습니다. 민초들의 희생으로 얻은 공화정은 시작도 못한 채 또 다시 허망하게 휘발되지요. 그렇게 시민들의 선택은 반복해서 가혹한 결과를 남겼습니다.

못 다 그린 국가의 책무

다시 퀴즈의 그림을 보겠습니다. 1789년 파리대혁명의 결과물인 제1공화정이 1799년 나폴레옹의 쿠데타로 허망하게 끝난 뒤 50년 간 '제정-왕정복고-입헌군주정'으로 혼란을 거듭하다 1848년 '2월 혁명'을 계기로 제2공화정이 출범합니다. 프랑스 시민들은 얼마나 감개무량했을까요. 이에 기념해 국가의 공식이미지를 바꾸기 위해 같은 해 3월 14일 '공화국의 상징'을 정의하기 위한 공모전이 열렸습니다. 공모전에 참여하는 예술가들은 저마다 스케치를 제출해 왕립아카데미에 전시했는데요. 당시 심사위원 중에는 들라크루아와 앵그르Jean Auguste Dominique Ingres, 1780~1867가 있었습니다. 700명 이상의 후보자가 공모전에 출품하여 20점의 작품이 예선을 통과했는데, 도미에의 〈공화국〉은 11위에 올랐습니다.

예선 통과자는 공모한 스케치를 바탕으로 작품을 완성해야 했습니다. 그런데 그 사이 정세가 급변하면서 보수파가 득세하자 이에 부담을 느낀 도미에는 작업을 중도에 포기하고 맙니다. 그럼에도 불구하고 주최 측은 도미에의 미완성작만으로도 '공화'의 정치적 본질을 가장 감동적으로 표현했다고 평가했습니다. 그림을 자세히 보면, 여성의 얼굴이 제대로 묘사되지 않았습니다. 깃발을 쥔 오른손을 봐도 손가락이 뭉개어져 있지요.

　도미에가 그린 '공화국'의 이미지는 신비스런 여신이라기보다는 아이에게 젖을 물린 어머니, 즉 모성애적인 느낌이 강합니다. 체형도 전체적으로 근육질이어서 여리고 가냘픈 여인과 거리가 멀지요. 삼색기를 쥔 오른손에서는 불의로부터 아이(국민)를 지키며 공화국의 정신을 계승하겠다는 결기가 느껴집니다. 삼색기는 자유, 평등, 형제애(Liberté, Égalité, Fraternité)를 의미합니다. 배경이 어두워 선명하게 눈에 띄진 않지만, 어머니는 혁명군의 모자인 프리지아가 아닌 월계수 관을 쓰고 있습니다. 이에 대해 현재 이 그림을 전시하고 있는 오르세 미술관은 "월계수 관은 승리와 함께 영원한 평화를 상징하다"고 설명합니다.

　이어 그림 속 아이들을 보겠습니다. 토실토실한 두 아이는 어머니의 젖을 나란히 먹고 있고, 또 다른 아이는 어머니 발 앞에서 책을 읽고 있습니다. 당시 프랑스인 세 명 중 한 명이 문맹이었는데요. 대부분의 아이들은 학교에 가지 못했습니다. 또 아이들의 영양 상태도 너무나 형편없었지요. 면역성이 떨어져 폐결핵에 걸렸거나 제대로 발육을 못해 골격이 휘어진 아이들이 적지 않았습니다.

　도미에는 그림에서 공화국의 엄중한 임무를 어머니와 아이들을 통해 표현했던 것으로 보입니다. 국가는 국민이 굶거나 병에 걸리지 않고 건강하게 살아갈 수 있도록 생존권을 보장해야 하고, 아울러 인간다운 삶을 영위할 수 있도록 교육을 받을 기회를 제공해야 한다는 것입니다.

공화정의 내재적 한계

'공화국(共和國)'이란 왕이 없는 나라를 의미합니다. 좀 더 풀어 설명하면, 1인 혹은 소수가 국가권력을 장악하지 않고 여러 사람이 화합(和合)하여 공동체(共

同體)를 이끌어 나가는 것을 기본으로 하는 국가입니다. 영어로는 'republic'인데, '공공의 것'을 뜻하는 라틴어 'res publica'에 뿌리를 두고 있습니다. 고대 로마의 정치가 키케로Marcus Tullius Cicero, 106-43BC는 '국민의 것'을 일컫는 'res populi'로 해석했는데, 이는 현대 민주주의 국가들이 헌법에 명시한 '국민주권'과 맞닿아 있습니다. 우리 헌법은 제1조 제1항에서 "대한민국은 민주공화국이다"라고 명시하고 있습니다. 제2항에서는 "대한민국의 주권은 국민에게 있고 모든 권력은 국민으로부터 나온다"로 규정합니다.*

공화국의 개념을 다루면서 빼놓을 수 없는 게 플라톤Platon, 427-347BC이 기원전 360년에 집필한 책 〈the Republic**〉입니다. 플라톤은 28세가 되던 해에 스승 소크라테스Socrates, 470-399BC가 민주주의의 이름으로 죽음을 맞게 되자 큰 충격을 받습니다. 이를 계기로 플라톤은 "시민이 지성과 인격 모두 합당한 자질을 갖추었을 때 비로소 민주주의가 가능하다"고 주장하면서 소크라테스를 죽음으로 내몬 민주주의는 중우정치(衆愚政治)라고 비판합니다. 중우정치란 이성보다 일시적 충동에 의하여 좌우되는 어리석은 대중들의 정치를 가리킵니다. 고대 그리스 민주정치의 타락한 형태를 이르던 말로서 민주정치를 멸시하는 의미를 담고 있지요.

플라톤은 철학자가 통치하는 철인정치(aristocracy) 형태가 가장 이상적인 국가 형태라고 봤습니다. 그런데 여기서 철인(philosopher)이란 단순히 '지혜로운 사람'을 뜻하는 것이 아니라, '현상을 초월하는 이데아를 인지할 수 있는 자'로, 정치력을 갖추고 신뢰할 만한 성정을 갖춘 인간을 의미합니다. 결국 철

---

* 헌법 제1조는 1948년 7월 17일 공포된 제헌헌법부터 현재의 헌법까지 그대로 유지되고 있다. 제헌헌법 이전으로 거슬러 올라가면 1919년 4월 임시정부는 '대한민국 임시헌장'을 반포하면서 국호를 '대한민국'으로, 정치체제를 '민주공화제'로 명시했다.
** 'Republic'은 그리스어 'πολιτεία(폴리테이아)'로 우리말로 옮기면 국가의 통치 형태를 뜻하는 '정체(政體)'가 된다. 우리나라에서는 이 책의 제호를 〈플라톤의 국가〉 혹은 〈플라톤의 국가론〉으로 번역하여 출간되었다.

인정치는 법제도가 아닌 개인의 리더십에 전적으로 의존해야 작동하는 정치체제인 셈이지요. 오스트리아 출신 영국 철학자 포퍼 경Sir. Karl Raimund Popper, 1902~1994은 20세기 초에 등장한 전체주의의 기원을 플라톤의 '철인'에서 찾았습니다. 그는 철인 개념이 히틀러와 같은 독재자의 등장에 이론적 근거를 마련했다고 비평했지요.

1848년 프랑스 시민들이 '2월 혁명'으로 제2공화정을 출범시키지만, 군부독재의 혈통인 나폴레옹 3세를 대통령으로 뽑는 우(愚)를 범하는 모습은 현대사회에 시사하는 바가 큽니다. 정치인들이 방송에 나와 '국민은 늘 옳다'라고 말하지만, 정말 '국민은 언제나 옳은가'라고 반문해 볼 필요가 있지요. 공화정 및 민주주의의 한계로서 '다수결(국민다수=민의)은 항상 옳은가'의 질문은 중요하면서도 어렵습니다.

거칠게 말하면 민주주의가 중우정치에 빠지는 현상은 '공화정의 내재적 한계'일지도 모릅니다. 플라톤의 말처럼 민주주의는 중우정치에 빠질 수 있습니다. 그럴 때 철인정치란 이름으로 '독재'가 등장합니다. 이러한 모순적 현상은 역사에서 되풀이되곤 했습니다. '공화'에 담긴 '함의'를 다시 한 번 생각해 보게 되는 이유입니다.

When Dike met Muse

심판관 파리스의 사랑은 유죄

- 제척 · 기피 · 회피와 사법의 공정성 -

"거울아, 거울아 이 세상에서 누가 제일 아름답니?"

독일의 언어학자이자 작가인 그림형제Jacob Grimm, 1785~1863 / Wilhelm Grimm, 1786~1859 의 동화 〈백설공주〉에서 공주의 운명을 뒤흔든 문제적 질문입니다. 만약 누가 당신에게 "이 세상에서 가장 예쁜 여인이 누구인가요?"라고 묻는다면, 여러분의 국적, 인종, 성별, 나이, 취향에 따라 그 대답은 매우 다양하고 주관적일 것입니다.

얼마 전까지만 해도 매년 '미스코리아 선발대회'를 통해 한껏 부풀린 사자머리에 수영복을 입은 후보자들 가운데 한국 최고의 미인을 뽑는 과정을 텔레비전으로 생중계했습니다. 1등인 '미스 진(眞)'에 뽑히면 한국을 대표해 '미스 유니버스 대회'에 참가하는 특전이 주어졌고, 또 방송계로 진출하는 경우가 많았지요. 그런데 심사과정에서 심사위원에 대한 뇌물수수 사실이 드러나고 성형미인 등 대중들의 공감을 받지 못하는 후보들이 입상하자 대회의 위상이 흔들렸고, 성 상품화 논란으로 이제는 유명무실한 대회가 됐습니다. 심사가 공정

블뢰마르트, 〈펠레우스와 테티스의 결혼식에서의 신성한 식사〉, 1638년, 193.7×164.5cm, 캔버스에 유채,
마우리츠하위스 미술관, 헤이그

하지 못하면 심사결과에 대해 승복하지 못하게 되지요.

트로이 전쟁의 도화선

아름다움에 대한 심판이라면 그리스 신화의 '파리스의 심판'이 빠질 수 없습니다. 신들의 왕 제우스는 자신의 손자인 인간 펠레우스와 바다의 여신 테티스의 결혼식을 성대하게 열어 올림포스의 모든 신을 초대했습니다. 그런데 결혼식에 초대받지 못한 '불화의 여신' 에리스는 불청객으로 잔치에 등장해 "가장 아름다운 여신에게"라고 적힌 황금사과를 던져 버립니다.

블뢰마르트Abraham Bloemaert, 1566~1651가 그린 〈펠레우스와 테티스의 결혼식에서의 신성한 식사〉를 보면, 화면 한 가운데 왕관을 쓰고 고뇌하는 표정의 제우스가 있고 그 위쪽으로 저 멀리 잔뜩 화가 나 심술궂어 보이는 에리스가 분쟁의 씨앗이 될 '황금사과'를 힘껏 내던집니다. 마치 연극을 보는 듯 장면이 생생합니다. 흥미롭게도 결혼식의 주인공인 신랑과 신부는 등장하지 않고 아프로디테의 하얀 등만이 환하게 비춰져 아름다운 여신의 몸을 강조합니다. 제우스는 아내 헤라, 딸이자 지혜와 전쟁의 여신 아테나, 그리고 미의 여신 아프로디테가 서로 그 사과의 주인이라고 주장하자, 파리스에게 심판을 맡깁니다. 트로이의 왕 프리아모스의 아들인 파리스는, 불길한 꿈 때문에 부모에게 버림받고 이데 섬에서 목동으로 지내고 있었지요. 아무튼 우여곡절 끝에 '파리스의 심판'이 시작됩니다. 그런데 누가 알았을까요, 이 심판이 트로이 전쟁의 도화선이 될 줄을 말입니다.

그리스 신화 최고의 '미의 대결'은 그리스 시인 호메로스Homeros, 800~750BC의 서사시 〈일리아드〉에 기록된 내용을 바탕으로 후에 고대 로마 작가인 오비디우스Publius Ovidius Naso, 43BC~17AD가 적당히 살을 붙이고 상상력의 옷을 입혀 더욱 매력적인 서사가 되어 '파리스의 심판(The Judgment of Paris)'으로 불리게 됩니다. 중세 이후 그리스 신화에 천착했던 수많은 화가들은 이 흥미로운 주제에 주목하여 '파리스의 심판'을 캔버스에 옮겼습니다.

특히 루벤스Peter Paul Rubens, 1577~1640는 여러 개의 버전으로 〈파리스의 심판〉을 남겼는데요. 그 중에서 독일 드레스덴 올드 마스터 갤러리에 전시된 작품을 살펴보겠습니다. 양들이 한가로이 놀고 있는 평화로운 초원을 배경으로 아테나, 아프로디테, 헤라 세 여신과 파리스, 전령의 신 헤르메스, 사랑의 신 에로스 그리고 불화의 여신 에리스가 등장합니다. 오른쪽에 황금사과를 든 파리스는 최고의 미를 뽑아야 하는 중책을 맡았지만, 왠지 시큰둥한 표정을 보면 눈앞에 벌거벗은 여신들이 있음에도 별 관심이 없어 보입니다.

심지어 파리스의 복장을 보면 맨발에다 상의는 풀어헤친 상태로 심판관의 신중함은 전혀 드러나지 않습니다. 법학자의 시선에서는 심판관 파리스의 외관에 눈길이 갑니다. 재판정에서 판사가 입는 법복은 '권위'의 상징으로서 매우 중요합니다. 아직도 영국에서는 판사가 가발을 쓰고 재판을 진행하며, 우리나라에서도 아무리 더운 여름에도 판사들은 검정 실크 법복을 입고 재판을 진행합니다. 파리스 위쪽에 붉은 망토를 두른 헤르메스는 제우스의 명을 받아 여신들을 파리스에게 인도한 임무를 수행한 것으로 보입니다. 언뜻 보면 헤르메스의 두른 붉은 망토가 오히려 판사의 법복처럼 느껴집니다.

사실 권위(權威)란 사회적으로 큰 신뢰를 얻은 인물이 일정한 영향력을 끼칠 수 있는 지위로서, 판사에게 매우 중요한 덕목 가운데 하나입니다. 그럼에도 '권위적'이란 표현이 부정적으로 쓰이는 이유는, 주어진 지위를 지나치게 내세우거나 남용할 때가 적지 않기 때문입니다. 판사에게 법복이란, 오히려 '권위적인' 유혹에 빠지지 말고 권위의 정도를 지키라는 '매무새' 같은 의미가 아닐까 싶습니다.

루벤스, 〈파리스의 심판〉, 1636년, 49×63cm, 패널에 유채, 올드 마스터 갤러리, 드레스덴

파리스 앞에 벌거벗은 세 여신은 왼쪽부터 아테나, 아프로디테, 헤라입니다. 아테나는 정면을 응시하고 있는데, 그 옆에 메두사의 머리가 박힌 방패와 올빼미, 투구가 있는 것으로 보아 전쟁과 지혜의 여신임을 알 수 있습니다. 뒷모습을 보이고 있는 헤라는 왼쪽 허리가 접힌 것에서 알 수 있듯이 상체를 뒤로 약간 젖혀 파리스의 심판에 불쾌함을 드러냅니다. 헤라의 상징인 공작새가 목동인 파리스의 발아래에서 머리를 조아리고 있습니다. 양치기를 상징하는 지팡이를 든 파리스의 아래로 양치기 개 보더콜러가 따분한 듯 누워 공작새를 바라보고 있습니다. 화면 상단의 붉게 물든 먹구름 사이로 에리스가 횃불과 뱀을 양손에 들고서 등장하는 장면은 파리스의 심판으로 인해 맞게 될 비극적 운명을 암시하는 탁월한 회화적 장치입니다.

파리스는 오른발을 뻗어 우승자가 아프로디테임을 가리키고 헤르메스의 뻗은 손이 파리스의 발을 향하며 이를 확인해 주고 있습니다. 가장 아름다운 여신을 결정하는 '미의 심판'에서 영광스러워야 할 결정이 목동 파리스의 손도 아닌 발끝에서 이뤄지다니, 여신들의 체면이 말이 아닙니다. 파리스의 시선은 그림 한 가운데 아프로디테를 향합니다. 아프로디테는 이를 알아챈 듯 두 손을 가슴에 모아 자신을 지목했음을 확인하며 사과를 받고자 한 걸음 앞으로 내딛고 있습니다. 그런데 아프로디테의 표정을 확인할 수는 없지만, 그다지 밝아 보이지는 않습니다. 그림 왼쪽 아래에는, 이로 인해 앞으로 어떤 일이 벌어질지 예감하는 듯 에로스가 곁눈질로 그림을 보는 우리(혹은 관람객)를 응시하고 있습니다.

세 여신이 들고 있는 망토 색깔도 의미가 있습니다. 헤라의 진한 와인색 망토는 그녀가 신들의 여왕임을 상징하고, 아테나의 붉은 색 천은 파리스의 심판으로 인해 피가 홍건할 미래를 예고하며, 늘 화사하게 하늘거리는 옷을 입고 다녔던 아프로디테가 검은 천을 걸치고 있음은 승리에도 불구하고 뭔가 불길함을 암시합니다.

왼쪽 구석에는 나무에 몸을 숨긴 세 남자가 있는데, 숲의 정령인 사티로스로 보입니다. 이들은 파리스의 심판에는 관심이 없고 음탕한 눈빛으로 여신의 벌거벗은 몸을 보는 데 정신이 팔려 있습니다. 마치 이 그림을 보는 이들 중에 유독 여신의 벗은 몸에만 시선이 멈춘다면, 사티로스와 다름없다는 일종의 경고로도 읽힙니다.

플랑드르 출신의 바로크 화가인 루벤스는 〈파리스의 심판〉에서 세 여신을 통해 이상화된 여성미를 강조하는 그의 화풍을 단적으로 보여주고 있습니다. 아테나는 정면의 누드로, 아프로디테는 측면의 누드로, 그리고 헤라는 후면의 누드로 그려져 마치 여성 한 명의 누드를 본 듯 합니다.

여신들의 볼은 핑크빛이고, 하얗고 뽀얀 허벅지와 가슴, 배, 엉덩이는 풍만한 살과 튼실한 근육이 살아 움직이듯 역동적이어서 비현실적이기까지 한데요. 마치 풍경의 일부인 듯한 배경 속 남자들인 파리스, 헤르메스, 사티로스가 어두운 살색의 평범한 육체로 묘사된 것과 대조를 이룹니다.

"나는 여성의 크고 둥근 엉덩이 부분을 그려 손을 뻗어 희미한 살을 쓰다

듣어 주고 싶다"고 했던 루벤스의 의도가 작품에서 드러납니다. 루벤스는 이탈리아에 수년간 머물면서 르네상스 걸작들을 연구했고, 미켈란젤로Michelangelo Buonarroti, 1475~1564의 긴장감 넘치는 육체와 티치아노Vecellio Tiziano, 1488~1576의 선명한 색채 그리고 카라바조Michelangelo da Caravaggio, 1571~1610의 극적인 빛에 관심을 가졌습니다. 그리하여 루벤스는 빛의 역동성, 화려한 색채, 비약적인 묘사를 통해 '미'를 표현했는데요, 이러한 묘사법은 특히 신화 속 여신들을 표현하는 데 잘 어울립니다.

법의 여신이 겨누는 칼날

다시 신화로 돌아가 보겠습니다. 파리스 앞에서 세 여신은 왜 자신이 가장 아름다운지 그 이유를 설명하기는커녕 각각 최고의 선물을 약속하며, 자신을 선택해 줄 것을 애원합니다. 전쟁과 지혜의 여신 아테나는 '어떤 싸움에서도 이길 수 있는 전략의 지혜'를, 사랑과 미의 여신 아프로디테는 '세상에서 가장 아름다운 여인'을, 제우스의 아내이자 신들의 여왕인 헤라는 '아시아의 군주 자리'를 파리스에게 주겠다고 제안하며, 심판관을 향한 매수를 시도합니다.

파리스는 결국 '세상에서 가장 아름다운 여인'인 헬레네를 아내로 맞이하도록 해주겠다고 약속한 아프로디테를 지목합니다. 그런데 문제가 있습니다. 헬레네는 제우스와 스파르타 왕비 레다의 딸로, 아가멤논의 동생인 스파르타의 왕 메넬라오스와 이미 결혼한 신분이었는데요. 그럼에도 파리스는 스파르타에 가서 아프로디테의 도움으로 헬레네를 유혹해 그녀와 함께 트로이로 돌아갑니다.

결국 비극이 시작되고 맙니다. 아내를 빼앗긴 메넬라오스의 요청으로, 그의 형 아가멤논을 중심으로 그리스 연합군이 결성되지요. 이에 맞서 트로이에도 동맹군이 등장합니다. 두 진영은 치열한 전쟁을 벌이는데요. 이것이 '트로이의 목마'가 등장하는 '트로이 10년 전쟁'입니다. 트로이 전쟁이 발발하자 파리스에게 앙심을 품은 헤라와 아테나는 그리스의 편에 섭니다.

한편 전쟁의 비극을 불러온 파리스와 헬레네 커플은 행복했을까요. 프랑스의 신고전주의 화가 다비드^{Jacques Louis David, 1748~1825}는 헬레네와 파리스의 사랑을 관능적으로 그렸습니다. 당대 최고 미인인 헬레네는 보일 듯 말듯 시스루로 풍성한 가슴을 드러내고 있고, 파리스는 근육질 몸매를 자랑하면서 오른손으로 헬레네의 가녀린 팔뚝을 잡고 왼손으로는 류트를 잡은 채 갈망의 눈빛으로 연인을 바라보고 있습니다.

그런데 그림은 관능을 넘어 '공정성의 섭리'로 향합니다. 다비드가 묘사한, 파리스와 헬레네의 욕정에 눈이 먼 모습은 파리스의 심판이 얼마나 불공정했는지를 드러냅니다. 그렇습니다. 불공정에 가려진 사랑은 허망하지요. 어디 사랑뿐일까요. 세상의 이치가 불공정을 거부하듯, 법의 여신이 겨누는 칼날은 바로 불공정을 향합니다.

'공정'이란 법의 정신에 대하여

〈파리스의 심판〉을 볼 때면 법관의 자격과 재판의 공정성을 떠올리게 됩니다. 제우스는 '미의 심판'에서 누구를 선택하든 부담스러울 수밖에 없었습니다. 아내 헤라를 택하자니 딸 아테나가 마음에 걸리고, 반대로 딸을 지목하자니 아내가 눈에 밟힙니다. 그렇다고 아프로디테를 뽑으면 아내와 딸이 동시에 불만을 품게 될 것이고, 반대로 아프로디테를 택하지 않으면 공정하지 않다는 평판을 살 수도 있습니다. 결국 심판을 다른 누군가(파리스)에게 맡길 수밖에 없었던 것입니다. 심지어 제우스는 잘 생긴 파리스 같은 인간이 아름다운 여신을 뽑는

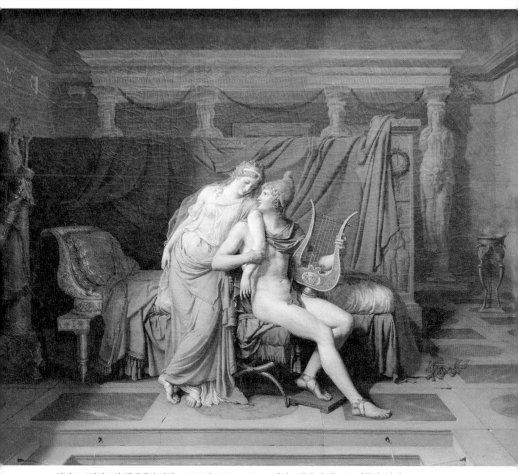

다비드, 〈파리스와 헬레네의 사랑〉, 1788년, 146×181cm, 캔버스에 유채, 루브르 박물관, 파리

데 적합할 것이라는 지극히 단순한 생각에 이릅니다. 그야말로 점입가경이 아닐 수 없습니다.

자초지종을 들은 파리스는, "제가요? 왜요? 지금요?"하며 식겁하여 도망쳤지만 헤르메스에게 붙잡혀 어쩔 수 없이 심판관이 되고 말지요. 하지만 혈기 왕성한 젊은이였던 파리스는 육체적 욕망에 이성을 잃은 나머지 공정하지 못한 결정을 내리고, 이는 다시 전쟁이라는 비극으로 이어집니다.

'파리스의 심판' 같은 불공정한 판결은 신화에나 존재하는 이야기일까요. 현대의 사법(司法) 시스템에서 '파리스의 심판'은 상상할 수 없는 에피소드에 지나지 않을까요. 하지만 파리스의 욕망이 인간의 본성이듯 인간이 만든 사회에서 불공정은 (정도에 차이가 있을 뿐) 사라지지 않습니다. 불공정이 법학의 숙제이자 사법이 존재하는 이유입니다.

법학은 오랜 세월 불공정의 원인을 궁구(窮究)해 왔습니다. 그 중에서 특히 '권력의 오·남용'이야말로 불공정의 시작이자 끝이 아닐까 싶습니다. 헌법과 법률이 권력을 견제하는 여러 장치를 마련해 놓은 것은 이 때문입니다. 당연히 사법권 행사의 오·남용도 예외가 될 수는 없습니다.

모든 국민은 헌법과 법률에 따라 법관에 의하여 재판을 받을 권리를 가집니다(헌법 제27조 제1항). 법관은 흔히 판사라고 불리는데, 사람들 사이의 다툼이 있을 경우 법률에 따라 공정한 판단을 내리고 조정하는 역할을 합니다. 누군가 재판을 청구하여 소송이 진행되면, 판사는 법률과 양심에 따라 누구의 주장이 옳은지 판단을 내려야 합니다. 대한민국에는 약 2,800여 명의 판사가 법원의 주요 업무인 재판을 맡고 있습니다(2023년 기준).

자, 여기서 매우 중요한 문제가 등장합니다. 판사는 어떠한 기준에 의거해 판단을 내릴까요. 헌법 제103조에 따르면, 판사는 헌법과 법률에 의하여 '그 양심에 따라' 독립하여 심판해야 합니다. 그리고 재판은 공정하고 신속하게 진행되어야 하며, 공개재판을 원칙으로 합니다. 재판에는 몇 가지 중요한 원칙들이 더 있는데요. 법관의 판단 근거를 이해하려면 (용어와 개념이 조금 어렵더라도) 살펴보지 않을 수 없습니다.

민사소송의 경우, 처분권주의 및 변론주의 원칙이 적용됩니다. 처분권주의는, 절차의 개시와 종결, 심판의 대상을 소송당사자에게 맡기는 것으로, 사적

자치가 소송에서 구현된 것입니다. 이어 변론주의는, 권리의 발생 및 소멸 등에 관한 주요 사실을 주장하고 이를 뒷받침할 증거 등의 자료를 수집하여 제출할 책임이 소송당사자에게 있다는 것입니다. 쉽게 말해 당사자가 변론에서 제출한 자료만을 재판의 기초로 삼을 수 있다는 게 변론주의입니다. 즉 판사가 우연히 사건을 목격하거나 전해 들어 그 경위를 알게 되었다고 하더라도 이를 사실로 인정하여 판단해서는 안 됩니다. 이 때 판사의 판단은 자유심증에 의하는데, 이는 법원이 판결의 기초가 되는 사실을 인정할 때 증거의 증명력을 판사의 자유로운 판단에 맡긴다는 뜻으로, 법정증거주의에 반대됩니다.

한편 형사소송의 경우는 다릅니다. 형사소송은 증거재판주의에 따라 사실의 인정은 증거에 의하여야 하며, 범죄사실의 인정은 합리적인 의심이 없는 정도의 증명에 이르러야 합니다(형사소송법 제307조).

그런데 만약 판사가 스스로 사건당사자이거나 사건당사자와 특수관계(가령원고나 피고 또는 피고인의 친족이나 친구)에 있다면 공정한 재판을 기대할 수 있을까요. 설령 판사가 매우 객관적이고 중립적인 입장에서 판결을 선고했다고 하더라도 사건당사자와 밀접한 관계에 있다면 상대방 당사자는 재판 결과에 의혹을 품을 수밖에 없습니다.

우리 법은 이러한 문제를 해결하기 위해 특정사건에서 중립성을 의심받을 만한 사정이 있을 때 해당 판사를 재판에서 배제하기 위한 방법으로 '제척, 기피, 회피' 제도를 두고 있습니다. 제척(除斥)은 법률이 정한 사유가 있으면 판사나 사건당사자의 의사와 무관하게 '당연히' 직무에서 배제하는 것입니다. 이를테면 가정법원의 판사가 이혼재판의 당사자라면 당연히 자신의 이혼판결을 할 수 없습니다. 기피(忌避)는 판사의 공정성이 의심될 때 '당사자의 신청에 따라' 재판의 참여가 배제됩니다. 회피(回避)는 '판사 스스로가 자발적으로' 직무에서 물러나는 것입니다. 얼마 전 대법관 후보자가 교수 시절 대형 로펌으로부터 고액의 자문료를 받고 의견서를 써 준 것이 문제가 된 일이 있었습니다. 해당 후보자는 국회 청문회에서 만약 그 로펌의 사건이 대법원에 계류된다면 회피하겠다는 뜻을 밝혔는데요. 그 사건의 심판업무를 스스로 맡지 않겠다는 얘기입니다.

심판관의 불공정성에 대한 우려는 동서고금을 막론하고 존재해왔습니다. 고대 로마법에서도 일찍이 심판관을 선정할 때 당사자의 신청에 따른 기피(Ablehnung)제도가 민사 및 형사 소송에서 인정되었다는 사료가 전해집니다. 현대에 이르러 영미법에서는 'recusal'이라고 하여 판사 스스로 자신의 중립성에 문제가 있다고 판단하거나 당사자가 신청하면 재판에서 제외될 수 있습니다. 유럽의 대륙법에서는 좀더 포괄적인 규정과 절차를 두고 있습니다. 즉 판사의 중립성을 보장함으로써 공정한 재판을 통해 사법제도 전반의 신뢰성을 확보하고 있지요.

한편 재판의 공정성을 위한 제도로, 법률전문가가 아닌 일반 시민들이 재판 또는 기소에 참여하여 사실관계를 평결(評決)하는 '배심제'가 있습니다. 배심제는 피의자의 기소 여부를 결정하는 대배심(기소배심)과 배심원단이 사건의 유·무죄 등을 결정하는 소배심(심리배심)으로 나뉘는데요. 배심제에서 배심원인 일반 시민들은 그 사건의 사실문제에 대한 판단만 하고, 소송의 지휘 및 증거조사, 법률의 해석과 적용은 판사가 담당합니다. 즉 기소 여부 및 유·무죄 평결은 일반 시민들로 구성된 배심원이, 양형 결정은 재판부가 맡습니다.

우리나라는 2007년경 '국민의 형사재판 참여에 관한 법률'을 제정하여, 일반 시민이 배심원으로 형사재판에 참여해 유·무죄 판단을 한 뒤 판사에게 평의 결과와 양형 의견을 내놓는 '국민참여재판'을 시행하고 있습니다. 하지만 국민참여재판의 경우 배심원단 평결은 권고적 효력만 있고 재판부가 이를 반드시 따라야 하는 것은 아닙니다. 다만 재판부가 배심원단 평결과 다르게 판결을 선고할 때에는 반드시 판결문에 그 이유를 적시해야 합니다.

"무릇 재판은 공정할 뿐만 아니라 공정하게 보여야 한다"라는 법언(法諺)이 있습니다. 이 말에는 사건이나 사건당사자와 친분이 있는 판사는 '애초에' 그 재판에 관여하지 말아야 한다는 의미가 담겨 있습니다. 재판의 공정성을 의심받을 만한 요인을 아예 처음부터 만들지 말아야 한다는 뜻입니다. 그러한 의미에서 전관예우(前官禮遇)는 사라져야 마땅하지요. 아울러 '지연된 정의'는 더 이상 정의가 아닙니다. 재판 지연이 온 국민적 관심사가 된 작금의 법원을 바라보는 시선은 우려로 가득합니다.

다시 신화로 돌아가 제우스는 '제척, 기피, 회피'의 대상이므로 제우스가 심판을 맡지 않은 것은 재판의 공정성을 위한 조처였지만, 만약 파리스가 아닌 좀 더 객관적이고 중립적인 지위를 가진 자가 심판했다면 어땠을까, 하는 생각이 듭니다. 그러면 트로이 전쟁은 일어나지 않았을 것이고, 우리는 아마도 다른 내용의 그리스 신화를 읽고 있을지도 모르겠습니다. 물론 루벤스의 〈파리스의 심판〉을 감상하는 즐거움을 누리지 못하는 건 아쉬운 일이지만 말입니다.

제2법정

인간의 위선을
제소한 그림들

예술을 돈으로 바꾸는
연금술사들

- 미술품 경매에 얽힌 법률문제 톺아보기 -

뱅크시Banksy라는 비밀스런 작가가 있습니다. 그는 1974년 영국 브리스톨에서 태어난 백인 남성으로 추정될 뿐 얼굴과 신상정보를 전혀 공개하지 않은 채 작품활동을 하고 있습니다. 뱅크시의 그라피티(graffiti, 길거리 벽화)에는 사회 부조리를 비판하는 메시지가 담겨있습니다. 그는 거리의 벽들을 캔버스 삼아 스텐실(stencil)* 기법으로 '비틀기'와 '재해석'을 통해 한 끗 차이인 불법과 예술의 모호한 경계를 허뭅니다. 이미 전형이 된 캐릭터와 예술작품을 패러디하여 풍자와 해학을 추구하거나 전혀 새로운 메시지를 던지기도 하지요.

뱅크시의 대표작 중에 한 청년이 화약 병 대신 꽃을 던지는 모습을 그린 그라피티가 있습니다. 그는 '저항'을 상징하는 '화약 병'을 '꽃'으로 비틀어 '시위'라는 행위에 '사랑과 평화'라는 메시지를 담았습니다. 그런데 2018년 영국

---

*글자나 무늬, 그림 따위의 모양을 오려 낸 다음 그 구멍에 물감을 넣어 그림을 찍어 내는 기법.

의 카드회사 Full Colour Black이 해당 그라피티가 인쇄된 카드를 무단사용하자, 뱅크시는 해당 그라피티의 상표권을 주장합니다. 2년간의 공방 끝에 유럽연합 지식재산권 사무국(European Union Intellectual Property Office, EUIPO)은 "뱅크시가 작가로서 자신의 신원을 밝히지 않았으므로 해당 작품의 작가가 누구인지 특정할 수 없어 배타적인 상표권을 인정할 수 없다"고 주장한 카드회사의 손을 들어줍니다. 상표라 함은 사업자가 자기 상품에 대하여, 경쟁업체의 것과 구별하기 위해 사용하는 기호·문자·도형 따위의 표지를 말합니다. 우리나라 상표법에 따르면, 상표권은 특허청에 출원·등록함으로써 독점적이며 배타적인 권리가 발생합니다. 가령 뱅크시가 해당 그림을 특허청에 출원·등록하지 않았다면 상표권의 효력이 없겠지요.

뱅크시가 2003년 팔레스타인 베들레헴 웨스트뱅크에서
그린 〈사랑은 공중에(Love is in the air)〉 그라피티.

300억 원을 거머쥔 안목

뱅크시는 2005년 런던 영국 박물관에 '쇼핑 카트를 미는 원시인'이 그려진 돌을 몰래 진열합니다. 뱅크시가 런던 남부 팩햄(Peckham) 지역에서 주운 돌 위에 그린 이 작품의 제목은 〈팩햄 바위〉입니다. 허가받지 않은 자가 몰래 박물관에 들어가 작품들 사이의 빈 공간에 자신의 작품을 떡 하니 배치한 '도둑전시'를 감행한 거지요. 그는 영국 박물관에 전시된 다른 유물을 본 따 작품의 특징과 그림이 담긴 액자, 캡션 등을 완벽하게 재현합니다. 원시시대에 현대 물질문명의 대표격인 쇼핑카트라니, 발상이 참 기발합니다. 그가 '아트 테러리스트'라고 불리는 이유이지요.

〈팩햄 바위〉가 전시되고 3일이 지나서야 발각됩니다. 그런데 뱅크시는 이 일로 붙잡히거나 어떠한 처벌도 받지 않았습니다. 오히려 영국 박물관은 뱅크시가 전시한 돌을 영구 소장하기로 결정합니다(뱅크시의 행동이 아무리 기발해도 이를 아무나 따라하다간 형법상 '업무방해죄' 처벌을 받게 되지요).

아무튼 뱅크시처럼 길거리 벽에 허락 없이 그린 그라피티는 불법행

뱅크시, 〈팩햄 바위〉, 2005년, 영국 박물관, 런던

위입니다. 아이러니한 건 경우에 따라 이러한 행위와 작품에 예술적 가치가 인정되어 미술관에서 전시되거나 경매에서 고가로 낙찰된다는 사실입니다. 그의 깜짝 놀랄 기행들이 이를 방증하지요.

때는 바야흐로 2018년 10월, 장소는 런던 소더비 경매장입니다. 앞치마와 흰 장갑을 낀 두 명의 직원이 작품을 들고 등장합니다. 경매장 앞 화면에는 뱅크시의 대표작 〈풍선을 든 소녀(Girl with Balloon)〉 작품 사진과 로트 넘버(해당 작품의 경매번호), 헤드라인 및 현재가격(미국달러, 엔, 유로, 파운드로 동시 표시)이 표시되어 있습니다.

뱅크시의 충격적인 퍼포먼스로 화제를 모았던 〈사랑은 쓰레기통에〉 혹은 〈풍선 없는 소녀〉.

"104만2,000파운드(약 16억9,000만 원)! 더 이상 없나요?" 경매 현장과 온라인 및 전화로 경매에 나선 사람들 사이에 더 이상 호가가 없자 경매사는 주변을 돌아보며 외칩니다. "Going once, going twice, Sold!(하나, 둘, 판매됐습니다!)." 이를 알리는 신호로 해머를 두드립니다. 낙찰가를 영어로 '해머 프라이스(hammer price)'라고 하지요.

바로 그때 상상도 못할 일이 벌어집니다. 경매사가 해머를 두드리는 순간

'드르르르' 소리와 함께 캔버스가 액자 아래로 미끄러지기 시작합니다. 그림이 스스로 파쇄기에 갈려 나가고 맙니다. 이윽고 커다란 사이렌 소리가 경매장에 울려 퍼집니다. 이 충격적인 장면은 생중계되었는데요. 이를 목격한 사람들은 저마다 어안이 벙벙해 당혹감을 감추지 못했지요.

캔버스가 반쯤 분쇄되었을 때 분쇄기가 멈췄고, 그림의 나머지 반은 온전한 채로 남아있습니다. 이 어처구니없는 상황에서 소더비 관계자들은 허둥지둥거리며 소란스런 장내부터 안정시킵니다. 소더비의 경영진은 이 초유의 사태로 회사의 이미지가 추락하지는 않을까 노심초사 합니다. 이후에 벌어질 법적인 책임 소재를 생각하면 머릿속이 하얘집니다.

뱅크시의 〈풍선을 든 소녀〉 역시 갤러리나
경매장이 아닌 거리의 벽을 장식한 그라피티였다.
(사진은 2002년 런던 사우스뱅크 위털루 브리지 부근)

만약 낙찰 받은 사람이 파쇄를 이유로 낙찰을 거부(철회)한다면, 그 책임은 누가 져야 할까요. 경매를 진행한 소더비일까요. 그렇다면 손해를 얼마나 배상해야 할까요. 일반적으로 경매인이 해머를 두드리는 순간 낙찰이 이뤄지고, 매도인은 낙찰 당시 경매목적물을 '있는 그대로(as is)' 인도하면 채무를 이행한 것이 됩니다. 즉 목적물의 멸실(훼손) 위험은 해머를 두드리는 순간 매수인에게 이전하는 것이지요. 그리고 만약 매수인이 낙찰을 철회하면 낙찰대금의 30%에 해당하는 위약금을 무는 것이 일반적입니다.* 경매회사의 약관에 규정되어 있지요. 그런데 이 사건은 해머를 두드리는 순간 일어났습니다. 상황이 참 얄궂습니다. 지금부터 사건의 전모를 들여다보겠습니다.

---

*우리나라 법원은 미술품 경매회사가 낙찰 철회자에게 낙찰대금의 30%에 달하는 위약금을 물도록 한 것이 '약관의 규제에 관한 법률'에 위반되지 않는다고 판시하였다(서울중앙지방법원 2021. 9. 15. 선고 2020가합597876 판결).

그날 저녁 뱅크시의 SNS에 한 영상이 공개됩니다. 영상에는 〈사랑은 쓰레기통에(Love is in the Bin)〉라는 제목이 붙어있습니다. 뱅크시가 사전에 액자 내부에 분쇄기를 설치하고 이를 원격으로 조정하는 모습, 실제 사건과는 달리 리허설에서는 그림이 완전히 갈려 나가는 과정 그리고 사건이 벌어진 경매장의 혼란스러운 장면까지 영상에 고스란히 담겨있습니다.

범인은 뱅크시였지요. 그가 기획하고 연출한 한 편의 코미디이자 퍼포먼스입니다. 뱅크시는 원래 작품을 완전히 분쇄할 의도였다고 밝힙니다. 이어서 "파괴하고 싶은 충동은 창조적인 충동이기도 하다"라는 피카소의 말을 인용합니다.

소더비에서 벌어진 기상천외한 작품 파괴사건이 어떻게 처리됐는지 그 다음이 궁금합니다. 한번 생각해 볼까요. 만약 당신이 위 그림의 낙찰자라면 낙찰가를 주고 작품을 구매했을까요. 아니면 작품의 인수를 거부하고 옥션하우스 또는 뱅크시에 책임을 물었을까요. 예술작품은 소장이력 즉 프로브낭스(provenance)에서 유명한 사람이 소유했거나 특이한 사건에 연루된다면 그 가격이 천정부지로 올라간다는 점이 힌트입니다. 빙고!!! 그렇지요. 해당 그림을 전화로 응찰한 낙찰자는 미술품 경매에 처음 참여한 독일 여성인데요. 그는 런던 소더비에 방문해 원래 낙찰된 가격을 지불하고 작품의 소유자가 됩니다.

낙찰자의 결정은 옳았습니다! 소녀가 그려진 부분은 파쇄되고 풍선만 남은 작품은 몇몇 미술관에 대여되어 순회전시를 하다가(대여비를 많이 받았지요), 3년이 지난 2021년에 〈사랑은 쓰레기통에〉란 제목으로 다시 경매에 등장합니다. 그리고 가격이 처음 낙찰가보다 18배나 뛰어 무려 1,850만 파운드(약 301억 원)에 낙찰됩니다. 뱅크시 작품 최고가 거래 기록입니다. 이후 〈사랑은 쓰레기통에〉는 다시 〈풍선 없는 소녀(Girl without Balloon)〉로 제목이 바뀌어 전 세계에 순회전시되고 있습니다. 2023년에는 우리나라에서도 전시되어 바로 그 '창조적 충동'의 흔적을 직접 확인할 수 있었지요.

원래 〈풍선을 든 소녀〉는 뱅크시의 런던 스텐실 벽화 시리즈로, 바람에 실려 날아가는 빨간 하트 모양의 풍선을 향해 손을 뻗은 어린 소녀를 묘사한 작품인데요. 이를 다시 실크스크린 판화로 제작한 것이지요. 뱅크시가 2006년 9월 로스앤젤레스에서 열린 '거의 합법적이지 않음(Barely Legal)' 전시회를 마친 뒤 친구에게 준 것이라고 합니다.

예술이 돈이 되는 과정

아무튼 소더비 초유의 작품 파쇄 퍼포먼스는 다행히 별다른 법적 다툼 없이 마무리됩니다. 뿐만 아니라 작품을 훼손하려던 뱅크시의 의도는 정반대의 효과를 냅니다. 경매 도중 이른바 '자기파괴 행위(self-destruction)'가 엄청난 부가가치를 창출하면서 새로운 작품을 탄생시킨 것이지요. 마케팅에 능한 소더비가 이러한 호재를 가만둘 리가 없습니다. 소더비는 일련의 사건을 "역사상 최초로 경매기간 동안 라이브로 제작된 미술작품"이라고 치켜세웁니다. 미술시장의 상업성을 공격할수록 뱅크시의 작품 값은 날개 돋친 듯 치솟습니다. 정말 재밌는 세계가 아닐 수 없습니다. 바로 그 중심에 소더비가 있습니다.

소더비는 예술작품을 취급하는 대표적인 경매회사입니다. 특수한 방식이긴 해도, 사실 경매(競賣, auction)도 매매(賣買, sale)의 한 형태입니다. 우리 민법은, "매매란 당사자 일방이 물건 및 재산권(이하 '물건')을 상대방에게 이전할 것을 약정하고 상대방이 이에 대하여 그 대금을 지급할 것을 약정함으로써 그 효력이 생긴다"고 규정(제563조)하고 있습니다. 즉 매도인이 물건의 가격을 정하여 그 가격에 팔겠다는 청약의 의사표시를 하고, 매수인이 그 가격을 지급하고 물건을 사겠다는 승낙의 의사표시를 하여 합의가 이뤄지면 매매계약이 성립합니다.

경매는 매도인이 물건의 가격을 미리 정하지 않고, 매수의 의사가 있는 사람들이 희망하는 가격을 부르면 그 중 최고가를 부른 사람에게 판매하는 방식으로 매매가 이뤄집니다. 경매는 공개적으로 상대방이 경쟁적으로 호가하는 데 반해, 입찰은 경쟁 참가자들이 구입이나 판매 희망가격을 봉인된 문서로 제시하여 서로 가격을 알지 못한다는 점에서 차이가 있습니다.

현대적 의미의 미술품 경매는 18세기 중반 런던으로 거슬러 올라갑니다. 소더비의 시작은 1744년 영국에서 사무엘 베이커Samuel Baker, 1711~1778란 사람이 희귀한 고서적을 경매에 붙인 것에서 비롯해 점차 보석 및 장식미술로까지 판매품목을 넓힙니다. 1778년 창업주인 베이커가 사망하고 조카 존 소더비John Sotheby, 1740~1807가 사업을 이어받으면서 지금의 소더비란 상호를 갖게 됩니다. 1955년에는 뉴욕에 사무실을 열어 몰락한 유럽 귀족들의 소장품 경매를 진행하면서 상류층 사이에서 최고 명품 경매회사로 자리매김하지요.

소더비와 옥션하우스의 양대 산맥을 이루는 크리스티는 1776년 제임스 크리스티James Christie, 1730~1803가 런던에서 미술품 경매로 시작합니다. 1789년 프랑스대혁명 이후 혁명세력은 귀족계급으로부터 압수한 미술품과 귀금속을 크리스티에서 경매를 통해 판매합니다. 이를 계기로 크리스티 역시 영국 최대 옥션하우스로 발돋움하지요. 이후 사세를 넓혀 지금은 파리, 뉴욕, 제네바, 홍콩 등지에서 컬렉터들과 만나고 있습니다. 1808년경 영국의 풍자 소묘가 롤런드슨Thomas Rowlandson, 1756~1827 등이 주도해 제작한 〈런던의 일상(Microcosm of London)〉이란 책자에는 크리스티 경매 룸의 열띤 현장을 담은 일러스트가 소개되어 있습니다.

우리나라에서 예술작품의 경매는 1971년 한국고미술협회 주관으로 시작됩니다. 1988년 설립된 '서울옥션'과 2005년 후발주자로 나선 '케이옥션'이 온·

롤런드슨, 〈크리스티 옥션 룸〉, 1808년, 판화 (출처 : 〈Microcosm of London〉)

오프라인 경매를 동시에 진행합니다.

　예술품 경매가 실제로 어떻게 이뤄지는지 한걸음 더 들어가 보겠습니다. 먼저 작품의 소유자가 옥션하우스에 팔고자 하는 작품의 사진 및 관련 정보를 제공하면서 '위탁매매(委託賣買)'를 의뢰합니다. 여기서 위탁매매란 경매회사 등의 수탁자가 위탁자(작품 소유자)의 의뢰를 받고 상품 등을 사고 파는 행위를 말합니다(상법 제101조 이하).

　옥션하우스는 내부적으로 작가의 명성, 작품의 가치 등을 확인하여 경매 가능 여부를 심사합니다. 경매가 가능하다고 판단되면 해당 작품을 입고시킨 다음 작품의 진위 여부를 감정하여 최종적으로 출품을 결정합니다. 이어 작품의 소유자(위탁자)와 옥션하우스(수탁자)는 작가, 작품 주제 및 크기, 재료, 색감, 과거 매매가 등 프로브낭스(소장이력)를 고려하여 희망가격(추정가) 및 출품시기를 확정하여 위탁매매 계약을 체결합니다. 그리고 옥션하우스는 카탈로그를 만들고 전시와 다양한 홍보 활동을 거쳐 경매를 진행합니다.

수탁자인 옥션하우스는 경매일에 낙찰이 이뤄지면 위탁자에게 낙찰 결과를 알려주고, 낙찰자가 대금을 완납하면 위탁자에게 위탁대금을 지급합니다. 그리고 위탁자는 옥션하우스에 위탁수수료(보통 낙찰가의 11%)를 지급하여 정산을 마무리 합니다.

한편 경매에 참여하여 작품을 구입하려는 자는, 먼저 관심 있는 작품의 실물을 확인해야 합니다. 이를 위해 옥션하우스에서는 프리뷰 기간을 갖습니다. 매수인이 되려는 사람이 경매에 참여하는 방법은 서면, 전화, 현장 응찰의 3가지 방식이 있습니다. 서면응찰은 경매 담당자에게 미리 상한가를 제시하는 것이고, 전화응찰은 실시간으로 현장가를 들으면서 옥션하우스 직원과 통화로 경매에 참여하는 것입니다. 경매현장에서 불타나게 전화기를 붙잡고 있는 직원들을 보는 것도 흥미로운 광경이지요. 현장응찰은 경매장에서 '패들'을 들고 직접 응찰에 나서는 것으로, 현장의 팽팽한 긴장감 속에서 후끈한 경쟁 분위기를 느낄 수 있습니다.

위탁매매인인 옥션하우스는 낙찰이 이뤄지면 매수인에게서 '구매수수료(일반적으로 경매가의 15%, 부가세 별도)'를 받는데, 최종 낙찰가에 비례하여 수수료가 증가합니다. 이처럼 옥션하우스는 위탁수수료(위탁자)와 구매수수료(매수인)를 양쪽에서 받습니다.

은밀한 우정의 민낯

소더비와 크리스티는 매년 가을에 열리는 메이저 경매의 흥행을 위해 치열하게 경쟁합니다. 그런데 이들 경쟁자 사이에 '묘한 기류'가 형성되었던 적이 있습니다. 1980년대 들어 유럽을 중심으로 경기 침체가 이어지면서 미술품 경매 시장도 적지 않은 타격을 받습니다. 1990년대 들어서도 경매실적은 나아지지 않습니다. 그러자 경쟁관계였던 소더비와 크리스티는 1992년부터 1996년까지 '은밀한 만남'을 이어갑니다. 소더비의 토브먼Adolph Alfred Taubman, 1924~2015 회장의 수수료 담합(談合, cartel) 제안에 크리스티의 테넌트Anthony John Tennant, 1930~2011 회장이 화답합니다. 그리하여 1992년 일주일의 간격을 두고 매수인에게 부과되는 구매수수료(프리미엄)를 10%에서 15%로 인상합니다. 1995년부터는 90일의 간격을 두고 위탁자에게 부과되는 위탁수수료마저 나란히 인상하지요.

미국 법무부는 소더비와 크리스티의 수수료 담합에 대한 첩보가 입수되자 조사에 들어갑니다. 심지어 이들은 수수료가 부과되지 않는 최고 부유층 수집가들의 비밀명단을 교환한 혐의까지 받게 되지요.

양사의 '은밀한 우정'은 크리스티 측에서 균열을 냅니다. 1999년 크리스티 회장 대비지Christopher Michael Davidge는 미국 법무부에 담합을 시인하고 각종 자료를 제출하는 등 수사에 협조하는 조건으로 형사처벌을 면합니다. 억울한 건 끝까지 담합 사실을 부인한 소더비 회장 토브먼입니다. 결국 그는 반독점법인 '셔먼법(Sherman Act)*' 위반으로 유죄가 인정되어 징역 1년에 벌금 750만 달러를 부과 받습니다. 아울러 소더비는 무려 4,500만 달러의 벌금형을 선고받지요.

유럽연합 집행위원회도 가만있지 않았습니다. 2002년 유럽연합 반독점 당국은 전 세계 미술품 경매의 90%를 차지하는 두 회사가 담합을 통해 수수료와 낙찰가를 임의적으로 조정해 온 사실을 확인하고 2,040만 유로의 과징금을 부과합니다. 이는 두 회사가 2002년 전 세계에서 거둬들인 매출액의 6%에 해당하는 금액입니다. 그런데 크리스티는 이번에도 담합을 인정한 뒤 자진해서

---

* 1890년 미국 연방의회에서 독과점 및 담합을 금지하기 위하여 제정된 법률.

적극적으로 각종 증거자료를 제출하는 대가로 과징금을 면합니다. 이쯤 되면 크리스티는 소더비와의 사이에서 건널 수 없는 강을 건넌 게 아닐까 싶습니다.

아무튼 소더비와 크리스티는 전 세계 미술품 경매시장에서 독보적인 시장 지배적 지위를 영위합니다. 누구나 부러워할 만 합니다. 하지만 이윤을 향한 욕망은 끝이 없지요. 독과점이라는 부조리가 똬리를 트는 속내로 들어가 보겠습니다.

위탁자와 매수인 등 사용자는 옥션하우스에서 제시한 수수료를 부담합니다. 무릇 계약이란 상호대등한 정보와 협상력을 가진 당사자들 간에 목적물과 대가 등 주요한 내용에 대하여 의사의 합치가 있어야 성립합니다. 그런데 다수를 상대로 정형화된 계약이 이뤄지는 경우, 일방 당사자가 다수의 상대방과 유사한 내용의 계약을 체결하기 위해 미리 일정한 형식으로 마련한 계약내용이 적용됩니다. 이를 약관(約款, Terms and Conditions)이라고 합니다.

가격은 시장에서 수요와 공급의 법칙에 따라 결정됩니다. 그런데 소더비와 크리스티처럼 소수의 공급자가 시장을 장악하고 수요의 대부분을 공급하는 과점(寡占, oligopoly)의 경우 공정한 거래질서를 무너트립니다. 이윤을 올리기 위해 판매자 간에 재화 또는 서비스의 가격이나 생산 수량, 거래 조건 등을 제한하는 담합행위를 저지르는 것이지요. 담합은 자유경쟁 및 수요-공급에 따라 가격이 책정되는 시장경제의 기본원리를 정면으로 거스릅니다. 담합은 정부당국으로부터 직접적인 처벌을 받는 경제범죄에 해당하지요. 스포츠로 비유하면 승부조작인 셈입니다.

우리나라는 '독점규제 및 공정거래에 관한 법률'에서 "부당한 공동행위의 금지"라는 표제 하에, "사업자는 계약·협정·결의 기타 어떠한 방법으로도 다른 사업자와 공동으로 부당하게 경쟁을 제한하는 가격을 결정·유지 또는 변경하는 행위를 하지 못한다"고 규정(제40조)하고, "위반 시 3년 이하의 징역 또는 2억 원 이하의 벌금형"에 처합니다(제124조).

한편 1993년부터 1999년까지 소더비와 크리스티를 통해서 작품을 위탁하고 매수한 피해자들은 소더비와 크리스티를 상대로 집단소송(class action)을 제기합니다. 우리나라와 달리 미국의 집단소송은 피해자 집단의 대표 중 한 사람 내지 소수가 소송을 제기하면, 해당 판결의 효력이 소송을 제기하지 아니한 나머지 피해자까지 누릴 수 있습니다. 2001년 뉴욕법원은 소더비와 크리스티가 셔먼법을 위반해 부당이득을 취했다고 판시합니다. 이에 따라 양사는 총 5억3,000만 달러의 합의금을 피해자들에게 지급하지요. 담합의 대가는 혹독합니다.

소더비도 모르고 위작을 팔았다면?

미술품 경매시장에서는 담합행위 말고도 여러 법적 문제들이 발생합니다. 그 가운데 만일 옥션하우스가 위작을 판매한 경우 책임 소재가 궁금합니다.

2020년 11월 영국 항소법원에서 소더비의 위작 판매로 인한 배상을 둘러싼 판결이 있었습니다. 사건은 2011년 미국 투자회사인 '페어라이트 아트 벤처스(Fairlight Art Ventures, 이하 페어라이트)'와 런던의 '마크 바이스 갤러리(Mark Weiss Gallery, 이하 바이스)'가 공동소유한 프란스 할스Frans Hals, 1580~1666의 초상화 한 점을 소더비에 판매를 위탁하면서부터 시작됩니다. 프란스 할스는 플랑드르 초상화의 창시자이자 대가로, 다양한 구도 및 인물의 성격 묘사에 탁월했지요.

할스의 〈미상의 남자〉라는 작품은 소더비의 중계로 프라이빗 세일(private sale)*을 통해 1,100만 달러(120억 원)에 미국의 한 컬렉터에게 판매됩니다. 이후

---

*공개적인 경매와 달리 일대일 방식으로 해당 작품의 구입을 원하는 자에게 직접 판매를 진행하는 방식.

프란스 할스의 초상화 위작.

위작 가능성이 제기되자 소더비는 외부기관에 감정을 의뢰해 과학적 분석 작업을 진행합니다. 이 과정에서 해당 작품은 17세기가 아닌 현대에 제조된 안료로 그려졌음이 밝혀집니다. 소더비는 공식적으로 위작임을 선언하고 구매인에게 판매액 전부를 환불해 줍니다. 그리고 그림 판매를 의뢰한 위탁자들에게 그들이 받은 판매대금의 반환을 청구합니다. 그런데 위탁자들은 본인들도 위작임을 몰랐고 속아서 작품을 구입했다고 항변합니다. 아울러 매수인과의 계약 주체는 소더비이므로 자신들은 직접적인 배상책임이 없다고 주장하면서 판매대금 반환을 거부합니다. 그러자 소더비는 위탁자들을 상대로 판매대금 반환소송을 제기합니다.

재판이 시작되기에 앞서 위탁자 중 바이스는 자신이 받은 대금을 소더비에게 돌려주지만, 페어라이트는 끝까지 거부합니다. 법원은 원심과 항소심 모두 소더비의 손을 들어 줍니다. 결국 페어라이트는 판매대금에 더해 소송기간 동안 발생한 이자에 재판비용까지 배상하게 되지요.

판결 요지는 이렇습니다. 옥션하우스인 소더비의 법적 지위는 앞서 밝혔듯이 상법상 위탁매매인입니다. 즉 작품의 판매를 의뢰한 자는 위탁자로서 소더비와 매매를 위한 위탁계약을 맺습니다. 매매를 위탁받은 소더비는 매수인과 매매계약을 체결합니다. (따라서 작품 판매를 의뢰한 자는 작품의 매수인과는 직접적인 법률관계가 없습니다.) 그런데 매매목적물이 위작임이 밝혀지자 소더비는 위탁매매계약의 내용에 따라 매도인의 지위에서 매매계약을 취소하고 매매대금을 매수인에게 반환한 것입니다.

법원은 해당 작품이 위작이라고 결론이 난 상황에서 소더비의 계약 취소에 대해 공동위탁자인 페어라이트에게 배상책임이 있다고 판단합니다. 위탁자들이 위작임을 알지 못했더라도 위작임을 인지하지 못한 과실이 있으므로 그에 따른 책임이 있다고 본 것이지요. 즉 최종적인 책임은 위탁매매인이 아닌 위탁자가 부담하라고 한 것입니다.

만약 소더비가 작품의 진위성을 명시적으로 보증했다면, 위작일 경우 소더비는 구매자에게 손해배상 책임을 져야 합니다. 그런데 일반적으로 경매회사는 작품의 진위를 보증하지 않고, 작품이 판매되는 '있는 그대로(as is)'의 상태로 구매자가 인도받는다고 약관에 명시합니다. 다만 경매회사는 작품에 대한 충분한 조사를 해야 하고, 작품에 대한 정보를 정확히 제공할 책임이 있습니다. 이 과정에서 경매회사가 부주의하거나 고의로 중요한 정보를 누락했거나 허위정보를 제공했다면, 구매자(매수인)는 경매회사에 대해 법적 책임을 물을 수 있겠지요.

위선의 아틀리에

- 위작에 담긴 사기와 착오의 법리 -

"죽은 뒤에 그려진 그림이 더 많은 화가."

죽었는데 어떻게 그림을 그릴 수 있을까요. 화가가 환생을 했다는 건지 아니면 정말로 유령이 있다는 얘긴지 궁금합니다. 위의 수식어가 붙은 화가는 모딜리아니Amedeo Modigliani, 1884~1920입니다. 모딜리아니는 살아생전에 그림 인심이 아주 후한 화가였습니다. 그림을 그려 친지나 친구들에게 나눠주기를 즐겼고, 궁핍한 생활 탓에 카페에서 밥값 대신 그림을 그려 주기도 했지요.

그런 이유 때문인지 모딜리아니가 사망한 뒤 그가 남긴 작품에 대한 가치가 치솟자 시중에 1,000여 점의 위작들이 돌아다녔지요. 말 그대로 "죽은 뒤에 그려진 그림이 더 많은 화가"가 된 겁니다.

2013년 2월 런던 크리스티 경매에서 모딜리아니의 〈모자를 쓴 잔 에뷔테른〉이 2,690만 파운드(약 472억 원)에 팔렸습니다. 모딜리아니를 언급할 때 빼놓을 수 없는 그의 뮤즈이자 마지막 연인 잔 에뷔테른Jeanne Hebuterne, 1898~1920의 초

모딜리아니, 〈모자를 쓴 잔 에뷔테른〉, 1919년, 92×54cm, 캔버스에 유채, 개인 소장

상화입니다. 21세의 에뷔테른은 모딜리아니가 사망한 다음 날 만삭의 몸으로
5층 창문에서 뛰어내려 스스로 유명을 달리했습니다(다행히 뱃속의 아기는 무사히
태어납니다).

〈모자를 쓴 잔 에뷔테른〉에는 모딜리아니 그림의 특징이 그대로 나타나 있
습니다. 바로 긴 목과 (눈동자가 없는) 텅 빈 눈이지요. "나의 초상화에는 왜 눈동
자가 없나요?" 에뷔테른이 묻자 모딜리아니는 말합니다. "당신의 영혼까지 알
게 되면 그때 눈동자를 그릴게요."

하버드 출신 변호사이자 소더비 최고경영자까지 속인 위작

1982년 모딜리아니와 에뷔테른 사이에 태어난 딸은 미술사가이자 평론가인
파리소Christian Parisot를 아버지 모딜리아니가 남긴 사진, 편지, 일기 등의 공식 관
리자로 선임합니다. 파리소는 모딜리아니 아카이브 재단을 설립하고 모딜리
아니의 '카탈로그 레조네(catalogue raisonné)*'를 편찬합니다. 아울러 그는 전 세
계에서 크고 작은 모딜리아니 전시회를 개최하여 막대한 부와 명성을 얻게
되지요.

그런데 파리소는 자신에게 위임된 권한을 남용하여 모딜리아니의 위작을
진본(眞本)으로 감정하는 등 최소 22점의 작품을 위조한 혐의로 기소됩니다.
그는 결국 이탈리아와 프랑스 양국 법원에서 징역형과 벌금형을 선고받게 됩
니다.

명화의 가치가 천문학적으로 치솟으면서 파리소처럼 크게 한몫을 잡으려
는 위조범들이 전 세계 미술시장을 어지럽히고 있습니다. 심지어 최근에는 위

---

* 레조네는 프랑스어 raisonner(검토하다, 고찰하다)에서 유래한 말로, 앞에 카탈로그를 붙이면 '한 작가의 모든
  작품을 모은 전작 도록'을 뜻한다.

작의 대상이 현대미술에까지 미치고 있지요.

2016년 1월 맨해튼 남부 연방지방법원에 전 구찌(Gucci)그룹 회장 도미니코 드 솔레Dominico de Sole가 말쑥한 정장을 입고 증인석에 앉아 있습니다. 그는 바로 옆 이젤 위에 세워진 검고 빨갛게 채색된 그림을 향해 손짓하며 이렇게 진술합니다.

"이건 제가 마크 로스코 그림이라고 믿고 830만 달러에 산 가짜 그림입니다. 저는 가방은 알지만 그림은 잘 모릅니다."

문제의 그림은 현대 추상회화의 거장 마크 로스코Mark Rothko, 1903~1970의 작품처럼 보입니다. 솔레는 하버드 로스쿨 출신 변호사로 경매회사 소더비와 패션기업 톰포드(TOM FORD)의 최고경영자입니다. 그런 그가 거액의 위작 사기 피해자란 게 믿기지 않지만 사실입니다. '미술계의 리먼사태'로 불리는 세기의 스캔들은 이렇게 시작합니다.

2007년 미국 뉴욕의 뇌들러 갤러리에서 잭슨 폴록Jackson Pollock, 1912~1956의 그림을 1,700만 달러에 샀던 벨기에의 헤지펀드 매니저 라그랑지Pierre Lagrange는 2011년 이혼을 앞두고 재산분할을 위해 위 작품의 판매를 경매회사에 의뢰했는데, 경악할 만한 답변이 돌아옵니다. 크리스티와

법정화가 엘리자베스 윌리엄스(Elizabeth Williams)가 뇌들러 갤러리가 연루된 위작 재판 광경을 그린 법정 일러스트.

소더비는 위 작품이 폴록의 카탈로그 레조네에 없다는 이유로 출처와 진위성이 의심된다며 경매 진행을 거부합니다.

이에 분노한 라그랑지는 뇌들러 갤러리를 상대로 '명시적 보증 위반', '사기', '부당이득'을 이유로 매매대금 반환과 불법행위에 기한 손해배상을 청구합니다. 한편 해당 작품의 진위 여부를 가리는 감정에서, 그림에 사용된 페인트 일부가 폴록이 사망한 후인 1957년에 제작되었다는 사실이 밝혀지자, 바로 그 다음날 165년 역사를 자랑하던 뉴욕 최고의 화랑 뇌들러 갤러리는 문을 닫습니다. 이곳은 남북전쟁과 세계대전을 거치면서도 살아남은, 미국에서 가장 오래된 갤러리였지요. 대체 갤러리에 어떤 일이 벌어진 걸까요.

1994년 롱아일랜드에 사는 로살리스Glafira Rosales라는 미술품 중개인은 추상표현주의 대가들의 작품 40점을 뇌들러 갤러리에 들고 옵니다. 모두 처음 공개되는 작품으로 프로브닝스(Provenance, 소장이력)가 없었습니다. 로살레스는 이 40점은 이름을 밝힐 수 없는 자신의 고객이 아버지로부터 물려받은 유산인데, 고객의 아버지는 이 작품들을 모두 작가들로부터 직접 구입했다고 하면서 현금결제를 조건으로 시가의 10분의 1에 일괄구매해 줄 것을 제안하지요.

당시 뇌들러 갤러리 오너 마이클 해머Michael Hammer와 관장 앤 프리드먼Ann Freedman은 이 작품들을 구입합니다. 그리고 뇌들러 갤러리는 이 작품들을 14년에 걸쳐 백만장자들에게 고가에 팝니다. 그런데 이 작품들은 실은 모두 로살리스가 중국인 무명화가 첸 페이션Pei Shen Qian에게 의뢰하여 위작한 것입니다. 이 작품들 안에 솔레 회장이 830만 달러를 주고 구입한 마크 로스코의 위작도 포함되어 있었던 거지요.

라그랑지의 고소로 시작된 형사소송은 일파만파 커졌고, 사기 금액은 무려 8천만 달러, 사기 기간도 약 20년으로 매우 길었지요. FBI는 로살리스(미술품 중개인), 프리드먼(갤러리 관장), 첸 페이션(위작화가), 로살리스 남자친구이자 전직 위조사기 범죄자인 호세 디오스에게 혐의를 둡니다. 미술계 최대 사기사건은 넷플릭스의 다큐멘터리 〈당신의 눈을 속이다 : 세기의 미술품 위조사건(Made You Look : the True Story about Fake Art, 2021)〉에서 상세하게 다루고 있는데요. 다큐멘터리는 관련자들의 인터뷰를 통해 어떻게 사기가 이뤄졌는지를 밝힙니다. 인터뷰에서 부유한 자산가들, 예술계 전문가들, 예술계 취재기자들은 '고상한' 말투로 당시 상황을 증언하고 있는데, 그들의 '허세'가 느껴져서 씁쓸했습니다.

한편 미국 역사상 최대 규모의 위작사건 수사가 시작되자 범죄를 저지른 일당은 스페인과 중국으로 도피했고, 결국 형을 선고받은 대상은 뇌들러 갤러리와 여성 미술품 중개인 1명뿐이었지요. 뇌들러 갤러리의 관장 프리드먼은 위작임을 알고 판매했다는 것이 입증되지 않아 사기죄 기소를 면합니다. 민사소송의 경우에 증명은 '경험칙상 고도의 개연성'이 있으면 되지만, 형사소송에서는 '합리적인 의심의 여지가 없는 증거'가 요구되기 때문에 수사당국이 프리드먼의 혐의까지 입증하기가 쉽지 않았던 거지요. 한편 이 사건 민사소송은 판결 선고 직전 원고와 피고가 극적으로 합의하여 배상금액 등 자세한 내막까지는 알 수 없습니다.

위작에 얽힌 민·형사적 법리 이해하기

일반적으로 소송은 크게 민사소송과 형사소송으로 나뉩니다. 민사소송이란 사인 간에 발생한 사법상의 권리 또는 법률관계에 대한 다툼을 법원이 국가의 재판권에 따라 강제적으로 해결 및 조정하기 위한 일련의 절차입니다. 민사소송의 당사자는 소송을 제기하는 원고와 소송을 당하는 피고입니다. 반면 형사소송은 국가형벌권의 행사로, 기소기관인 검찰이 특정한 형사사건에 대하여 법원에 심판을 요구하는 기소에 의하여 절차가 개시됩니다. 범죄 혐의가 있어 경찰이나 검찰에 의해 수사를 받는 피의자가 기소되면 그 때부터 피고인이 됩니다. 기소독점주의에 따라 우리나라는 검사만 기소할 수 있습니다. 따라서 형사소송의 당사자는 기소를 한 검사와 피고인입니다. 이러한 차이 때문에 변호사의 역할 내지 명칭이 달라지는데요. 민사소송에서는 원고나 피고의 소송을 대리하는 소송대리인이고, 형사소송에서는 피의자나 피고인의 변호를 담당하는 변호인이라고 합니다.

위작사건의 경우 형사소송과 민사소송 두 영역에서 다 문제가 될 수 있습니다. 형사소송부터 살펴보겠습니다. 위작사건에서는 위작임을 알고 이를 고가로 유통시킨 자에게 사기죄가 성립할 수 있습니다. 형법상 사기죄란 타인을 기망하여 상대방에게 착오를 일으켜 하자 있는 의사에 기하여 재물의 교부를 받거나 재산상 이득을 취득함으로써 성립하는 범죄입니다. 여기서 '기망(欺罔, 속임)'이란 명시적 또는 묵시적이거나 '작위 또는 부작위'*일수도 있습니다. 위작임에도 진품이라고 명시하는 것뿐만 아니라 위작임을 알면서 고지하지 않는 경우에도 정보제공의무가 있다면 기망에 해당하지요.

또한 행위자의 기망으로 인하여 착오가 야기되어야 하는데, '착오'란 사실과 인식한 내용에 차이가 발생하는 것입니다. 이 사건에서 위작인데도 상대방은 진품이라고 생각한 데 착오가 있습니다. 구매자들은 갤러리의 명성과 관장의 전문성을 믿어 진품이라고 확신했기에 기망행위와 착오 사이에 인과관계가 존재합니다. 그리고 기망을 당한 자의 '처분행위'가 있어야 하는데요. 위 사건에서 피해자들은 거액의 매매대금을 지급합니다. 아울러 기망자가 '재산상 이득'을 얻어야 합니다. 뇌들러 갤러리와 관장 앤은 거액의 매매차익과 수수료

---

* 작위(作爲)가 법적으로 금지되어 있는 일을 의식적으로 하는 것이라면, 부작위(不作爲)는 마땅히 해야 할 일을 일부러 하지 않는 것을 말한다.

를 취합니다.

한편 뇌들러 갤러리가 그림의 서명이 위조된 사실을 알고도 이 서명을 진짜인 것처럼 제시했다면 '위조사서명행사죄'가 성립할 수 있습니다. 위조사서명행사죄란 행사할 목적으로 타인의 서명을 위조하거나 부정사용한 자를 처벌하는 것입니다. 위작을 한 사람은 서명을 위조한 것이고, 이를 알고서 유통시킨 사람은 부정행사를 한 것이지요. 그 밖에 위작의 유통에 있어서 돈세탁 및 탈세가 일어나기도 하므로 이에 대한 처벌도 가능합니다.

이어 민사소송도 살펴보겠습니다. 여기서 해당 작품들의 매매계약이 어떻게 성립했는지가 중요합니다. 뇌들러 갤러리(매도인)는 830만 달러에 (마크 로스코 그림의 위작임을 모르고) 팔겠다는 의사를 표시하고 솔레 회장(매수인)은 그 가격에 사겠다는 의사를 표시합니다. 이때 매도와 매수의 의사표시가 합치하여 매매계약이 성립한 것입니다.

그런데 매수인은 해당 그림이 위작인 줄 알았다면 당연히 구입하지 않았을 것입니다. 이를 법률용어로 '동기의 착오'라고 부릅니다. 즉 의사표시를 하는 과정에서 전제가 되었던 사정 및 내용에 착오가 있었다는 것이지요. 매수인이 830만 달러에 매수하기로 하는 의사표시의 전제인 마크 로스코의 작품이라는 점에 대하여 착오가 있었다는 것입니다. 동기의 착오가 있어도 계약은 원칙적으로 유효하지만, 착오가 법률행위(계약)를 함에 있어서 중대한 내지 본질적인 사항인 경우에는 계약을 취소할 수 있습니다.

문제는 미술품 거래에 있어서는 해당 미술품이 진품인지에 대해 불확실성이 존재하는 것이 일반적이므로, 과연 매수인에게 착오가 존재했느냐 여부입니다. 위 작품의 진품 여부에 대해서 전문가들 사이에 논란이 있다면 매수인은 매매 당시 진품임을 확신하고 있지 않아 이러한 불확실성을 감수할 의사가 있었으므로 착오가 존재하지 않는다고 볼 수도 있지요. 그러나 진품인 줄 알고

산 매수인은 매도인인 갤러리를 상대로 착오를 이유로 매매계약을 취소하거나 사기를 이유로 매매계약의 효력을 부인할 수 있습니다.

만약 매도인이 진품임을 적극적으로 보증했다면 매수인은 명시적 보증 위반을 이유로 매도인에게 하자담보책임*을 물어 매매계약을 해제하고 원상회복을 구하여 매매대금을 부당이득했으니 반환하라고 청구할 수도 있습니다. 나아가 비록 계약의 당사자는 아니지만 작품을 사는 과정에서 관련자들인 경매회사나 감정인을 상대로 고의나 과실을 이유로 불법행위에 기한 손해배상을 청구할 수도 있습니다.

그런데 민사소송은 변론주의(辯論主義)**에 의하여 주장과 입증이 중요하므로, 그 과정에서 피고의 기망 의도와 이로 인한 원고의 착오, 손해발생 및 인과관계, 손해배상의 범위, 배상액의 평가 등을 주장·입증하는 복잡한 과정이 요구되어 소송기간이 길어질 수 있습니다. 따라서 판결이 확정되기 전에 당사자들이 화해를 하여 사건을 종결짓는 경우가 종종 있습니다. 그렇게 되면 판결이 내려지지 않으니 공적 문서로 남지 않아 소송당사자 측에서는 합의 내용이 공개되지 않으므로 개인정보 등이 보호된다는 점에서 선호합니다. 재판부도 판결문을 작성할 필요가 없어 업무 부담이 줄어드니 나쁠 게 없습니다.

위작 여부를 가리는 감정의 기술

그런데 솔레나 라그랑지 같은 매수인 입장에서는 고가의 미술품을 거래하면서 혹시 위작이 아닐까 하는 의심을 하진 않았을까요. 다시 말해 진본이라는

---

* 매매의 목적물에 결함(하자)이 있는 경우에 매도인이 매수인에게 부담하는 책임을 말한다(민법 제580조).

** 민사소송에서 소송에 대한 자료 수집은 소송당사자에게 일임하여 법원이 관여하지 않는다는 원칙으로, 소송당사자는 스스로 자료를 제출하여 사실을 증명하지 않으면 불이익을 받게 되며, 다른 한편 법원은 당사자의 변론에 나타난 사실만을 가지고 재판을 진행해야 한다(133쪽 참조).

확신을 어떻게 갖게 되었을까요. 이에 대해 뇌들러 갤러리 관장 프리드먼은 말합니다. 감정가들의 말을 믿었다고.

감정에는 '진위감정(authentification)'과 '시가감정(appraisal)' 두 가지가 있습니다. 전자가 작품의 진위성 여부에 대한 가능성을 판단하는 것이라면, 후자는 시장에서의 매매 가치 또는 예술적 가치를 금액으로 산정한 것입니다. 두 가지는 감정 방법이나 기준이 전혀 다른 영역이지요.

진위감정은 다시 '안목감정', '과학감정', '자료감정'으로 나뉩니다. 이 중에서 경험칙에 근거한 안목감정(connoisseurship, expert eye)이 절대적인 비중을 차지합니다. 전문가들에 따르면 진본에는 딱히 표현할 수 없는 아우라 내지 분위기가 느껴진다고 합니다. 이탈리아 르네상스 전문가, 루벤스 전문가와 같이 특정 시대나 한 작가의 작품에 대한 전문가를 비롯해 예술가의 가족이나 조수처럼 작가와 삶을 함께 영위했던 이들의 안목을 신뢰하기 마련입니다. 안목감정을 중시하는 전문가들은 '진본이다', '위작이다'와 같이 흑백논리로 의견을 제시하진 않습니다. 가령 안목감정상 위작이라고 여겨질 경우, 위작일 가능성이 높음을 간접적으로 개진합니다. 안목감정가들이 '~의 화풍(circle of)과 닮았다'거나 '~의 방식(manner of)을 따랐다' 같은 표현을 자주 쓰는 이유가 여기에 있습니다.

최근에는 과학기술의 발달로 '과학감정'의 중요성도 강조됩니다. 가령 자외선은 작품이 그려진 이후 100년 동안의 캔버스 표면에 나타나는 변화를 기술적으로 규명합니다. 엑스레이는 표면 아래에 있는 작품의 층을 확인할 수도 있습니다. 탄소 방사성연대측정을 통해서 물체에 남아 있는 탄소-14 원자의 양을 현대 유기체의 양과 비교하여 캔버스와 패널(나무), 종이를 포함한 재료의 연대를 정확하게 측정할 수도 있지요. 아울러 안료 테스트를 활용해 작품이 그려진 당시에 사용된 안료가 맞는지 확인해 볼 수 있습니다.

이어서 자료감정이 있습니다. 미술시장에서 자주 등장하는 용어 중에 프로브낭스(provenance)가 있습니다. 프랑스어로 '기원하다', '유래하다'를 뜻하는 'provenir'에서 파생된 말로, 우리말로 하면 '소장이력'이 됩니다. 소장이력은 해당 작품을 제작한 작가로부터 출발해 구매자나 수증자로 이어져 어느 갤러리 전시에서 누군가에게 팔렸는지, 이후 다른 컬렉터에게 재판매되었는지, 혹은 어떤 미술관이 기증 받았는지 등의 유통 기록을 말합니다. 가령 진본의 프로브낭스는 현소유자로부터 이전소유자를 거쳐 예술가의 작업실까지 타임라인이 잘 기록·정리되어 있습니다. 따라서 제대로 정리된 프로브낭스는 진본이라는 강력한 증거가 될 수 있습니다. 그런데 아주 오래된 작품이거나 전쟁 등의 격변을 겪게 되면 작품의 프로브낭스 일부가 누락되거나 아예 소실되는 경우가 적지 않습니다. 이러한 작품일수록 위작 논란에 휩싸일 가능성이 높습니다.

위작 여부를 가리는 감정 수단으로 '카탈로그 레조네'의 중요성도 간과할 수 없습니다. 일반적으로 전시회 도록이 한정된 기간 동안의 작품 혹은 전시 주제에 맞는 작품을 선별적으로 소개한다면, 카탈로그 레조네는 회고적인 성격이 강해 작가의 모든 작품을 수록하여 문서화한 목록이라 하겠습니다. 그러므로 카탈로그 레조네는 훗날 작품의 진위 여부 판단이나 작품의 발전 양상 연구 등 다양한 분야에서 중요한 근거자료가 되기 때문에 최대한 신중하게 편찬작업이 이뤄져야 합니다.

카탈로그 레조네에는 작품의 제목, 크기, 연도, 재료 등의 기본정보는 물론이고, 작품의 전시이력, 이전 및 소장자(처)에서부터 제작배경과 작품이 소개된 도서 및 카탈로그 목록, 서명 혹은 인장의 유무, 손상에 따른 보수 기록, 분실 또는 위작 여부까지 상세하게 기록됩니다. 카탈로그 레조네의 편집자에게는 해당 예술가의 작품을 전문적으로 연구한 경력이 요구됩니다. 이들은 때로

작품에 대한 이력이 충실하게 담긴 것으로 유명한 피카소의 카탈로그 레조네.

는 작가 못지않은 권위와 유명세를 얻기도 합니다.

진짜만큼 유명한 위작가들

아이러니한 일이지만 진본을 그린 화가만큼 유명한 위작가들이 있습니다. 심지어 이들의 위작 중에는 영국 박물관 같은 곳에 소장된 것도 있지요. 역사적으로 유명한 위작자 가운데 네덜란드 출신의 메이헤런Han van Meegeren, 1889~1948이 자주 소환됩니다.

제2차 세계대전 이후 연합군은 나치정권 최고지도자 괴링Hermann Wilhelm Göring, 1893~1946이 소유하고 있던 페르메이르Johannes Vermeer, 1632~1675의 〈간음한 여인과 그리스도〉라는 작품을 발견합니다. 연합군은 원소유자를 찾는 과정에서 이 그림을 나치에 팔아넘긴 사람 가운데 메이헤런이란 사람이 있음을 확인합니다. 메이헤런은 나치협력죄로 체포됩니다.

플링드르 회화의 거장 페르메이르의 현존하는 작품은 49점에 불과할 정도로 네덜란드에서는 국보급으로 평가받고 있었습니다. 그렇게 귀한 페르메이르의

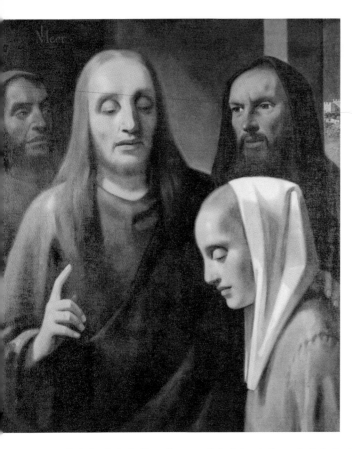

메이헤런, 〈'간음한 여인과
그리스도'의 위작〉, 1942년,
39.4×35.4cm, 캔버스에 유채,
펀다티 박물관, 즈볼레(네덜란드)

작품을 나치에 팔아
넘긴 혐의가 메이헤
런에게 인정될 경우,
최고 사형에 처해질
수도 있습니다. 그러
자 메이헤런은 해당
그림이 자기가 그린
위작이라고 주장합
니다. 이에 대해 사
법당국은 메이헤런
이 나치협력죄의 혐

의에서 벗어나려는 의도로 거짓말을 한다고 여깁니다. 재판부는 재판 과정에
서 메이헤런이 도주 및 증거인멸 우려가 있다고 판단하고 3개월 간 가택연금
에 처합니다. 메이헤런은 가택연금 동안 자신이 정말로 페르메이르의 위작가
임을 입증하고자 〈'학자들과 토론하는 어린 그리스도'의 위작〉을 완성하기도
합니다.

이윽고 1947년에 열린 재판에서 페르메이르가 살던 17세기에는 사용하지
않았던 안료 코발트블루가 해당 작품에서 발견됩니다. 결국 메이헤런은 나치
협력죄 대신 미술품 위조죄로 2년형을 선고받습니다. 메이헤런은 서슬 퍼런

메이헤런이 3개월간의 가택연금 중에 페르메이르풍으로 〈학자들과 토론하는 어린 그리스도'의 위작〉을 완성하는 모습.

나치정권까지 속여 넘겼으니, 역사상 가장 유명한 위작가로 불릴 만 합니다.

　런던 출신의 위작가 에릭 헵번Eric Hebborn, 1934~1996도 이 분야에서 메이헤런 못지않게 유명합니다. 정식 미술교육을 받은 그는 영국에서 로마대상(Prix de Rome)을 수상할 정도로 나름 인정받는 예술가였습니다. 하지만 헵번은 험난한 창작자로서의 길을 접고 미술 복원작업을 배우다가 위작의 길로 들어섭니다. 그는 죽기 전까지 평생에 걸쳐 반 다이크, 푸생, 루벤스 등 바로크와 고전주의 거장들의 스타일로 약 1,000점의 위작을 그립니다.

　헵번이 유독 잘 그린 분야는 옛 거장들의 드로잉입니다. 그는 런던 영국 박물관과 피렌체 우피치 미술관을 자주 방문해 명작들을 연구하면서 이들 작품의 밑그림으로 보일만한 스케치를 연마합니다. 과거 거장들은 드로잉을 남에게 보이기는커녕 보관할 가치조차 없다고 여겼지요. 그래서 거장들의 드로잉 중 현존하는 작품들이 드물 뿐 아니라 거장들이 어떤 방식으로 드로잉을 했는지에 대한 정보도 취약했습니다. 헵번은 바로 이 점에 착안해 거장들의 드로잉 위작을 그렸던 것입니다. 이를테면 반 다이크Anthony Van Dyck, 1599~1641의 〈가시관을 쓴 그

리스도〉의 습작을 흉내 낼 때
는 완성된 작품의 여러 부분
을 대충 묘사해 반 다이크가
그린 습작인 것 같은 드로잉
을 그립니다. 헵번의 드로잉은
그럴 듯 했습니다.

하지만 꼬리가 길면 잡히는
법이지요. 헵번은 상습적인 위
작 사실이 발각되자, "위작을
유통시킨 감정 전문가들과 화
상에게 책임이 있다"며 궤변
을 늘어놓습니다. 그리고는
"종이를 누르스름하게 만들

헵번, 반 다이크의 〈'가시관을 쓴 그리스도 밑그림'의 위작〉,
26×28.5cm, 종이에 연필, 영국 박물관, 런던

려면 커피나 티를 흘려라, 얼룩을 그럴듯하게 표현하려면 올리브 오일을 써라,
옛날 종이는 경매장이나 고서점에 가면 구할 수 있다" 등등 위작의 노하우를
알려주는 지침서(〈The Art Forger's Handbook〉)를 출간하기도 합니다. 1996년 이
책의 이탈리어판이 출간된 직후 그는 로마에서 둔기에 맞아 사망합니다. 이 사
건은 누가 범인인지 밝혀지지 않은 채 미제로 남지요.

반 다이크의 〈가시관을 쓴 그리스도〉 원작과 이 그림에 대한 헵번의 드로잉
을 비교해 보겠습니다. 반 다이크가 이 그림을 그리기에 앞서 헵번처럼 밑그림
을 그렸을 지는 누구도 알 수 없는 일이지요. 아무튼 헵번이 그린 드로잉은 위
작임이 드러난 이후에도 여전히 영국 박물관에 전시되고 있습니다. 영국 박물
관 측은 위작에 대해서도 그 나름의 가치를 인정한 걸까요. 헵번은 영국 박물
관에 걸린 자신의 그림을 보면서 어떤 생각을 했을까요. 설마 예술가로서의 열

반 다이크, 〈가시관을 쓴 그리스도〉, 1620년, 228×196cm, 캔버스에 유채, 프라도 미술관, 마드리드

망을 이뤘다고 자화자찬한 건 아닐까요. 위작의 노하우를 책으로까지 저술할 정도이니 그는 그러고도 남지 않았을까 싶습니다.

설마 내가 소장하는 작품도 위작이라고?

도대체 위작은 왜 그리는 걸까요. 물론 가장 큰 이유 중 하나는 '돈'이겠지요. 그런데 저는 경제적인 이유 이외에 다른 측면을 생각해 봤습니다. 위작가의 심리입니다. 실제로 위작가의 심리는 '과시'와 '복수'로 모아진다고 합니다.

첫째, 본인의 그림 실력을 자랑하고 싶은 과시욕망입니다. 위대한 거장의 걸작으로 보일만한 작품을 모사하여 본인의 실력이 거장만큼 훌륭하다는 것을 세상에 과시하고 싶은 심리이지요. 아울러 위작이 아닌 본인의 순수한 창작물은 세상에 공개(전시)할 기회가 현실적으로 거의 없기도 합니다.

둘째, 과거에 본인의 그림을 경시한 세상에 대한 복수심의 발로입니다. 즉 미술계 저명한 인사라는 이들이 진본과 위작도 구분하지 못하는 것을 조롱하고, 훗날 위작인 사실이 밝혀졌을 때 소위 전문가라는 이들의 안목을 비꼬는 것입니다.

"어제 수백만 길더(네덜란드 화폐 단위)의 가치를 지녔던 작품이 오늘은 쓰레기 취급을 받았다. 그러나 그림은 어제나 오늘이나 하나도 변한 게 없다." 위작가 메이헤런의 말입니다. 그는 자신의 위작에 놀아난 전문가들을 한껏 조롱합니다.

위작과 관련하여 우리나라 미술계를 씁쓸하게 했던 판결이 있습니다. 진본이라고 믿어온 작품 중에 적지 않은 그림들이 위작으로 드러났기 때문입니다. 당시 대법원은 무려 2,827점의 미술품에 대해서 위작임을 인정하고 연루된 미술계 인사들에게 사기죄 및 위조사서명행사죄를 적용해 유죄판결*을 내렸습니다. 이 사건은 이중섭 화백의 둘째 아들이 미술품 경매회사에 아버지의 작품 8점을 판매 의뢰했는데, 이 과정에서 한국미술품감정협회가 해당 작품들에 위작 의혹을 제기하면서 불거졌습니다. 2004년경 '이중섭 50주기, 박수근 40주기 기념 미발표작 전시준비위원회' 위원장이었던 한국고서 연구회 회장 김용수는 자신이 갖고 있던 이중섭과 박수근 작품 650점을 추가로 공개하여 위작 논란에 기름을 부었습니다. 전문가들의 안목감정 결과 위작으로 판명났지요.

당시 전문가들의 분석에 따르면, 원화를 그대로 모사 또는 복사한 다음 색상만 변화시켰거나, 원화의 일부분만 떼어내 하나의 독립된 작품으로 제작했다고 합니다. 심지어 위작 중에는 원화의 좌우가 바뀐 것들도 있다고 하는군요. 아무튼 전문가들의 감정을 통해 위작임이 비교적 쉽게 드러났음에도 불구하고 무려 12년 동안 재판에 계류 중이었다가 결국 최종심인 대법원에서 논란의 종지부를 찍었지요.

진정한 예술의 가치는 무엇일까요. 이에 대해 다양한 주장과 견해가 있겠지만, 저는 창작자인 예술가의 '진심'을 꼽고 싶습니다. 그런 의미에서 위작은 인간의 부질없는 욕망과 얄팍한 위선이 빚어낸 사기임에 틀림없지요. 위선과 조롱으로 가득한 그들의 아틀리에에 준엄한 접근금지 명령을 내리고픈 마음입니다.

---

* 대법원 2017. 7. 18. 선고 2013도1843 판결

형벌은
어떻게 폭력이 되었나

- 죄형법정주의 뿌리를 찾아서 -

둥근 원 안의 그림은 신화 속 연주회의 한 장면 같습니다. 비슷합니다. 그리스 신화에 나오는 음악의 신 아폴론과 반인반수 마르시아스가 음악 경연을 펼치고 있습니다. 오른쪽 마르시아스는 자신의 연주소리에 취해 있지만, 아폴론의 눈빛은 왠지 불만으로 가득합니다. 경연이 끝나고 벌어질 참혹한 일을 암시하는 것 같습니다.

마르시아스가 불고 있는 피리는 전쟁과 지혜의 신 아테나가 불던 것입니다. 어느 날 아테나가 연회에서 피리를 불자 모든 신들이 감탄했지만, 헤라와 아프로디테는 아테나의 모습에 웃음을 참지 못했습니다. 이를 궁금히 여긴 아테나가 개울물에 자신의 연주하는 모습을 비춰보니 볼이 부풀어져 우스꽝스런 얼굴이 나타납니다. 수치심에 화가 난 아테나는 피리를 숲 속에 던져버리며 "누구든 이 피리를 부는 이는 끔찍한 저주의 벌을 받을 것"이라 경고합니다. 그런데 마침 지나가던 숲의 정령 마르시아스가 피리를 주워 장난삼아 입에 대고

코르네이유 2세, 〈미다스왕의 심판〉, 1706년, 106×106cm, 캔버스에 유채, 트리아농 궁전, 베르사유

불다가 그 신비로운 소리에 매료되고 맙니다. 밤낮으로 피리를 불던 마르시아스의 연주 실력은 일취월장합니다. 우쭐해진 마르시아스는 음악의 신 아폴론에게 경연을 제안합니다. 아폴론은 마르시아스의 오만함에 심기가 불편했지만, '리라'라는 현악기로 경연을 벌이기로 합니다. 그러면서 승자가 패자에게 벌을 주기로 하지요.

경연에는 승패를 가리는 심판관이 필요했습니다. 그림에서 나무를 중심으로 모여든 뮤즈들이 심판관이 됩니다. 뮤즈들은 아폴론 뒤에 위치해 있는 것으로 봐서 누구의 손을 들어줄지 짐작이 갑니다. 그런데 복병이 있습니다. 심판관으로 뮤즈와 함께 프리기아의 왕 미다스가 선정되었기 때문입니다. 손만 대면 모든 게 금으로 변하는 형벌에서 간신히 벗어난 미다스는 더 이상 불미스런 일에 엮이고 싶지 않았지만, 그의 귀에는 마르시아스의 연주가 훨씬 훌륭하게 들렸습니다. 미다스는 고민 끝에 마르시아스의 손을 들어줬습니다. 이미 뮤즈 여럿이 아폴론을 선택했기에 자신으로 인해 결과가 바뀌지 않을 거라 생각했습니다. 아폴론은 경연에서 이겼지만 미다스의 선택에 자존심이 상했습니다. 분을 참지 못한 아폴론은 마법을 걸어 미다스의 귀를 당나귀 귀로 만들어버립니다('임금님 귀는 당나귀'라는 우화가 여기서 비롯되었지요).

여전히 분이 풀리지 않은 아폴론은 마르시아스에게 다시 경연을 제안하는데, 그 방식이 억지스럽습니다. 이번에는 악기를 거꾸로 연주하며 노래를 부르자는 것이었지요. 그런데 아폴론의 악기인 리라는 현악기인데 반해, 마르시아스의 피리는 관악기로 거꾸로 불면 소리가 나지 않을 뿐 아니라 연주와 노래를 동시에 할 수 없습니다. 결국 마르시아스는 경연에서 완패하고 맙니다. 이제 마르시아스는 승자인 아폴론으로부터 벌을 받아야 합니다. 그런데 아폴론이 내린 형벌은 마르시아스를 나무에 묶어 두고 산 채로 살가죽을 벗기는 것이었습니다. 누구도 상상하지 못한 잔인한 형벌이었지요. 마르시아스는 참을 수 없는 고통에 비명을 질렀습니다.

잔혹함의 절정을 그리다

앞쪽 그림은 절대왕정의 최고 절정기를 보낸 루이 14세Louis XIV, 1638~1715가 새로

건립 중인 베르사유 궁전에 걸어놓을 용도로 화가 코르네이유 2세[Michel Corneille II, 1642~1708]에게 의뢰해 제작된 것입니다. 당시 무소불위의 권력으로 태양왕으로 불린 루이 14세가 이 그림을 자신의 거처인 트리아농 궁전에 전시한 이유는 분명합니다. 음악의 신이자 태양의 신이기도 한 아폴론의 심기를 불편하게 했던 마르시아스가 살가죽이 벗겨지는 참형을 당했듯이 왕을 조금이라도 무시하는 처사에는 그에 상응하는 대가를 치를 것이라는 경고의 의미가 담겼지요. 화가 코르네이유 2세가 그림에서 미다스의 존재를 미미하게 묘사한 것도 같은 맥락이 아닐까 싶습니다. 태양신 아폴론처럼 태양왕인 루이 14세의 존재는 미다스로 상징되는 인간세계의 다른 어떤 지배세력보다도 훨씬 우위에 있다는 것이지요.

이제 아폴론의 참혹한 형벌 장면이 등장할 차례입니다. 많은 화가들이 이 장면을 그렸는데요. 그 중에서 특히 16세기 베네치아파의 거장 티치아노[Tiziano Vecellio, 영어명 Titian, 1488~1576]가 그린 〈마르시아스의 살가죽을 벗기는 아폴론〉에 나타난 잔혹함은 그야말로 압권입니다.

마르시아스는 거꾸로 매달려 있는데 그의 얼굴은 이루 말할 수 없는 고통에 일그러져 있습니다. 그림에서 직접 칼을 들고 살가죽을 벗기고 있는 이는 바로 아폴론입니다. 산채로 살가죽을 벗기는 잔인한 형벌을 집행하는 아폴론의 표정은 뜻밖에도 무덤덤합니다. 그래서 더 소름이 돋습니다. 그림은 한마디로 아수라장을 방불케 합니다. 아폴론의 뒤에서 바이올린을 켜는 뮤즈를 보고 있으면, 도대체 이 참혹한 상황에서 바이올린 연주가 가당키나 한 걸까 싶습니다. 오른편에는 마르시아스와 같은 종족으로 보이는 사티로스가 물동이를 들고 서 있습니다. 살가죽이 벗겨진 마르시아스의 몸에 물을 뿌리라는 아폴론의 지시가 있었던 모양입니다. 살가죽이 벗겨진 몸에 물이 닿으면 마르시아스의 고통은 훨씬 커질 것입니다.

티치아노, 〈마르시아스의 살가죽을 벗기는 아폴론〉, 1576년, 220×204cm, 캔버스에 유채,
대교구 박물관, 크로메리츠(체코)

식인견으로 보이는 커다란 개가 군침을 흘리는 모습도 흉측하기 이를 데
없습니다. 큰 개의 새끼로 보이는 강아지가 바닥에 흥건한 피를 핥는 모습은
잔혹함의 절정을 이룹니다. 사티로스 옆에서 이 모든 광경을 쓸쓸하게 지켜보

는 노인은 (머리에 쓴 왕관으로 보아) 미다스입니다. 비록 왕의 신분이지만 아폴론 신에 맞서 그가 할 수 있는 건 아무 것도 없습니다.

권력을 위해 살가죽도 찢었다

혹시 아폴론이 집행한 참형은 신화 속의 허구일 뿐 현실에선 일어날 수 없는 일일까요. 그런데 형벌의 역사를 살펴보면 동서고금을 막론하고 그 못지않은 참형에 관한 기록이 적지 않습니다. 실제로 살가죽을 벗기는 박피형(剝皮刑)은 중국 명나라의 태조 주원장1328-1398의 집권기부터 행해졌던 형벌로, 살가죽을 벗긴 몸에 물을 뿌려 죄인의 고통을 배가시켰다는 기록이 전해집니다. 티치아노의 그림 속 물동이를 들고 서 있는 사티로스의 모습이 겹쳐집니다. 우리나라에서도 조선시대에 곤장으로 볼기를 치는 태형(笞刑)을 집행하는 도중 매를 맞은 부위에 물을 뿌렸다고 하지요.

형벌의 잔혹함은 권력의 집중화와 비례해왔다고 해도 지나치지 않습니다. 명나라를 건국한 태조 주원장의 첫 번째 과업은 왕권에 도전하는 세력을 처단하는 것이었습니다. 이때 형벌은 최대한 잔혹하게 공개처형을 원칙으로 함으로써 위하(威嚇)적 기능을 강조했습니다.

티치아노의 그림을 보고 있으면 떠오르는 근대 형법의 대원칙이 있습니다. '범죄와 형벌은 미리 법률로 정해야 한다'는 것을 내용으로 하는 죄형법정주의(罪刑法定主義)입니다. 독일의 형법학자 포이에르바하Paul Johann Anselm von Feuerbach, 1775-1883가 남긴 "법률이 없으면 범죄도 없고 형벌도 없다"는 법언과 일맥상통합니다. 즉 어떠한 행위가 범죄가 되고 그에 대하여 어떤 형벌을 내릴 지를 미리 법률에 규정해 두어야 한다는 것이지요.

죄형법정주의의 반대 개념으로 죄형전단주의(罪刑專斷主義)가 있습니다. 이는 범죄와 형벌을 법률로 정함이 없이 어떠한 행위가 범죄가 되며 이에 대하여 어떠한 형벌을 과할 것인가를 법집행자가 임의로 결정할 수 있음을 뜻합니다. 과거 봉건제에서는 영주가, 절대왕정국가에서는 왕이 마음대로 형벌권을 행사할 수 있었지요. 신화 속 아폴론처럼 말입니다.

죄형법정주의는 근대 이후 법치주의가 확립되면서 국가권력의 부당한 형벌권 행사로부터 개인의 자유와 권리를 보장하는 다섯 가지 원리로 작용합니다. '성문법주의', '명확성 원칙', '유추해석금지 원칙', '형벌불소급 원칙', '비례원칙'이 그것입니다.

첫째 성문법주의란, 형벌은 의회에서 제정한 형식적 의미의 법률에 근거해야 하고, 관습형법에 따를 수 없음을 말합니다. 관습형법은 사회에서 상당기간 동안 존재해온 형벌의 관행입니다. 관습형법을 적용할 경우 법관에게 지나친 재량을 허용하여 개인의 자유와 권리가 부당하게 침해될 우려가 있습니다. 우리 헌법 제12조 제1항은 "모든 국민은 신체의 자유를 가진다. 누구든지 법률에 의하지 아니하고는 체포, 구금, 수색, 압수, 심문 또는 처벌을 받지 아니하며, 형의 선고에 의하지 아니하고는 강제노역을 당하지 않는다"라고 명시하는데, 여기서 법률은 성문법을 의미합니다.

둘째 명확성 원칙으로, 누구나 법률이 처벌하고자 하는 행위가 무엇이며, 그에 대한 형벌이 어떠한 것인지를 예견할 수 있고, 그에 따라 자신의 행위를 결정할 수 있도록 명확해야 합니다.

셋째 유추해석금지 원칙입니다. 죄형법정주의는 범죄와 형벌을 성문법에 명확히 규정하여 법관으로 하여금 형벌법규 해석의 지나친 재량을 막아야 합니다. 따라서 법관은 법률에 직접 명시되지 아니한 사실에까지 해석을 유추하지 말아야 합니다. 즉 형법의 해석은 엄격한 문리해석에 국한합니다. 해석상 '의심스러울 때는 피고인의 이익으로(in dubio pro reo)'란 법언이 여기서 나왔지요.

넷째 형벌불소급 원칙입니다. 범죄는 행위시의 법률에 의해서만 처벌받고, 처벌받은 후에 제정된 법률에 의해 소급하여 소추하거나 처벌받지 않음을 의미합니다. 우리 헌법 제13조 제1항은 "모든 국민은 행위시의 법률에 의하여 범죄를 구성하지 아니하는 행위로 소추되지 아니하……"라고 명시하고 있습니다. 형법의 효력을 소급하면 행위 당시에 범죄가 되지 않았던 것이 그 행위 이후에 제정되는 법률에 의하여 범죄가 되거나 형이 가중될 염려가 있습니다.

다섯째 비례 원칙은 범죄와 그에 따른 형벌 사이에 적정한 균형이 유지되어야 한다는 것으로, 과잉형벌금지 원칙이라고도 합니다.

돌과 종이에 새겨진 인권의 보루

죄형법정주의의 기원은 1215년에 제정된 '마그나 카르타(Magna Carta)'로 거슬러 올라갑니다. 마그나 카르나는 당시 영국의 귀족들이 국왕 존 John, 1167~1216을 상대로 왕권의 제한 및 영주의 권리를 확인한 문서인데요. 특히 죄와 형벌의 범위를 미리 법에 명시하여 국왕의 자의적 형벌권 행사를 제한했습니다. 문서가 작성된 처음에는 왕과 귀족 사이에서 내용의 수정을 두고 격한 대립을 겪다가 1297년에 원문을 '법전(Statute roll)'에 수록하면서 성문법으로서의 지위를 얻었습니다. 이후 마그나 카르타는 권리청원(Petition of Right, 1628), 권리장전(Bill of Right, 1689)에 계수(繼受)되어 영국 헌법의 기초가 되었습니다. 마그나 카르타는 현재 4부(런던의 영국 국립도서관에 2부, 링컨대성당에 1부, 솔즈베리 대성당 문서보관서에 1부)가 남아 있습니다(85쪽).

죄형법정주의의 뿌리는 마그나 카르타보다도 훨씬 오래 전인 '함무라비 법전'으로까지 거슬러 올라갑니다. 기원전 1792년에서 1750년까지 티그리스강과 유프라테스강 사이 메소포타미아 지역의 바빌론 왕국(현재 이라크)을 통치하던 함무라비왕Hammurabi,1810~1750BC 추정은 모든 백성이 볼 수 있도록 높이 2.25미터 규모의 비문을 바빌론의 한 신전에 세웁니다.

이 비문(이하 '함무라비 법전')은 그로부터 600년 후인 기원전 1158년 엘람 왕국(현재 이란)이 약탈해 페르시아 지역으로 옮겨졌다가 1901년 프랑스 고고학자 모르강Jacques de Morgan, 1857~1924이 인솔한 고고학 조사단에 의해 이란의 작은 도시인 수즈(Suze) 인근에서 발굴되었습니다. 이로 인해 프랑스로 옮겨져 현재 루브르 박물관이 소장하고 있습니다.*

서문과 본문, 후문으로 이루어진 함무라비 법전은 아카드(Akkad)어**가 설형문자(쐐기문자)로 새겨져 있습니다. 프랑스 신부 장 뱅상 셰일Jean-Vincent Scheil, 1858~1940이 6개월 동안 3,500줄에 달하는 282개 조문을 번역했습니다. 단단한 현무암에 새겨진 조문은 오른쪽에서 왼쪽으로 읽어나가게 되어 있습니다. 서문에는 정의를 실현하고 약자를 보호하며 복지를 증진시키기 위하여 만든 법임을 밝히고 있습니다. 법전의 상단 4분의 1은 함무라비왕이 태양신이자 정의와 재판의 신이기도 한 '샤먀쉬(Shamash)'를 숭배하는 모습이 부조로 묘사되어 있습니다. 샤먀쉬는 오른손에는 척도를 재는 '자'를, 왼손에는 '반지'를 들고 있습니다.

함무라비 법전이라고 하면 '눈에는 눈, 이에는 이'라는 '동해보복(同害報復)'

---

* 프랑스 고고학자 모르강이 페르시아에서 함무라비 법전을 발견할 수 있었던 경위에 대해서 당시 호화생활로 국고를 탕진한 페르시아의 카자르(Qajars) 왕조(재위기간 1795~1925)의 국왕이 1895년 프랑스에 문화재 채굴권을 매각했기 때문이라는 설이 있다. 훗날 이란 정부의 항의와 반발로 1927년에 프랑스의 독점채굴권은 소멸했지만, 이미 페르시아의 많은 유물들이 해외로 반출된 이후였다. 함무라비 법전은 문화재 반환문제가 불거질 때마다 늘 뜨거운 감자였다. 1990년 프랑스 수상 레몽 바르(Raymond Barre, 1923~2007)가 이라크를 방문했을 때 사담 후세인(Saddam Hussein, 1937~2006)은 정상회담 중에 제국주의시대의 비윤리적인 약탈을 이유로 함무라비 법전의 반환을 촉구했다. 하지만 프랑스는 과거 카자르 왕조에 대가를 치르고 합법적으로 발굴했다며 반환을 거부했다.
** 기원전 2000년부터 기원전 1년 무렵까지 사용된 메소포타미아 지역 언어.

〈함무라비 법전〉에는 기원전 2000년부터 기원전 1년 무렵까지 사용된
고대 메소포타미아 지역 언어인 아카드어가 설형문자로 표기되어 있다.

〈함무라비 법전〉,
1793~1751년BC 추정,
225×79cm, 현무암,
루브르 박물관, 파리

내지 탈리오 법칙(lex talionis)을 떠올려 잔인한 형법
이라는 인식이 강합니다. 그런데 일반적으로 보복
이라 함은 자신이 당한 것 그 이상, 즉 두세 배로 되
갚아 주려는 경향이 배어있습니다. 하지만 동해보
복은 "누가 다른 사람의 눈을 멀게 하면, 그 사람의
눈도 멀게 될 것이다"라는 식의 대등한 조건을 명시하고 있습니다. 다시 말해
"눈을 멀게 한 자에 대한 보복은 눈에 그친다"고 함으로써 보복을 감정적으로
부추기기 보다는 보복의 대상과 범위를 활자로 새겨 둔 것이지요. 일찍이 죄
형법정주의를 실천했다고 볼 수 있겠습니다.

　물론 함무라비 법전에는 "의사가 수술하다가 환자가 죽게 되면 의사의 손
을 자른다"와 같은 무시무시한 조항도 존재합니다. 전문직에 해당하는 의사에

게 보다 엄중한 주의의무를 부과하려는 의도가 아니었을까 싶습니다. 아울러 함무라비 법전은 신체형 외에 금고형과 자유형을 명시하는 등 눈여겨 볼 대목이 적지 않습니다. "가축을 훔친 도둑은 그 값의 10배를 배상한다"와 같은 조문에서는 현대적 의미의 징벌적 벌금형 제도가 엿보이기도 합니다.

혹시 함무라비 법전이 나오기 전에는 '법'이라는 개념이 존재하지 않았을까요. 그렇지 않습니다. 바빌론의 함무라비 법전(기원전 1755년)보다 약 300년 전에 수메르 우르 3왕조의 우르남무왕이 만든 '우르남무 법전(Ur-Nammu Code)'이 지금까지 알려진 인류 최초의 법전입니다. 함무라비 법전을 비롯한 메소포타미아 문명의 사법체계에 적지 않은 영향을 주었다고 역사는 기록하고 있습니다.

사형수를 너무 빨리 죽이지 말라

프랑스 철학자 미셸 푸코Michel Foucault, 1926~1984는 1975년에 출간한 저서 〈감시와 처벌〉에서 루이 14세의 암살미수범에 대한 잔혹한 처벌 방법을 자세하게 소개합니다. 당시 루이 14세가 강조했던 건 고문을 파리 시내의 공개된 장소에서 시행하되, 사형수를 너무 빨리 죽이지 말라는 것이었습니다. 티치아노의 그림에서 바이올린을 켜는 뮤즈와 침묵하는 미다스, 물동이를 든 사티로스가 살가죽이 벗겨지는 형벌에 고통스러워하는 마르시아스를 보며 뼛속 깊이 느꼈던 공포를 '충분한 시간을 할애하여' 파리 시민들에게 전하고 싶었던 것입니다.

오른쪽 작품은 독일 조각가 페르모저Balthasar Permoser, 1651~1732의 〈마르시아스 흉상〉입니다. 페르모저는 로마에서 유학하던 시절에 스페인 광장에서 베르니니Gianlorenzo Bernini, 1598~1680의 〈저주받은 영혼〉을 보고 영감을 얻어 〈마르시아스 흉

상)을 제작했습니다. 날개처럼 솟아 오른 이마에
서부터 쇄골에 이르기까지 온갖 근육이 일그러
져 있고, 너무 고통스러워 눈조차 뜨지 못한
채 입을 크게 벌려 비명을 지를 뿐입니다. 심
지어 불타오르는 듯 머리카락에서도 고통이 똬
리를 트는 것 같습니다.

언젠가 뉴욕 메트로폴리탄 뮤지엄에서
이 조각상을 보자마자 저도 모르게 얼굴
이 일그러지면서 고통의 전율이 그대로
전달되어 소스라치게 놀랐던 기억이 납니
다. 자그마한 흉상에서 뿜어져 나오는 처절
한 절규, 숨 막힐 듯한 비명 소리가 들려 왔기 때문입
니다. 태양신 아폴론과 태양왕 루이 14세가 의도
했던 바로 그 공포감인지도 모르겠습니다. 하지만
형벌의 목적이 공포정치의 수단으로 전락한다면
그건 더 이상 형벌이 아니라 잔혹한 폭력일 뿐입니다.

페르모저, 〈마르시아스 흉상〉,
1685년, 68.6×44cm, 대리석,
메트로폴리탄 뮤지엄, 뉴욕

나는 그림 속 그들이
한 일을 알고 있다

- 거장들이 그린 성폭력과 보복의 미술사 -

서양미술사를 대표하는 명화들을 보면 여성에 대한 폭력이 너무 많아 흠칫 놀라게 됩니다. 특히 여신 내지 역사적 인물이라는 이유로 발가벗겨 놓고 이중 잣대를 들이댑니다. 여성을 납치하고 성폭행을 일삼는 역사와 신화 속 이야기들은 과거의 화가들을 사로잡았던 주제였습니다. 추측컨대 당대의 화가들이 그리스 · 로마 신화에 비춰진 여성들을 시각화한 방식이 그 시절 남성들의 뒤틀린 욕망을 충족시켜줬는지도 모르겠습니다. 하지만 작품들을 바라보는 여성들은 많이 불편한 게 사실입니다.

이러한 느낌이 비록 저만의 것은 아니었나 봅니다. 1985년 결성한 익명의 여성 예술가 모임인 게릴라걸스(Guerrilla Girls)는 앵그르Jean Auguste Dominique Ingres, 1780~1867의 〈그랑드 오달리스크〉를 패러디한 포스터에, "여성이 메트로폴리탄 뮤지엄에 들어가려면 발가벗어야만 하는가"라는 헤드카피를 붙였습니다. 이어 "미국 최대 미술관이라 불리는 메트로폴리탄 뮤지엄에 전시된 근대 미술 가운

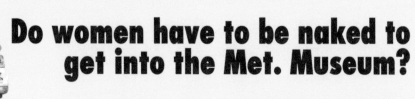

앵그르의 〈그랑드 오달리스크〉를 패러디한 게릴라걸스의 포스터.

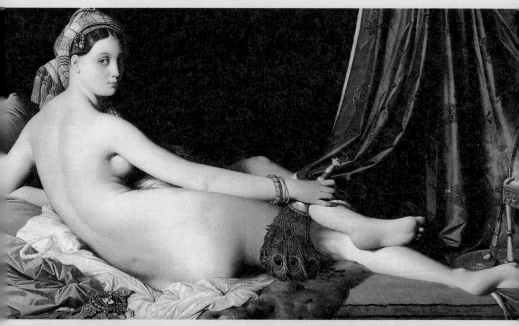

앵그르, 〈그랑드 오달리스크〉, 1814년, 91×162cm, 캔버스에 유채, 루브르 박물관, 파리

데 여성 미술가의 작품이 4%밖에 없는 반면 이곳에 걸린 누드화의 76%가 여성을 소재로 한 것"이라 폭로했습니다. 남성 중심의 서양미술사에서 여성의 존재가 관음(觀淫)의 대상으로 전락한 것에 대한 항의 메시지였지요.

가령 희대의 난봉꾼 제우스는 에우로스 강가에서 목욕하고 있던 여인을 보고 한눈에 반합니다. 그녀는 스파르타의 왕 틴타레오스의 아내였던 레다였지요. 제우스는 아내 몰래 유부녀인 레다를 유혹하기 위해 독수리에게 쫓기는 불쌍한 백조로 변신하여 레다에게 다가갑니다. 감쪽같이 속은 레다는 백조를 보호하기 위해 품에 안고 부드럽게 쓰다듬지요. 그 순간 제우스는 재빨리 관계를 맺습니다. 제우스의 간음행위로 레다는 알을 낳게 됩니다. 그 알에서 카스토르와 폴리데우케스, 클리타임네스트라와 헬레네가 태어납니다. 이 설화는 많은 예술가들의 상상력을 자극했습니다. 푸생, 루벤스, 세잔에 이르기까지 이를 주제로 회화를 그렸지요. 하지만 따지고 보면 모두 성폭력을 미화했다는 지적에서 자유로울 수 없습니다.

신화를 소재로 성폭력을 미화한 예술은 비단 미술에만 국한하지 않지요. 다음은 아일랜드의 시인 예이츠[William Butler Yeats, 1865~1939]의 〈레다와 백조〉라는 시의 일부입니다. 학부시절 영문학 수업에서 이 시를 배울 때 그다지 유쾌하지 않았던 기억이 납니다.

갑작스러운 일격, 거대한 날개가 여전히 퍼득이고
소녀는 비틀거린다. 검은 물갈퀴에 의해 애무되는 그녀의 허벅지.
부리에 의해 잡혀진 그녀의 목덜미.
백조는 무기력한 그녀의 가슴을 자신의 가슴으로 껴안는다.

겁탈당하는 순간 레다의 심정은 어땠을까요. 다빈치[Leonardo da Vinci, 1452~1519]가 그

다빈치, 〈레다와 백조〉, 1510년, 112×86cm, 패널에 유채, 보르게세 미술관

린 〈레다와 백조〉를 보면, 자신에게 가해질 흉측한 일을 알지 못한 레다는 따뜻한 미소를 머금으며 풍만한 엉덩이만 강조되어 있습니다. 흑심을 품은 제우스는 흰 백조의 모습을 한 채 날개로 그녀의 오른쪽 엉덩이를 감싸고 있습니다. 헌법재판소의 위헌결정*으로 삭제되기 전까지 우리 형법 제304조는 혼인을 빙자하거나 위계로 간음하는 행위를 처벌했습니다. '위계에 의한 간음죄'에서 '위계(僞計)'란 피해자에게 오인, 착각 등을 일으키게 하는 행위를 가리킵니다. 백조로 둔갑해 레다를 겁탈한 제우스의 행위는 '위계에 의한 간음'에 해당하지요.

사비니 여인들을 향한 거장들의 서로 다른 시선

'레다와 백조' 말고도 그리스·로마 신화에서 납치 및 강간을 다룬 이야기는 헤아릴 수 없을 만큼 많습니다. 서양미술사에 등장하는 많은 화가들은 저마다 이처럼 불편한 이야기들을 소재로 작품을 남겼습니다. 그 중에는 고대 로마의 건국신화를 바탕으로 한 그림도 있습니다.

로물루스(Romulus)**가 건립한 고대 로마는 남성들이 세운 국가였기 때문에 여성의 수가 절대적으로 부족했습니다. 한편 주변에는 온순한 사비니족이 로마인들과 우호적으로 지냈습니다. 그런데 로물루스는 대를 이을 여성이 부족하자 사비니 여인들을 납치할 계략을 세웁니다. 축제를 빙자해 사비니족을 초청한 뒤 온갖 산해진미와 술로 거나하게 취하게 한 다음 그 사이 사비니 여인

---

* 헌법재판소 2009. 11. 26. 선고 2008헌바58 결정
** 고대 로마 건국신화에 나오는 로마 시조로, 군신 마르스와 알바 롱가의 왕녀 레아 실비아 사이에 태어난 쌍둥이 가운데 장남. 숙부에 의하여 동생 레무스와 함께 로마 테베레 강에 버려져 동물의 젖을 먹고 자라다가 양치기인 파우스툴루스에게 구출되었다. 후에 숙부와 동생을 죽이고 로마를 건설하여 왕이 되었다고 전해진다.

푸생, 〈사비니 여인들의 납치〉, 1638년, 159×206cm, 캔버스에 유채, 루브르 박물관, 파리

들을 납치합니다. 로물루스 부하들의 위력에서 벗어나려고 발버둥치는 사비
니 여인들이 아무리 비명을 질러도 소용이 없습니다. 만취한 사비니 남성들은
어떤 대응도 할 수 없습니다. 프랑스 고전주의 대가 푸생Nicolas Poussin, 1594~1665은
바로 이 장면을 그렸습니다.

  이 그림을 소장하고 있는 루브르 박물관은 '사비니 여인들의 납치(L'enlèvement
des Sabines)'라는 제목을 붙였는데요. 영어로는 '사비니 여인들의 강간(The Rape
of the Sabine Women)'으로 번역됩니다. 푸생은 마치 전쟁이 일어난 것처럼 납치

장면을 묘사함으로써 긴장감을 고조시킵니다. 그림 왼쪽 상단에 왕관을 쓰고 붉은 망토를 두른 인물이 로물루스입니다. 그는 왼손을 치켜들고 납치 현장을 진두지휘하고 있습니다. 그림의 배경을 장식한 차분한 로마의 건축물들은 아수라장이 된 광장과 대조를 이룹니다. 작품 속 건축물은 마치 연극의 무대처럼 재현되어 있습니다.

화면 왼쪽에 로마 군인이 푸른 옷을 입은 여성의 몸을 번쩍 들어 납치하고 있습니다. 여성은 발버둥 치며 손을 뻗어 구원을 요청해 보지만 아무도 도와주지 않습니다. 늙은 여인들은 무릎을 꿇고 로마 군인들에게 딸을 데려가지 말라고 호소해 보지만 역시 소용없습니다. 졸지에 이산가족이 되어버린 사비니족은 그야말로 처참하기 이를 데 없습니다.

그런데 푸생은 이 그림에서 사비니 여인들을 납치해가는 야만스런 장면을 매우 남성적이고 심지어 영웅적으로 묘사했습니다. 화가는 잔혹하고 무자비한 상황을 비극적인 느낌보다는 역동적으로 그렸습니다. 이 그림을 보는 관람자에게서 어떤 감정을 유발하려고 했는지 푸생의 의도가 궁금합니다. 적어도 납치를 당하면서 여성들이 겪었을 고통에 대해서는 별다른 관심이 없어 보입니다.

역사학자들은 당시 납치된 사비니 여인들이 강간 등 온갖 학대를 당했다고 추론합니다. 혹자는 로마인들이 사비니 여인들을 잘 보살펴 정식으로 혼인을 한 경우도 있다는 견해를 펴기도 합니다. 하지만 로마인들이 아무리 따뜻하게 보살펴준들 그게 다 무슨 소용일까요. 갑자기 부모형제와 헤어져 타국의 낯선 남성과 살아야 했던 사비니 여인들의 상처는 그 무엇으로도 보상받을 수 없기 때문이지요.

우리 형법 제288조는 다음과 같이 '약취유인죄'를 규정하고 있습니다.

① 추행, 간음, 결혼 또는 영리의 목적으로 사람을 약취 또는 유인한 사람은 1년 이상 10년 이하의 징역에 처한다.

다비드, 〈사비니 여인들의 중재〉, 1799년, 385×522cm, 캔버스에 유채, 루브르 박물관, 파리

② 노동력 착취, 성매매와 성적 착취, 장기적출을 목적으로 사람을 약취 또는 유인
한 사람은 2년 이상 15년 이하의 징역에 처한다.

③ 국외에 이송할 목적으로 사람을 약취 또는 유인하거나 약취 또는 유인된 사람
을 국외에 이송한 사람도 제2항과 동일한 형으로 처벌한다.

로물루스와 그의 부하들이 사비니 여인들을 납치한 목적이 결혼 때문이든
(제1항), 성적 착취를 위해서든(제2항), 아니면 국외에 이송할 의도든(제3항) (우리
형법을 적용할 경우) 중대한 범죄행위임은 분명합니다.

몇 년 후 사비니족은 납치당한 여인들을 데려오기 위해 로마와 전쟁을 벌입니다. 그런데 이 무슨 운명의 장난인가요. 전쟁을 종결시킨 이들은 바로 납치당한 사비니 여인들이었습니다. 이미 로마인들과 혼인을 했거나 혹은 겁탈을 당하여 아이까지 낳아 기르던 사비니 여인들은, 사비니족 편에 서자니 로마에서 낳은 아이들이 눈에 밟힙니다. 반면 로마 편을 들자니 생이별한 부모형제에게 못할 짓입니다. 결국 사비니 여인들은 치열한 전투현장으로 나아가 온몸으로 전쟁을 막습니다.

프랑스 신고전주의 화가 다비드Jacques Louis David,1748~1825는 바로 이 순간을 가로폭이 5미터가 넘는 거대한 캔버스에 담았습니다. 〈사비니 여인들의 중재〉입니다. 루브르는 이 그림의 제목으로 'Les Sabines' 즉 '사비니의 여인들'이라 붙였지만, 영문으로 된 문헌에서는 일반적으로 '사비니 여인들의 중재(Intervention of the Sabine Women)'로 해석됩니다.

붉은 투구와 황금빛 방패를 든 로물루스가 수세에 몰린 사비니 군의 지휘자 타티우스Tatius를 향해 창을 던지려는 위험한 순간에 사비니 여인이 등장해 양 팔을 들어 싸움을 막습니다. 그녀는 타티우스의 딸이자 지금은 로물루스의 아내가 된 헤르실리아Hersilia입니다. 그녀가 입은 흰색 드레스는 평화를 상징합니다. 바닥에는 젖먹이 아이들이 기어 다니고 있습니다. 아마도 사비니 여인들과 로마 군인들 사이에서 태어난 아이들 같습니다. 아이들은 로마 군인들의 핏줄이자 사비니 군이 구하려는 여인들이 낳은 자식입니다. 아이들은 격하게 대립하는 두 종족을 하나로 묶어주는 존재입니다.

한때 급진파인 자코뱅당에서 혁명을 선동했던 다비드는 이 그림을 통해 반목과 투쟁이 아닌 화해와 관용의 가치를 전파합니다. 특히 그는 여성의 존재를 정복과 약탈의 대상에서 갈등을 해결하는 중재자로 바라봅니다. 앞서 푸생의 그림 속 여성과 크게 대조를 이루지요.

팜므파탈의 복수

신화와 역사는 여성을 무조건 성적 착취와 폭력의 대상으로만 삼지 않습니다. 치명적인 매력으로 남성을 곤경에 빠트리거나 죽음에 이르게 하는 존재로 등장하기도 합니다. 이른바 '팜므파탈(femme fatale)의 복수'입니다.

이브, 데릴라, 메데이아, 살로메, 유디트 등 성서와 신화 속 팜므파탈의 계보에서 주목할 만한 캐릭터는 유디트입니다. 유디트는 〈구약성서〉외경(外經)에 나오는 인물로, 미망인의 신분으로 이스라엘을 침략한 아시리아 장군 홀로페르네스를 유혹하여 그의 목을 잘라 죽이고 조국을 구한 여인입니다. 여느 팜므파탈과 달리 유디트는 공공선을 위해 몸을 던집니다.

클림트Gustav Klimt, 1862~1918는 그런 유디트를 반쯤 감긴 눈으로 황홀경에 빠진 듯 살짝 입술을 벌린 여성으로 그렸습니다. 황금빛 배경과 대비를 이뤄 더욱 검게 보이는 그녀의 풍성한 머리에서 위험한 기운이 느껴집니다. 한쪽 가슴을 드

클림트, 〈유디트와 홀로페르네스〉, 1901년, 84×42cm, 캔버스에 유채 및 금, 벨베데레 궁전, 비엔나

러낸 모습에 모든 시선이 사로잡혀 있을 때 발견하게 되는 것은 바로 목이 잘린 홀로페르네스입니다. 그림을 보는 이들이 에로티시즘에 빠지는 순간 돌연 죽음의 공포를 느끼게 합니다. 남성의 목을 잘라 들고 있는 여성의 모습이 이처럼 매혹적일 수 있다니, 그야말로 팜므파탈의 전형이 아닐 수 없습니다.

그런데 한 여성화가는 유디트를 클림트처럼 매혹적으로 그리지 않았습니다. 젠틸레스키Artemisia Gentileschi, 1593~1652가 그린 〈홀로페르네스의 목을 베는 유디트〉는 하드고어(hardgore) 영화의 한 장면을 방불케 합니다. 하지만 그녀의 성장 배경을 알고 나면 이 그림을 왜 그토록 잔혹하게 그렸는지 수긍이 갑니다. 젠틸레스키는 이탈리아 최초의 여성 직업화가로, 당시 여성화가들이 주로 정물화나 초상화를 그린 것과 달리 강렬한 종교화와 역사화를 그렸습니다. 젠틸레스키가 많은 영향을 받은 이는 화가인 아버지 오라치오Orazio Gentileschi, 1563~1639입니다. 그는 카라바조Michelangelo da Caravaggio, 1571~1610 화풍*을 이어받아 주로 극사실주의적인 그림을 그렸습니다.

젠틸레스키는 어린 나이에 어머니를 여의고, 홀아버지 밑에서 자랐는데요. 일찍이 딸의 재능을 알아본 아버지는 자신의 화실에서 그림을 가르치며 조수로 일하게 합니다. 젠틸레스키는 특히 인체 드로잉에 심취했습니다. 당시엔 여성이 남성 누드모델을 그리는 것이 허용되지 않았기에 자신의 벗은 몸을 거울에 비춰보면서 드로잉 연습을 했지요.

어느 날 아버지는 동료 화가 타시Agostino Tassi, 1580~1644에게 젠틸레스키를 보내 원근법을 배워오라고 합니다. 타시는 건축회화 전문화가로 원근법에 정통한 인물이지요. 타시는 미술공부를 위해 찾아온 친구의 딸이자 제자인 젠틸레스

---

* 이탈리아 초기 바로크 미술을 대표하는 카라바조가 개척한 극사실주의 화풍으로, 빛과 어둠의 날카로운 대비를 통한 기교적인 구사를 통해 죽음과 폭력 등 잔혹한 장면을 여과 없이 극단적으로 묘사했다.

젠틸레스키, 〈홀로페르네스의 목을 베는 유디트〉, 1620년, 146.5×108cm, 캔버스에 유채, 우피치 미술관, 피렌체

키를 강간합니다. 타시는 재판에 회부되어 8개월의 징역형이 선고됩니다. 그런데 사건이 세상에 공개되고 재판이 6개월이나 넘게 이어지는 과정에서 젠틸레스키는 또 다시 깊은 상처를 입게 됩니다. 그녀를 향한 주변 사람들의 곱지 않은 시선이 2차 피해로 이어졌던 것입니다.

〈홀로페르네스의 목을 베는 유디트〉는 젠틸레스키가 재판 이후 그린 그림입니다. 유디트가 왼손으로 적장의 머리카락을 잡고 오른손으로 목을 베고 있고, 옆에서 하녀가 몸부림치는 적장을 움직이지 못하도록 누르고 있습니다. 젠틸레스키는 키아로스쿠로(chiaroscuro)* 기법을 통해 죽어가는 홀로페르네스의 일그러진 얼굴을 비춥니다. 눈앞에서 참혹한 살인 장면을 목도하는 듯 생생합니다. 그림의 한 가운데 배치된 홀로페르네스의 붉은 혈색과 피 묻은 침대시트는 그가 머지않아 죽게 될 것임을 암시합니다.

클림트와 젠틸레스키는 같은 이야기를 그렸지만, 전혀 다른 그림을 그렸습니다. 클림트에게 유디트는 그저 〈구약성서〉에 등장하는 매혹적인 인물일 뿐입니다. 클림트가 그린 유디트는 손에 피 한방울 묻히지 않고 적장의 목을 베어들었습니다. 배경도 찬란한 황금색입니다. 홀로페르네스의 잘린 두상은 화면 하단에 보일 듯 말 듯 합니다. 클림트의 유디트는 '우아한 가해자'입니다.

한편 젠틸레스키가 그린 유디트는 분노한 그녀 자신입니다. 목을 자르는 잔혹한 순간은 허구가 아니라 젠틸레스키가 처한 참혹한 현실입니다. 그 안의 유디트는 결코 매혹적이지 않습니다. 칠흑 같은 배경은 유디트를 절대고독의 순간으로 몰아넣습니다. 젠틸레스키의 유디트는 세상으로부터 고립된 '처절한 피해자'일 따름입니다.

---

* 회화에서 강한 명암 대비 효과를 내는 조명 기법. 단일 광원으로 화면 내의 특정 부분은 선명하게 묘사하고 나머지 부분은 어둡게 그려, 극적인 분위기를 연출하는 효과가 있다.

유디트가 죽인 홀로페르네스와 겹쳐지는 그림 속 죽은 자의 얼굴이 있습니다. 다비드의 〈마라의 죽음〉에 등장하는 마라 Jean-Paul Marat, 1743~1793입니다. 그는 프랑스 대혁명 당시 자코뱅당 소속으로 로베스피에르Maximilien Robespierre, 1758~1794, 당통 Georges Jacques Danton, 1759~1794 등과 공포정치를 추진했던 정치인이자 급진적 저널리

스트였습니다. 어느 날 마라는 자택 욕실에서 지롱드당 지지자였던 코르데 Charlotte Corday, 1768~1793란 여성에게 암살당합니다.

급진주의자였던 화가 다비드는 마라의 죽음을 혁명적인 순교로 미화한 그림을 여러 장 그려 군중을 선동하는 데 이용합니다. 실제로 그림에는 혁명 완수를 위한 비장한 분위기가 배어있습니다. 다비드는 정치적 암살을 역사적 죽음으로 끌어올리기 위해 전략적인 장치들을 총동원합니다. 첫째, 그림을 제단화 크기로 그려 정치적 영웅

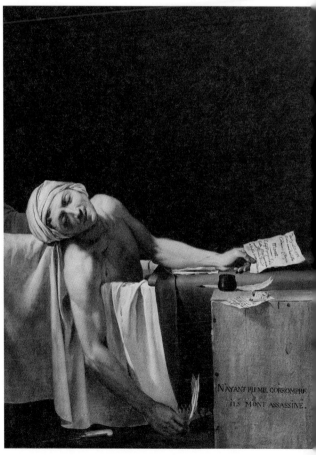

다비드, 〈마라의 죽음〉, 1793년, 111.3×86.1cm, 캔버스에 유채, 랭스 미술관

보드리, 〈마라의 죽음과 샤를로트 코르데〉, 1860년, 230×154cm, 캔버스에 유채, 낭트 미술관

에 대한 오마주임을 분명히 합니다. 둘째, 마라의 자세는 미켈란젤로의 〈피에
타〉 속 예수의 이미지를 떠올리도록 의도합니다. 셋째, 선동효과를 높이기 위
해 각 그림마다 정치적 메시지를 새겨 넣습니다. 랭스 미술관이 보관하는 버전
에는 "그들이 나를 죽여도 나를 부패시키지 못할 것이다"란 문구가 새겨져 있

습니다. 또 마라가 왼손에 쥐고 있는 편지는 그를 살해한 코르데가 보낸 것으로 꾸며져 있습니다.

이어서 보드리Paul Baudry, 1828~1886가 그린 〈마라의 죽음과 샤를로트 코르데〉를 보겠습니다. 화면 왼쪽에 마라가 고통스런 표정으로 죽어가고 있습니다.

마라가 아직 죽지 않았음은 욕조통을 부여잡고 있는 그의 왼손으로 알 수 있습니다. 마라는 삶의 끝을 놓지 않으려고 발버둥치고 있습니다. 다비드가 그린 마라의 마지막 모습과 대조를 이룹니다. 보드리는 정치지도자 마라 대신 그를 죽인 코르데를 주인공으로 그림을 완성했습니다. 창밖의 햇살이 마라의 가슴에 단도를 꽂은 코르데를 환하게 비춥니다. 창밖의 햇살은 바깥세상의 시선입니다. 화가는, 그녀가 응당 해야 할 일을 했기 때문에 세상으로부터 떳떳함을 그렸습니다. 하지만 창틀을 꽉 붙잡은 그녀의 왼손에서 앞으로 펼쳐질 현실에 대한 두려움이 느껴집니다. 마라와 코르데 모두 왼손으로 삶의 끝줄을 잡고 있습니다. 아마도 그녀는 다가오는 혁명군의 발자국 소리를 들으며 곧 체포되어 끌려 나가는 순간을 떠올렸는지도 모르겠습니다(실제로 코르데는 혁명군에 잡혀 투옥되어 단두대의 이슬로 사라집니다).

두 그림을 번갈아가며 죽은(죽어가는) 마라의 얼굴을 봅니다. 다비드의 마라는 의연함을 잃지 않는 얼굴입니다. 살해당한 자의 표정이라고는 도저히 믿을 수 없습니다. 보드리의 마라는 죽기 직전 고통과 억울함으로 가득한 표정입니다. 이처럼 같은 이야기와 동일한 인물이라도 화가의 가치관에 따라 천양지차(天壤之差)의 그림이 완성됩니다. 이때 차별적이고 뒤틀린 시선이 투영된 그림에 대한 '비판적 감상'이 얼마나 중요한지 깨닫게 됩니다. 그것이 아무리 예술사적 혹은 미학적으로 대단한 명작일지라도 말입니다. 다빈치의 〈레다와 백조〉를 현대의 여성화가가 그린다면 어떤 그림이 나올지 의미심장한 상상을 해봅니다.

그림, 전쟁과 함께 사라지다

- 홀로코스트 아트를 둘러싼 소유권 분쟁 -

오른쪽 그림은 누가 그린 걸까요? 성모 마리아와 아기 예수를 그린 종교화 같습니다. 뜻밖에도 히틀러^{Adolf Hitler, 1889~1945}가 그린 것입니다. 그토록 기독교를 탄압한 나치의 우두머리가 그린 것이라니 믿기지 않습니다.

오스트리아 린츠에서 태어난 히틀러가 어린 시절 화가를 꿈꿨다는 얘기는 유명합니다. 하지만 히틀러의 아버지는 아들이 평범하고 안정적인 직업을 갖기를 강요하며 그를 실업계 학교에 보내지요. 화가의 꿈을 접지 못한 히틀러는 13세에 학교를 중퇴하고 예술의 도시 비엔나로 향합니다. 그는 비엔나에서 비정규직 노동자로 일하는 틈틈이 관광객들에게 도시의 건물이나 풍경을 그린 엽서를 팔면서 생계를 유지합니다. 오른쪽 그림은 바로 화가지망생 시절 히틀러의 작품이지요. 그는 1907년 19세가 되던 해에 비엔나 아카데미에 응시하지만 두 번이나 고배를 마십니다. 화가의 꿈이 좌절된 히틀러가 젊은 시절 예술가에 대한 콤플렉스에 시달렸다는 얘기는 공공연한 사실입니다.

1938년 히틀러는 독일 아리아 인종의 우수성을 알리고 조국의 유럽 제패를 미화한다는 나치의 예술적 전략 하에 고향 린츠에 초대형 미술관인 '총통미술관(Fuhrer Museum)'을  건설하는 야심찬 계획을 세웁니다. 1939년 발발한 제2차 세계대전 동안 나치 정권은 유럽의 점령국들로부터 수많은 예술작품 및 유물 등을 광적으로 강탈해갑니다. 당시 독일군 고위 장교였던 로젠베르크Alfred Rosenberg, 1893-1946는 예술작품 및 문화재 약탈을 전담하는 'ERR(Einsatztab Reichsleiter Rosenberg)'라는 특수부대를 조직해 1941년 3월부터 1944년 7월까지 무려 화차 137대 분량의 예술작품 4,174점을 탈취합니다. 그는 체계적으로 일하는 독일인답게 약탈품 목록을 카탈로그로 만들어 일목요연하게 작성하는데요. 무려 2,500장의 사진이 담긴 39권 분량의 카탈로그를 제작하지요. 유럽 각지에서 2만 점 이상의 예술작품을 거의 광적으로 몰수하여 1,000여 곳의 창고에 숨겨놓습니다.

걸작들을 구해낸 사람들

나치의 만행으로 유럽 각지의 수많은 예술작품들이 탈취 당하는 끔찍한 광경을 보다 못한 뉴욕 메트로폴리탄 뮤지엄 관장 프랜시스 헨리 테일러Francis Henry Tailor, 1903-1957는 루즈벨트 대통령을 설득해 문화재 등을 보호하기 위한 조직인

에이크, 〈겐트 제단화〉, 1432년, 3.7×5.2m, 패널에 유채와 템페라, 성 바보(St. Bavo) 대성당, 겐트(벨기에)

'기념물, 미술품, 기록 전담반(Monuments, Fine Arts, and Archives program, MFAA)'을 결성합니다. 무려 13개 국가에서 345명의 전문인력을 모아 조직할 정도로 대규모였는데요. 실제로 미술관장, 건축가, 조각가, 화상, 감정가 등 각계각층의

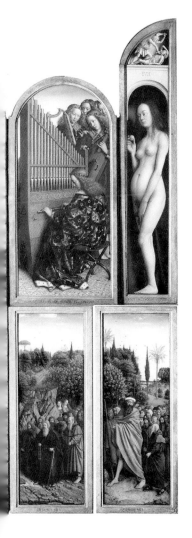

전문가들로 구성되어 연합군 특수부대 소속으로 편재되지요. 이들을 가리켜 '모뉴먼츠맨(Monuments Men)'이라 불렀습니다.

위험하고 급박한 상황에서 인류의 걸작들을 구해 낸 모뉴먼츠맨들의 눈부신 활약상은 조지 클루니 George Clooney가 각본을 쓰고 감독과 주연까지 맡은 영화 〈모뉴먼츠맨 : 세기의 작전〉에 잘 묘사되어 있습니다. "한 세대를 완전히 말살하고 불태워도 국가는 어떻게든 다시 세워지지만, 그들의 역사와 유산을 파괴한다면 아예 존재하지 않았던 것과 같다"라는 영화 속 부대원의 대사가 기억에 남습니다.

패전이 짙은 막바지에 히틀러는 "내가 가질 수 없다면 차라리 파괴하라"는 명령을 내려 예술작품과 문화재가 있는 곳들을 폭격합니다. 모뉴먼츠맨은 전쟁의 혼란 속에서 나치가 약탈한 예술작품들을 찾기 위해 목숨을 건 작전들을 수행해 나갑니다. 그 결실로 1945년 7월에 오스트리아의 소금광산 알타우세와 독일의 고성 노이슈반스타인에서 수천 점의 미술작품을 찾아내는 혁혁한 공을 세우지요. 플랑드르 미술의 거장 에이크Jan van Eyck, 1395~1441의 〈겐트 제단화〉는 모뉴먼츠맨이 구한 대표적인 작품 가운데 하나입니다. 모뉴먼츠맨이 찾아낸 소금광산 동굴 내부는 40~47도의 기온과 65%의 습도를 유지하고 있어 약탈해 온 미술작품들을 보관하기에 최적의 환경을 제공해 그나마 작품 훼손이 덜 일어났다고 하지요.

약탈 미술작품 주인 찾아 삼만리

제2차 세계대전 직후인 1945년 11월 나치 전범들을 처벌하기 위해 독일의 뉘른베르크에서 진행된 재판에서 수많은 미술작품과 문화재를 약탈해온 로젠베르크에게 교수형이 선고됩니다. 동시에 나치가 약탈한 미술작품들을 원소유자에게 반환하기 위한 노력이 시작되지요. 모뉴먼츠맨들은 약탈된 미술작품들을 찾는 것에서 그치지 않고 전쟁 직후 약 6년 동안 해당 작품들의 주인을 찾아주는 데까지 힘을 쏟습니다.

전쟁이 끝난 지 수십 년이 흘렀지만, 약탈된 미술작품들을 원소유자에게 돌려주기 위한 노력은 여전히 진행 중입니다. 미국 정부는 지난 1988년 이른바 '워싱턴 원칙(Washington Principle)'을 마련해 "유대인 학살기간 동안 약탈된 예술작품들은 '원칙적으로' 반환한다"는 선언을 명문화하지만, 큰 실효를 거두진 못합니다. 이후 1998년경 미국 의회는 '홀로코스트 재산위원회법'을 제정하여 제2차 세계대전 당시 나치가 약탈한 미술작품들을 찾기 위한 법제도를 마련합니다. 이에 따라 미국과 유럽의 미술관들은 출처나 소장이력이 분명하지 않은 작품들 중에서 제2차 세계대전 직후 입수한 것들에 대한 정보를 공개합니다. 미국 홀로코스트 뮤지엄*은 이와 관련한 국제적 정보의 링크를 정

약탈 미술작품을 찾은 모뉴먼츠맨 대원들

리하여 공개하기도 했지요. 여기에 개인단체들도 힘을 보탭니다. The Art Loss Register**는 홀로코스트 희생자들에게 약탈 미술작품 목록을 무료로 제공합니다.

나치가 점령하던 유럽 국가에서 유대인들이 빼앗긴 미술작품들을 가리켜 '홀로코스트 아트(Holocaust Art)'라고 부릅니다. 여기에는 유대인들이 나치에게 직접 빼앗긴 미술작품 외에도 나치 및 그 휘하 세력의 강압에 못 이겨 헐값으로 팔았거나 심지어 망명 등 이주 과정에서 경제적 궁핍 때문에 어쩔 수 없이 제값을 받지 못하고 매도한 작품들도 포함됩니다.

전쟁이 끝난 지 80년 가까이 지났지만 홀로코스트 아트의 원소유자 및 그 자손들은 해당 작품의 현소유자를 상대로 반환소송을 제기하는 등 지난한 법적 다툼을 이어가고 있습니다. 홀로코스트 아트의 반환소송에서 원소유자, 즉 원고는 본인에게 소유권이 있었음과 피고가 본인의 동의 없이 미술작품을 입수했음을 입증해야 합니다. 아울러 원소유자 입장에서는 세월이 많이 흘러 민법상 시효의 부담을 떠안아야 하고, 이때 선의취득의 법리도 걸림돌로 작용합니다. 또 해당 작품들이 다른 나라로 넘어가 국제사법(國際私法)***상 복잡한 법률관계를 풀어내야 하지요. 반환소송 가운데 법적으로 의미가 깊은 몇 가지 사례를 살펴보겠습니다.

---

* 정식 명칭은 'United States Holocaust Memorial Museum'으로, 워싱턴D.C.에 위치한 홀로코스트 추모 박물관이다. 1980년 카터 대통령이 설립한 홀로코스트 대통령위원회의 보고서를 토대로 박물관을 승인해 1993년 4월 21일 설립되었다.
** 도난당한 미술작품, 골동품 등의 목록을 유지·관리하는 세계 최대 데이터베이스 운영기관 (https://www.artloss.com).
*** 국적이 다른 당사자 사이의 법적 다툼에서 서로 다른 나라의 법을 적용하거나 집행할 때 이를 해결하는 기준이 되는 법률을 말한다.

홀로코스트 아트의 소유권을 둘러싸고 미국에서 가장 처음 제기된 소송의 대
상은 20세기 회화의 혁명으로 불리는 야수파를 연 프랑스 화가 마티스^{Henri}
Matisse, 1869~1954의 〈앉아 있는 오달리스크〉입니다. 프랑스의 저명한 유대인 화상
폴 로젠버그Paul Rosenberg, 1881~1959는 제2차 세계대전 중에 나치에게서 〈앉아 있는
오달리스크〉를 포함한 167점의 작품을 몰수당합니다. 전쟁이 끝나자 로젠버
그는 몰수당한 작품들을 찾아나서는데요. 하지만 마티스의 〈앉아 있는 오달
리스크〉의 행방이 묘연했습니다.

　미국에서 목재상 사업을 하던 블뢰델Julius Harold Bloedel, 1864~1957은 1954년 뉴욕

마티스, 〈앉아 있는 오달리스크〉, 1928년, 캔버스에 유채, 개인 소장

의 뇌들러 갤러리로부터 작품의 출처에 대한 보증을 받고 〈앉아 있는 오달리스크〉를 구입합니다. 이후 블뢰델 가문은 1991년 시애틀 미술관에 이 작품을 기증하지요. 이를 알게 된 로젠버그 유족은 시애틀 미술관을 상대로 반환소송을 제기합니다. 그러자 시애틀 미술관은 1943년 발효된 런던협약에 따라 이를 조사할 시간을 내어줄 것을 요청합니다. 홀로코스트 아트 복원 프로젝트(HARP)는 시애틀 미술관의 의뢰로 〈앉아 있는 오달리스크〉의 출처를 조사하는데요. 이 작품의 원소유자가 로젠버그임을 확인합니다. 그러자 시애틀 미술관은 이번에는 그림 판매를 중개한 뇌들러 갤러리를 상대로 사기 및 묵시적 보증 위반을 이유로 손해배상소송을 제기합니다.

이에 대해 뇌들러 갤러리는, 우리는 블뢰델에게 판매한 것일 뿐 책임이 없다고 주장합니다. 법원은 뇌들러 갤러리의 손을 들어줍니다. 그러자 시애틀 미술관은 블뢰델의 상속인으로부터 권리를 위임받아 다시 뇌들러 갤러리를 상대로 소송을 제기하는데요. 법원은 이번에는 시애틀 미술관의 손을 들어줍니다. 이에 따라 시애틀 미술관은 〈앉아 있는 오달리스크〉의 감정가에 해당하는 금액을 뇌들러 갤러리에게서 배상받지요. 그리고 시애틀 미술관은 로젠버그의 상속인에게 〈앉아 있는 오달리스크〉를 반환합니다. 이 과정에서 제2차 세계대전 당시 로젠버그가 나치 휘하의 화상에게 작품 167점을 압수당한 사실이 소송 과정에서 출간된 책*에 자세히 기록되어 있어서 중요한 입증자료가 됩니다.

로젠버그 유족이 뇌들러 갤러리를 상대로 작품의 반환을 주장한 근거는, 자신이 적법한 상속인으로 로젠버그의 사망과 동시에 모든 권리와 의무를 승계받았으므로 위 작품의 소유권자라는 데 있습니다. 이를테면 우리 민법상 소유

---

* Hector Feliciano's book The Lost Museum : The Nazi Conspiracy to Steal the World's Greatest Works of Art (1998)

권에 기한 반환청구권을 행사한 것이지요(제213조). 그런데 이 경우 시효 문제가 제기될 수 있습니다.

시효(時效)란 어떤 사실상태가 일정기간 동안 계속되어 법률상 권리의 취득 또는 소멸이 일어나는 것을 가리킵니다. 우리 민법은 타인의 물건을 오랫동안 점유함으로써 권리를 취득하는 취득시효(제245조~제248조)와 오랫동안 권리를 행사하지 않음으로써 권리가 사라지는 소멸시효(제162조~제184조)를 규정하고 있습니다. 이처럼 우리 민법이 시효제도를 규정한 이유는 권리를 행사할 수 있는 때로부터 일정한 시간이 지나면 해당 권리를 증명하기가 어렵기 때문입니다. 특히 소멸시효는 법적 안정성을 보호하는 취지에서 경과한 기간 동안 행사하지 않은 권리를 소멸시키는 데 의의가 있습니다. '권리 위에 잠자는 자는 보호할 수 없다'는 법언(法諺)에 기초하지요. 다만 소유권은 소멸시효에 걸리지 않습니다. 따라서 로젠버그 유족의 소유권에 기한 반환청구권은 유효합니다.

문제는 오히려 선의취득(善意取得)입니다. 우리 민법은 진정한 소유자가 아닌 사람에게서 물건을 구매했더라도 구매자가 모르고 샀다면 그 물건에 대한 소유권을 취득하도록 규정합니다(제249조). 다만 절취나 약탈당한 피해자는 도난당한 날로부터 2년 내에 반환을 청구할 수 있습니다. 만약 해당 사안에서 선의취득이 인정된다면, 블뢰델이 뇌들러 갤러리가 무권리자임을 알지 못했고 또 알지 못함에 과실이 없다면, 뇌들러 갤러리가 정당한 소유권자가 아니어도 블뢰델은 소유권을 취득할 수 있습니다.

인상파를 이끈 프랑스 화가 드가Edgar Degas, 1834~1917의 〈연기가 있는 풍경〉의 운명은 훨씬 기구했습니다. 유대인 컬렉터 프리드리히 구트먼Friedrich Gutmann, 1886~1944은 1932년 프랑스의 한 컬렉터로부터 〈연기가 있는 풍경〉을 구입한 뒤, 1939년 이 그림을 노리는 나치를 피해 파리의 한 중개상에게 보내 안전하게 보관하도록 조치합니다. 당시 나치는 유대인 출신 미술품 컬렉터들을 대상으

드가, 〈연기가 있는 풍경〉, 1890년, 31.7 × 41.6cm, 캔버스에 유채, 시카고 미술관

로 대규모 압수를 실시했는데, 이 과정에서 구트먼은 강제수용소에 수감되어 온갖 고초를 겪다 사망합니다.

세월이 한참 흘러 1987년 시카고 미술관의 이사이자 제약 재벌인 다니엘 시얼Daniel Searle, 1916~2007은 〈연기가 있는 풍경〉을 구입함과 동시에 이 그림을 시카고 미술관에 대여해 줍니다. 이윽고 시카고 미술관이 1994년에 마련한 '드가의 풍경화전(Degas Landscapes)' 행사에 〈연기가 있는 풍경〉이 전시되면서 세간에 화제를 모읍니다. 이를 계기로 해당 그림의 출처를 알게 된 구트먼의 유족은 시얼을 상대로 반환소송을 제기합니다. 하지만 소송 과정에서 구트먼의 상속인들과 시얼 양측 모두 자신의 주장을 입증할 명백한 증거를 제시하지 못합니다. 결국 이 사건은 법정 밖에서 양측이 공동소유하고 소송비용은 각자 부담하는 것으로 합의합니다.

그런데 이 소송은 왜 법정에서 해결되지 못하고 법정 밖에서 화해로 끝났을까요. 입증이 어려웠기 때문입니다. 구트먼이 1932년 소유권자가 되었음을 입증하기도 어렵고, 시얼은 이를 모르고 구입했음을 입증해야 하는데 이 역시 쉽지 않지요. 우리나라뿐 아니라 미국도 변론주의(162쪽 각주)에 따라 입증책임을 다하지 못하면 패소합니다. 다만 양측 소송당사자는 입증이 곤란한 경우 서로 양보하여 화해로 소송이 종결되기도 하지요.

결국 시얼은 시카고 미술관에 자신의 지분을 기증하면서 세금을 감면 받는 것에 만족해야 했습니다. 그리고 구트먼의 상속인들은 자신들의 지분을 시카고 미술관에 50만 달러에 판매했지만, 매각대금 대부분은 소송비용에 충당됐지요.

클림트의 걸작들을 둘러싼 소유권 다툼

홀로코스트 아트 반환소송 중에서 가장 유명한 케이스는 클림트[Gustav Klimt, 1862-1918]가 그린 〈아델레 블로흐-바우어의 초상〉을 포함한 5점의 그림들(이하 '클림트 그림들')의 소유권을 두고 벌어진 이른바 '아델레 초상화사건'입니다. 드라마틱한 사건 전개는 하나의 플롯이 되어 영화의 소재가 되기도 했는데요.

① 〈아델레 블로흐-바우어의 초상 I〉, 1907년, 140×140cm, 캔버스에 유채(금과 은 도금 채색), 노이에 갤러리, 뉴욕
② 〈아델레 블로흐-바우어의 초상 II〉, 1912년, 190×120cm, 캔버스에 유채, 벨베데레 궁전, 비엔나
③ 〈사과나무〉, 1912년, 캔버스에 유채, 개인 소장
④ 〈자작나무숲〉, 1903년, 110.1×109.8cm, 캔버스에 유채, 개인 소장
⑤ 〈아터호수가의 집들〉, 1916년, 캔버스에 유채, 개인 소장

2015년 개봉 당시 화제를 모았던 사이먼 커티스Simon Curtis 감독의 영화 〈우먼 인 골드〉입니다.

페르디난트 블로흐-바우어Ferdinand Bloch-Bauer, 1864~1945는 한때 유럽 설탕산업을 좌지우지하던 유대인 부호의 아들입니다. 그는 1903년경 당대 최고 화가인 클림트에게 아내 아델레Adele Bloch-Bauer, 1881~1925의 초상화를 의뢰합니다. 〈아델레 블로흐-바우어의 초상〉 2점은 그렇게 세상에 나오지요. 그런데 아델레는 1925년 사망하면서 "나는 남편 페르디난트를 나의 모든 재산의 포괄적 수증자로 지정한다. 나는 남편에게, 그가 사망한 뒤 나에게서 상속받은 클림트가 그린 그림들을 비엔나에 소재하는 국립미술관에 기증할 것을 부탁한다"는 유언을 남깁니다.

1938년 오스트리아제국이 나치의 제3제국으로 편입되자, 유대인인 페르디난트는 오스트리아에서 추방되어 프라하와 취리히 등을 전전합니다. 당시 '클림트 그림들'은 추방되기 전 그가 살던 집에 걸려 있었는데요. 나치정권은 이른바 '제국도주세(Reichsfluchtsteuer)'라는 세금을 그에게 부과하고, 이를 담보하기 위해 그의 집에 있던 '클림트 그림들'을 압류합니다.

제2차 세계대전이 끝나자 오스트리아 정부는 1946년에 이른바 〈무효법(Nichtigkeitgesetz)〉을 공포합니다. 이 법은 "1938년 3월 13일 이후 나치 독일제국이 개인(법인 포함)으로부터 재산권을 몰치한 행위는, 유·무상에 상관없이 모두 무효"임을 골자로 합니다. 아울러 오스트리아 정부는 같은 해 〈원상회복법(Rückstellungsgesetz)〉을 제정해, 국가 소유의 문화재나 예술작품은 정부의 승인 없이 반출될 수 없도록 조치합니다. 이러한 법률적 근거를 바탕으로 오스트리아 정부는 나치가 약탈한 미술작품들 가운데 주인을 찾지 못한 그림들을 관리·보존합니다. 아울러 '클림트 그림들'에 대해서는 아델레의 유언에 따라 벨베데레 궁전에 전시·보관합니다.

그런데 페르디난트는 1945년 5월에 독일이 패망하자마자 '클림트 그림들'을 아내 아델레로부터 상속받았음을 이유로 오스트리아 정부에 반환을 제기합니다. 그리고 이와 관련한 법적 절차를 변호사인 리네쉬 박사^{Dr. Gustav Rinesch}에게 위임하고 같은 해 11월 사망하지요. 1948년 리네쉬 박사는 오스트리아 정부를 상대로 '클림트 그림들'을 페르디난트의 상속인들에게 반환조치할 것을 요구하지만, 오스트리아 정부는 아델레의 유언을 이유로 거부합니다.

여기서 페르디난트의 상속인들이 누군지 궁금합니다. 페르디난트와 아델레 부부 사이에는 자식이 없었는데요. 페르디난트는 조카딸 루이제 구트먼^{Luise Gutmann}에게 전 재산의 절반을, 또 다른 조카딸 마리아 앨트먼^{Maria Altmann, 1916-2011}에게 전 재산의 1/4을, 그리고 다른 조카 로버트 벤틀리^{Robert Bentley}에게 전 재산의 1/4을 배분하기로 하는 유언을 남기지만, '클림트 그림들'에 대해서는 별다른 언급이 없었습니다. 이로써 한동안 '클리트 그림들'에 대한 소유권 다툼은 종식되는 듯 했습니다. 페르디난트의 상속인 중 앨트먼이 '클림트 그림들'에 대한 상속권을 주장하기 전까진 말입니다.

앨트먼은 1942년에 나치의 핍박을 피해 결혼과 동시에 미국으로 망명해 로스앤젤레스에 정착해 일생을 보냅니다. 1998년경 앨트먼은 홀로코스트 아트에 관한 언론의 탐사보도를 통해 벨베데레 궁전에 전시된 '클림트 그림들'의 소유권이 자신에게 있다는 사실을 알게 됩니다. 앨트먼은 오스트리아 정부와의 대화를 시도했지만 합의에 이르지 못하자 그녀가 거주하는 미국 법원에 반환소송을 제기합니다. 미국 국적을 지닌 앨트먼이 자국 법원에 외국 정부(오스트리아)를 상대로 소송을 제기한 것입니다.

1976년 제정된 미연방법인 '외국주권면제법(Foreign Sovereign Immunities Act)'에는, 외국 정부가 미국 법원의 재판관할권으로부터 면제된다는 규정이 있습니다. 이러한 규정은, 모든 국가는 국제사회에서 주권국으로서의 지위를 갖고 그 지위는 서로 평등하다는 원칙에 근거합니다. 즉 아무리 강대국의 법원이라 하더라도 외국 정부를 상대로 재판관할권을 주장할 순 없습니다. 따라서 외국의 법원에 원고로서 제소는 가능하지만, 응소하지 않는 한 피고가 되지는 않습니다.

그런데 미국의 외국주권면제법에는 몇 가지 중요한 예외가 있습니다. 외국 정부가 미국 내에서 상업적 활동(commercial activity)을 한 것으로 판명되는 경우 및 위법하게 취득한 재산이 문제되는 사건에 대해서는 미국 법원의 재판관할권이 미칩니다.

한편 오스트리아 정부는 〈클림트의 여인들〉이라는 책을 미국 내에서 저술·편집·출간했는데요. 이 책은 '클림트 그림들'의 이미지가 포함된 영어판 명화 가이드북입니다. 또한 '클림트 그림들'과 관련된 갤러리의 전시물에 대해 미국 내에서 광고를 진행하기도 합니다. 이에 대해 미국 연방대법원은, 이러한 일련의 행위가 '상업행위'에 해당한다고 판시합니다. 아울러 '클림트 그림들'은 제2차 세계대전 당시 나치에 의해 강제로 몰수된 것으로서, 위법하게 취득한 재산이라는 점을 들어 외국주권면제법의 예외에 해당한다고 판시합니다. 앨트먼이 미국 법원에 오스트리아 정부를 상대로 '클림트 그림들'의 반환소송을 제기할 수 있었던 이유입니다.

소송의 진정한 승자는 누구일까

그런데 앨트먼이 미국 법원에서 승소하더라도 오스트리아에서 미국 법원의 판결을 집행하여 그림을 인도받는다는 것은 다른 차원의 문제입니다. 즉 외국 법원의 판결에 기초한 타국에서의 강제집행은 매우 어렵기 때문입니다. 앨트먼 측 변호사 랜돌 쇤베르크Randol Schoenberg는 고민에 빠집니다. 앨트먼은 오스트리아 법원에서 오스트리아 정부를 상대로 반환소송을 별도로 제기할 수밖에 없지만 이는 현실적으로 곤란합니다. 그렇게 하기에 앨트먼은 이미 너무 고령입니다. 또 미국에서 오스트리아 법원을 오가며 진행할 소송비용을 감당하는 것도 보통 부담스런 일이 아닙니다.

쉰베르크는 고심 끝에 해결방안을 제시합니다. 즉 오스트리아에서 단 한 번의 중재판정으로 사건을 종결하자고 오스트리아 정부에 전격 제안하지요. 오스트리아 정부로서는 쉰베르크의 제안을 거부할 명분이 없습니다. 이로써 지금까지 집행된 미국 법원의 재판은 종결됩니다. 그리고 앨트먼과 오스트리아 정부는 3명의 오스트리아 출신 전문가들을 중재인으로 선임하고 오스트리아 실체법과 절차법을 준거법으로 하여 중재판정에 돌입합니다. 양측은 중재인의 결정에 전적으로 수용하고 이에 대해 더 이상 이의를 제기하지 않기로 동의합니다.

오스트리아 중재판정부에서 다툰 쟁점은 크게 두 가지입니다.

첫째, 아델레가 유언에서 포괄적 수증자로 남편 페르디난트를 지정하고 '클림트 그림들'을 오스트리아 국립미술관에 기증할 것을 '부탁(bitte)'한 행위가 남편에게 법적 구속력을 갖는지 여부입니다. 중재판정부는 아델레의 유언을 전체적으로 살펴보면 남편에게 유증재산에 대한 처분의 자유를 준 것이어서 남편은 유증재산을 아내의 뜻을 기려서 처분할 '도덕적' 의무를 가질 뿐 '법적' 구속력은 없다고 봤습니다.

둘째, '클림트 그림들'이 1998년 오스트리아 의회가 제정한 〈반환법(Restitutionsgesetz)〉의 대상에 해당하는가 여부입니다. 중재판정부는 이를 긍정합니다. 즉 〈반환법〉의 취지가 나치에 의해 야탈된 재산을 원소유자를 찾아 돌려주는 것이라면, '클림트 그림들' 역시 원소유자인 페르디난트 혹은 그 상속인에게 반환하는 게 당연하다는 것입니다.

오스트리아 중재판정부는 앨트먼의 손을 들어 줍니다. 이로써 오스트리아 정부는 '클림트 그림들'을 반환합니다. 이후 2006년 에스테로더 가문은 크리스티 경매장에서 '클림트 그림들'을 구입합니다. 그리고 많은 사람들이 '클림트 그림들'을 향유할 수 있도록 잘 전시해달라는 앨트먼의 요청에 따라 뉴욕 노이어 갤러리에 전시하지요.

소유와 향유의 의미

명작들을 둘러싼 가장 최근에 벌어진 법정 다툼도 매우 흥미롭습니다. 2023년 2월 10일 프랑스 파리 행정법원은 제2차 세계대전 중에 도난당한 르누아르, 세잔, 고갱의 작품들을 둘러싼 소유권 분쟁에서 화상 볼라르Ambroise Vollard, 1868~1939 유족들의 손을 들어줍니다. 이로써 해당 작품들을 보관·전시한 오르세 미술관과 루브르 박물관에게 반환명령을 내리지요.

해당 작품들은 르누아르의 〈건지(Guernsey) 섬 해안〉과 〈파리스의 심판〉, 세잔의 〈덤불〉, 고갱의 〈만돌린이 있는 정물〉입니다. 오르세 미술관은 자신들이 관리자임을 확인합니다(해당 작품들 중에 〈파리스의 심판〉과 〈덤불〉은 루브르 박물관의 그래픽 아트 캐비닛에 보관되어 있었지요).

1939년 볼라르가 교통사고로 갑자기 사망하자, 유족들 간에 작품들의 상속을 놓고 합의에 이르지 못했고, 이 과정에서 유족 중 하나가 몇몇 화상이 작품 일부를 훔치는 것을 돕습니다. 그리고 그들은 제2차 세계대전 중에 나치 장교와 독일의 박물관 및 딜러에게 훔친 그림들을 팝니다.

그로부터 긴 세월이 흐른 2013년경 볼라르의 상속인들은 오르세 미술관이 관리해온 해당 작품 4점을 포함해 당시 도난당한 것으로 추정되는 르누아르의 〈목욕하는 사람들〉과 〈꽃병 속 장비〉, 세잔의 〈노인의 머리〉까지 포함해 모

르누아르, 〈건지 섬 해안〉, 1883년, 46×51cm, 캔버스에 유채, 오르세 미술관, 파리

두 7점의 반환을 청구합니다.

이에 대해 오르세와 루브르를 관할하는 프랑스 정부는 반환을 거부합니다. 그 이유로, 기존의 나치정권이 약탈한 예술작품과는 다르다는 입장인데요. 일단 볼라르는 유대인이 아닙니다. 또 해당 작품들은 나치가 점령한 프랑스의 법에 따라 압류되지 않았을 뿐 아니라, 당시 도난당한 증거도 명확하지 않다는 겁니다. 하지만 프랑스 법원은 여러 정황을 살펴보건대, 해당 작품들이 도난당한 뒤 불법으로 거래되었기 때문에 원소유자인 볼라르의 유족들에게 반환하라고 판시합니다. 프랑스 정부는 이 판결에 대해 항소하지 않을 것이라 밝히지

클림트, 〈아델레 블로흐 – 바우어의 초상 I〉, 1907년, 140×140cm, 캔버스에 유채(금과 은 도금 채색),
노이에 갤러리, 뉴욕

요. 그 이유는 해당 작품들이 프랑스 정부가 운영하는 '국립복구박물관[Musées
Nationaux Récupération(MNR)]'이 만든 목록에 포함되어 있었기 때문입니다.

제2차 세계대전이 끝나갈 무렵, 나치독일 및 그 휘하의 제3제국이 점령한 지역에서 회수된 6만여 점의 작품 및 유물들이 프랑스 정부에 반환되었는데요. 1945년부터 1950년 동안 6만여 점 가운데 약 4만 5,000점이 예술복구위원회(CRA)를 통해 원소유자에게 반환되었습니다. 프랑스 정부는 아직 반환되지 않은 약 1만 5,000점의 작품 및 유물 중에서 선정위원회의 심의를 통해 2,200여 점의 작품 및 유물을 국립박물관으로 보내서 보관 중입니다.

엄청난 작품들을 둘러싼 지난한 소송들로 누군가는 큰돈을 벌었는지도, 또 누군가는 명성을 얻었는지도 모르겠습니다. 그럼에도 불구하고 소송으로 얻은 건 진정 무엇인지 되묻지 않을 수 없습니다.

작품을 소유한다는 건 어떤 의미일까요. 단지 그림값이 오를수록 자산의 가치가 커지는 것 말고는 별 다른 의미는 없는 걸까요. 수많은 작품들을 광적으로 약탈하고 파괴한 나치의 만행에 맞서 단 한 점의 그림이라도 온전히 구하고자 목숨을 바쳤던 이들에게, 훗날 작품들의 소유권을 둘러싼 다툼은 어떤 모습으로 비춰질까요.

명작은 몇몇 자산가의 '소유'가 아니라 만인이 '향유'할 때 비로소 제 값을 다하는 게 아닐까요. 명작은, 그리고 예술은 소유하는 게 아니라 향유하는 것이기 때문입니다. 명작이란 그것에 온전히 감동하는 관람자의 것입니다. 언젠가 뉴욕에 출장을 갔을 때 기쁜 마음으로 노이에 갤러리를 찾아 그림 속 아델레를 하염없이 바라봤던 기억이 납니다. 아비규환 속에서도 살아남아준 예술작품들에게 경의를 표합니다.

그림값의 잔혹사

- 뇌물의 역사와 돈세탁의 표백제가 된 걸작들 -

혹시 그림 선물 받아본 적 있으신가요? 그림 선물은 현찰이나 보석하곤 달리 고상하고 품위가 있지요. 뿐만 아니라 훗날 경제적 가치 상승을 기대할 수도 있습니다. 문제는 그림의 유통경로가 불분명할 때가 많아 고가의 명화가 종종 선물이 아닌 뇌물의 대상이 되곤 합니다. 선물과 뇌물은 법적으로 엄청난 차이가 있는데요. 주고받은 물건이 부정한 청탁의 대가이고 받는 사람의 직무와 관련이 있다면 선물(gift)이 아닌 뇌물(bribe)이 됩니다.

그런데 그림은 직접 작가로부터 샀는지, 갤러리에서 구입했는지 혹은 경매를 통해 매수했는지에 따라 가격이 달리 산정되는 탓에 그 가치를 평가하기가 쉽지 않습니다. 따라서 그림의 취득 경로가 문제될 경우, 받은 사람은 "이렇게 고가인 줄 몰랐기에 뇌물이라 생각하지 않았다"며 발뺌할 여지가 있습니다. 미술품에 대한 '소장이력(provenance)'의 중요성이 강조되는 이유입니다.

'우아한 뇌물'이란 오명

십여 년 전에 "지금 중국은 야후이(雅賄) 몸살"라는 외신을 읽었던 적이 있습니다. 야후이는 우리말로 '우아한 뇌물'이 되는데, 바로 미술작품을 가리킵니다. 고위공직자에게 이권청탁을 위한 뇌물로 미술작품을 건넨 뒤 나중에 적발되면 미술에 문외한이라 그렇게 고가인 줄 몰랐다고 잡아떼거나 값싼 모조품인 줄 알았다고 둘러댈 경우 공안당국으로선 미술작품이 뇌물임을 입증하기가 쉽지 않은 상황을 취재한 기사입니다.

미술작품 뿐 아니라 물건의 뇌물성 여부를 가려내는 것은 매우 어려운 법률문제입니다. 형법상 뇌물죄는 공무원 또는 중재인이 직무행위에 대한 대가로 부당한 이익을 취득하는 것을 말합니다. 우선 뇌물을 받는 공직자의 신분부터 따져봐야 합니다. 공직자, 즉 공무원이란 국가의 일을 하면서 국민이 낸 세금으로 급여를 받는 사람입니다. 이때 공무원의 직무 집행이 공정해야 하고 공정한 직무에 대한 사회적 신뢰가 보호되어야 함은 너무나 당연하겠지요. 뇌물죄가, "공무원의 직무는 돈으로 살 수 없다"는 직무행위의 불가매수성을 보호법익으로 하는 이유입니다.

따라서 뇌물죄가 성립하려면 직무관련성이 존재해야 하고, 부정한 이익과 대가관계가 있어야 합니다. 가령 정치인이 금품을 수수한 뉴스를 보면, '직무관련성 유무와 대가관계 입증이 관건'이란 말을 접하게 됩니다. 여기서 부정한 청탁이 있었는지 유무는 중요하지 않습니다. 직무관련성 있는 뇌물이 오갔다면 부정한 청탁이 없어도 뇌물을 받은 자에 대한 수뢰죄(受略罪)가 성립하여 뇌물을 준 자 역시 증뢰죄(贈略罪)를 피할 수 없습니다. 나아가 뇌물을 실제로 수수하지 않더라도 공무원이 뇌물수수를 요구하거나 약속한 경우에도 마찬가지로 처벌됩니다. 다만 뇌물의 액수에 따라 적용되는 법과 형량이 달라져서, 3천만 원 미만은 형법상 뇌물죄가, 3천만 원 이상부터는 '특정범죄 가중처벌에 관한 법률'의 적용을 받아 형량이 높아집니다.

우리 형법은 제129조에서 제133조까지 뇌물죄를 규정하고 있는데요. 형법에 규정된 뇌물죄의 종류는, '(단순)수뢰죄', '사전수뢰죄', '수뢰 후 부정처사죄', '사후수뢰죄', '제3자 뇌물공여죄', '알선수뢰죄', '증뢰죄/뇌물공여죄' 등으로 다양하지요. 그만큼 뇌물을 주고받는 데 있어서 고도의 방법들이 동원되고 있음을 방증합니다.

뇌물의 심각성을 경고한 그림들

뇌물은 인간의 권력 및 탐욕의 역사와 궤를 같이 해왔습니다. 재물과 자리를 얻기 위해 동원되는 각종 편법에서 뇌물은 매혹적인 미끼였지요. 헤로도토스 Herodotos, 484-425BC 는 저서 〈역사(Historiae)〉를 통해 그리스와 페르시아 간의 펠로폰네소스 전쟁사를 기록했는데요. 여기에 기원전 5세기경 페르시아제국의 부패한 판사 시삼네스Sisamnes가 등장합니다.

당시 페르시아는 전 세계에서 가장 큰 제국이었습니다. 황제 캄비세스 2세 Cambyses II는 이집트를 정복하고 에티오피아와 카르타고에 이르는 거대한 제국을 거느린 통치자였습니다. 어느 날 캄비세스 2세는 뇌물을 받고 부당한 판결을 일삼던 판사 시삼네스를 체포합니다. 그리고 산 채로 살가죽을 벗기는 가혹한 형벌인 생피박리형(生皮剝離刑)에 처하지요. 그것도 모자라 왕은 시삼네스의 벗겨진 살가죽을 말려 판사 의자에 씌우게 하고 그의 아들 오타네스Otanes를 판사로 임명하여 아버지의 살가죽 위에 앉아 재판을 하게 합니다.

이 이야기는 매우 잔혹하지만 주제는 명료합니다. 판사가 뇌물을 수수하거나 부정한 판결을 했다면 참형에 처할 만큼 중대한 범죄이고, 처형된 자의 아들로 하여금 아버지의 가죽을 깔고 앉으라는 것은 다시는 그러한 죄를 짓지 말라는 엄중한 경고입니다.

1498년 플랑드르의 화가 다비트$^{Gerard David, 1460~1523}$는 고향 브뤼헤시로부터 그림을 의뢰받습니다. 회의장과 법원으로 사용하게 될 시청사 건물의 '정의의 홀'에 걸어둘 그림입니다. 시는 청사 건물에서 일할 공무원 및 법관에게 교훈이 될 만한 주제를 담은 그림을 원했습니다. 다비트는 고민 끝에 시삼네스 이야기를 15세기 도시 브뤼헤의 버전으로 재창조한 회화 〈캄비세스의 재판〉을 완성합니다. 역사에 대한 화가의 교양과 상상력이 진가를 발휘하는 순간입니다.

〈캄비세스의 재판〉은 두 점의 그림을 경첩으로 연결한 '이면화' 형식으로 제작되었습니다. 하나의 화면에 시간적으로 선후관계에 있는 사건들을 한꺼번에 담았지요. 두 점의 그림, 정확히는 네 컷의 장면을 통해 사건의 발단부터 결말에 이르기까지 이야기의 흐름이 기승전결의 구조로 펼쳐집니다.

이야기는 좌측 패널에서 사람들이 모여 있는 재판정을 넘어 왼쪽 상단 배경에서 시작합니다. 아치형 현관 아래 붉은 법복을 입은 시삼네스가 암녹색 옷을 입은 사람으로부터 뇌물을 받는 장면이 보입니다. 화면에 드러나지 않지만 뇌물을 받은 시삼네스는 부정한 판결을 내립니다. 화가는, 시삼네스가 자신의 부정이 들키자 황망한 표정으로 재판장의 자리에 앉은 채로 체포되는 장면을 상세하게 그렸습니다. 금실로 화려하게 수놓은 긴 재킷 위에 흰털망토를 두른 이가 캄비세스 2세입니다. 왕은 한 손을 펼치고 다른 손으로 수를 헤아리는 제스처를 하고 있는데, 아마도 시삼네스의 죄목을 하나하나 적시하는 것 같습니다. 덥수룩한 수염에서 통치자의 권위가 엿보입니다.

다비트는 작품 속에 여러 함의를 숨겨 놓고 있습니다. 시삼네스가 앉아있는 의자 뒤 두 개의 타원형 그림에는 고대 로마 시인 오비디우스$^{Publius Naso Ovidius,}$

다비트, 〈캄비세스의 재판〉(좌측 패널),
1498년, 202×173cm, 패널에 유채,
그루닝헤(Groeninge) 뮤지엄, 브뤼헤

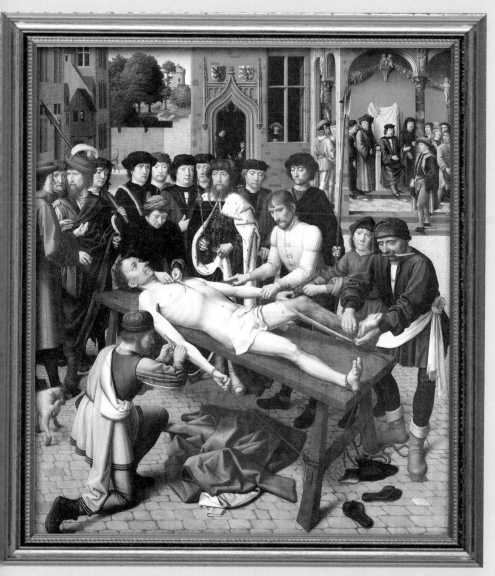

다비트, 〈캄비세스의 재판〉(우측 패널),
1498년, 202×173cm, 패널에 유채,
그루닝헤 뮤지엄, 브뤼헤

43BC-17AD의 서사시 〈변신〉에 나오는 이야기들이 담겼습니다. 시삼네스를 기준으로 왼쪽 그림에는 헤라클레스와 그의 아내 데이아네이라가 있습니다. 아름다운 포로 이올레에게 반한 헤라클레스를 질투한 데이아네이라는 피부가 벗겨지는 독약을 남편의 속옷에 바릅니다. 헤라클레스는 극심한 고통을 호소했고, 이를 본 데이아네이라는 죄책감에 스스로 목숨을 끊습니다. 오른쪽 그림에는 태양신 아폴론과 음악경연을 벌이는 마르시아스가 등장합니다. 경연에서 이긴 아폴론은 마르시아스에게 살가죽을 벗기는 형벌을 내리지요. 화가는 살가죽을 벗기는 참혹한 장면이 등장하는 이야기들을 '그림 속 그림'으로 넣어 앞으로 시삼네스에게 가해질 형벌을 암시합니다.

좌측 패널에서 모자가 벗겨지고 붉은 법복을 입은 채 한쪽 팔을 붙잡힌 시삼네스는, 바로 다음 우측 패널에서 옷을 걸치지 않은 채로 눕혀져 살가죽이 벗겨지는 끔찍한 모습으로 등장합니다. 그가 화면의 왼쪽에서 입고 있던 붉은 법복과 검은 구두는 이제 바닥에 나뒹굴고 있습니다. 겨우 중요 부위만 천으로 가리고 팔다리가 결박당한 채, 칼을 든 세 집행관으로부터 각각 가슴과 팔과 다리에서 살가죽이 벗겨져 나가는 참형을 당하고 있습니다. 눈 뜨고 보기 어려울 만큼 잔인한 장면입니다.

캄비세스는 다른 법관들도 이 참혹한 장면을 지켜보게 합니다. 그런데 세 명의 집행관 사이에서 겁에 질려 마지못해 집행관을 돕고는 있으나 차마 그 모습을 보지 못하고 정면을 응시하는 한 젊은이가 있습니다. 시삼네스의 아들 오타네스입니다. 뇌물죄로 살가죽이 벗겨지는 참형을 받는 아버지 곁에 있는 아들의 운명이 가혹할 따름입니다.

이 끔찍한 서사의 결말은 우측 패널 그림의 오른쪽 상단으로 이어집니다. 좌측 패널에 등장했던 재판정의 모습이 다시 작게 나타납니다. 다만 재판장의 좌석에는 시삼네스 대신 아들 오타네스가 앉아 있습니다. 양쪽 패널에서 모두

루벤스, 〈오타네스를 판사로 지목하는 캄비세스〉 레플리카, 45.7×44.5cm, 패널에 유채, 메트로폴리탄 뮤지엄, 뉴욕

등장하는 얼룩무늬가 두드러지는 '붉은 대리석 기둥'은 시삼네스가 앉았던 장소와 아들 오타네스가 앉은 장소가 같은 법정이라는 의미입니다. 캄비세스는 오타네스를 판사로 임명하여 시삼네스의 벗겨진 살가죽을 깔고 앉아 항상 아버지의 죽음을 생각하며 공정한 재판에 임하도록 조치합니다. 플랑드르를 대표하는 바로크 미술의 거장 루벤스Peter Paul Rubens, 1577~1640는 이 장면을 훨씬 더 극적으로 묘사했습니다. 캄비세스는 오타네스에게 명합니다. "이제부터 네가 재판관이다. 저 자리에 앉아 네 아비의 살가죽 위에서 어떻게 판결할지를 항상 고민하라!"

검은 돈 세탁소가 된 미술시장

다비트의 〈캄비세스의 재판〉을 보고 있으면, 뇌물죄를 이렇게까지 가혹하게 다스렸어야 했을까, 하는 생각마저 듭니다. 하지만 뇌물죄가 지금까지도 여전히 공직사회의 근간을 흔들 만큼 심각한 현실을 목도할 때면, 수백 년 전 다비트가 왜 이 그림을 그려 브뤼헤시에 전달했는지 고개가 끄덕여집니다. 하물며 미술 작품이 뇌물죄의 수단으로까지 악용되는 현실은 그저 개탄스러울 따름입니다.

그런데 고가의 미술품이 뇌물보다 훨씬 더 심각한 '검은 거래'의 수단으로 악용될 때도 있습니다. 위대한 걸작들은 이른바 '돈세탁(Money Laundering)'을 위한 표백제가 되기도 합니다. 여러분은 아마도 "고가의 미술작품들이 재벌들의 부정한 거래 및 탈세와 비자금 조성의 통로"라는 헤드라인 뉴스를 접한 적이 있을 것입니다. 그런데 '돈세탁'이란 무엇일까요. 돈세탁은 실정법에서 명시할 정도로 빈번하게 일어나고 있는데요. 우리나라의 여러 법률들*에서는 '자금세탁행위'라는 개념을 규정하고 있습니다. 자산의 실제 출처를 은폐할 목적으로 자산의 취득 경위를 거짓으로 꾸며내는 행위로, 범죄나 불법 활동으로 나온 자금을 여러 수단을 써서 합법적인 상거래에서 나온 돈으로 바꾸는 것을 의미합니다.

그럼 어떻게 미술품을 이용하여 돈세탁을 하는 걸까요. 미술품의 매수인과 매도인이 공모하여 일부러 작품의 실제가치보다 훨씬 부풀린 금액을 주고받은 다음 그 차액을 몰래 돌려받는 방법이 있습니다. 가령 실제가치가 5억 원인 작품을 10억 원에 사고, 장부에도 10억 원으로 기록한 다음 매도인에게 현금

---

* '특정 금융거래정보의 보고 및 이용에 관한 법률', '범죄수익은닉의 규제 및 처벌 등에 관한 법률', '마약류 불법거래 방지에 관한 특례법', '조세범처벌법', '관세법', '특정범죄 가중처벌 등에 관한 법률' 등에서 '자금세탁행위'라는 개념을 명시하고 있다.

또는 역외 계좌를 통해서 차액 5억 원을 몰래 돌려주면 그 5억 원은 비자금이 되는 것이지요.

나아가 이러한 정황을 모르는 금융기관이 해당 작품을 담보로 대출까지 해준다면 심각한 금융범죄로까지 확대될 수 있습니다. 실제보다 부풀려진 가격에 구입한 그림을 담보로 금융기관의 대출을 받아 비자금을 조성하는 방법입니다. 범죄자들은 미리 작정을 하고 구매 전 실제 전시회에 몇 번 소개하여 금융기관의 의심을 피할 수 있습니다. 가령 10억 원의 작품을 경매에서 50억 원에 낙찰받으면서 표면상 50억 원이 된 작품을 담보로 금융기관에서 40억 원을 대출받는다면 차액 30억 원은 허공에서 생긴 돈이 됩니다.

이러한 일이 가능한 이유는 모든 금융거래가 낱낱이 노출되는 것과 달리, 미술품 거래는 은밀히 이루어져 그 내역이 추적되지 않기 때문입니다. 또 작품의 가치는 주관적이어서 시장가격이 없다는 점도 한몫 합니다. 노벨 경제학상 수상자 루비니Nouriel Roubini 뉴욕대 교수는 미술시장을 가리켜 "내부정보에 의해 거래되는 시장"이라고 경고하면서, "수백만 달러나 되는 작품을 구입하는 과정에서 신원 확인도 제대로 이뤄지지 않고, 심지어 해외 반출도 추적당하지 않는다"고 지적한 바 있습니다.

미국 세무당국은 미술시장의 불투명성을 악용하여 매년 수십억 달러의 미술품이 공공조사를 받지 않고 손바꿈이 이루어지고 있다고 추정했습니다. 결국 미국 의회는 '연방 자금세탁방지법(Anti-Money Laundering Act of 2020)'을 고미술품 딜러에게도 적용되도록 법을 개정합니다. 고대와 중세, 근대 미술품을 거래할 때 그 내역과 자금출처를 미국 세무당국에 보고하도록 한 거지요. 유럽은 일찍이 이 규정을 적용해왔는데요. 영국과 프랑스에는 미술품을 거래할 때 고객의 신원을 확인하고 구매자금의 출처를 밝히도록 하는 법규가 마련되어 있습니다.

미술시장의 투명성과 신뢰성에 대한 우려를 여실히 보여주는 사례가 있습니다. 러시아와 우크라이나의 신흥재벌을 뜻하는 올리가르히(Oligarch) 중에 리볼로프프레프Dmitry Rybolovlev라는 인물이 있습니다. 그는 특히 프랑스의 명문 프로축구클럽인 AS모나코의 회장으로 유명한데요. 어느날 스위스의 사업가이자 미술품 딜러인 부비에Ives Bouvier의 중개로 20억 달러어치의 컬렉션을 구입합니다. 그런데 이 과정에서 부비에는 소더비의 묵인 내지 공모 하에 어마어마한 액수의 수수료를 챙겨 왔음이 발각됩니다. 리볼로프프레프는, 부비에가 모딜리아니Amedeo Modigliani, 1884~1920의 〈파란 쿠션에 기대 누운 누드〉를 9,350만 달러에 사서 자신에게 1억1,180만 달러에 판매했음을 알게 됩니다. 이 때부터 이른바 '부비에사건'이라 불리는 법정 공방이 시작됩니다.

부비에사건은 2015년부터 시작된 여러 건의 국제소송인데요. 부비에가 미술품의 원래 가격을 허위로 표시한 뒤 구매자에게 과도한 가격을 청구하는 사기행위로 벌어진 송사입니다. 부비에사건은 모나코, 스위스, 프랑스, 미국, 홍콩, 싱가포르 법원에서 진행되었고, 이로 인해 가장 많은 손해를 입은 피해자가 리볼로프프레프라는 주장이 제기되었지만 논란의 여지가 있습니다.

리볼로프프레프의 구입 목록 중에는 어마어마한 걸작들이 포함되어 있는데요. 그 가운데 주목을 끌었던 작품으로 클림트Gustav Klimt, 1862~1918의 〈워터 서펀트 2〉가 있습니다. 이 그림은 1904년경에 클림트가 유대인 컬렉터 제니 스타이너Jenny Steiner, 1862~1918의 의뢰로 그린 것으로, 1939년 나치에 압수되어 나치를 지지했던 영화감독 우치츠키Gustav Ucicky, 1899~1961에게 주어졌습니다. 우치츠키가 1961년 사망한 뒤에는 그의 아내가 갖고 있다가 2012년 소더비를 통해 부비에가 1억1,200만 달러에 사들입니다. 하지만 부비에는 그림이 여전히 제3자

모딜리아니, 〈파란 쿠션에 기대 누운 누드〉, 1917년, 60×92cm, 캔버스에 유채, 개인 소장

소유인 것처럼 보이게 하여 그의 고객인 리볼로프레프에게 1억8,330만 달러에 넘깁니다. 리볼로프레프 몰래 차액으로 7,130만 달러를 벌어들인 것이지요. 여기에 수수료 370만 달러를 합하면 그림 하나로 무려 7,500만 달러를 챙긴 셈입니다. 이후 리볼로프레프는 2015년경 이 그림을 신원을 밝히지 않은 컬렉터에게 1억7,000만 달러에 매도합니다. 〈워터 서펀트 2〉는 2023년 3월 오스트리아 비엔나에 있는 벨베데레 궁전에서 전시되면서 모습을 드러냈습니다. 우여곡절 끝에 클림트의 고향으로 돌아오긴 했지만, 그 사이 이 걸작을 둘러싸고 어마무시한 자금과 비자금이 오갔던 것입니다.

〈워터 서펀트 2〉에 얽힌 뒷거래는 미술시장을 혼탁하게 했지만 그림은 아무 죄가 없습니다. 걸작에 대한 감상을 지나칠 수 없는 이유이지요. 이 그림은 클림트의 워터 서펀트 시리즈 중 두 번째 작품입니다. 워터 서펀트(water serpent)는 우리 말로 하면 '물뱀' 정도가 되겠습니다.

시리즈 첫 번째 작품이 에로티시즘을 보다 적극적으로 묘사했다면, 〈워터 서펀트 2〉는 물결과 여성의 벗은 몸을 통해 생명의 움직임을 관능적으로 표현했습니다. 이 그림에는 네 명의 '물의 요정'이 등장하는데요. 두 여인은 완전히 벗은 몸으로 한 명은 정면을 응시한 채 엎드려 있고, 다른 한 명은 고개를 옆으로 돌린 채 등을 보이고 누워있습니다. 나머지 두 여인은 오른쪽 상단에 짙은 갈색 머리와 붉은 머리의 두상만 보입니다. 빨강과 초록 그리고 긴 머리에 장식된 꽃들의 색채 배합과 곡선의 아름다움 그리고 물의 움직임에 따라 몸을 맡긴 채 유유히 흐느적거리며 떠 있는 여인들의 몸짓이 보는 이들을 황홀하게 합니다. 이 그림은 레즈비언을 묘사한 것으로 해석되기도 하는데요. 그림이 그려진 당시에는 동성애가 죄악시되었기 때문에, 클림트는 여성을 신화 속 인물로 위장해 그렸다고 합니다. 특히 맨 아래에 엎드린 여인의 눈빛은 그야말로 압권입니다. 마치 마네$^{Edouard \, Manet, 1832\sim1883}$의 〈올랭피아〉(297쪽)에서 피사체인 누드여인이 관람객을 빤히 응시하는 그 눈빛과 겹쳐집니다.

리볼로프레프의 컬렉션 중에는 세계 최고가를 경신한 작품도 있습니다. 다빈치$^{Leonardo \, da \, Vinci, 1452\sim1519}$의 〈살바도르 문디〉입니다. '살바도르 문디(Salvator Mundi)'는 '세상을 구원하는 자'라는 뜻으로, '구세주'인 예수의 초상화를 의미합니다. 이 그림은 1500년경 루이 12세$^{Louis \, XII, 1462\sim1515}$가 다빈치에게 주문한 작품이지만, 그로부터 100년 뒤 프랑스의 공주 마리아$^{Henrietta \, Maria, 1609\sim1669}$와 결혼한 영국 왕 찰스 1세$^{Charles \, I, 1600\sim1649}$에게 넘어간 이후로 작품이 행방불명되어 소장이력이 밝혀지지 않았습니다. 그 사이 작품은 다빈치가 그린 것으로 볼 수 없을 만큼 훼손되고 맙니다. 1958년 세상에 나온 〈살바도르 문디〉의 낙찰가는 겨우 45파운드였습니다. 당시 영국의 한 저명인사가 보유하고 있다가 한참 뒤

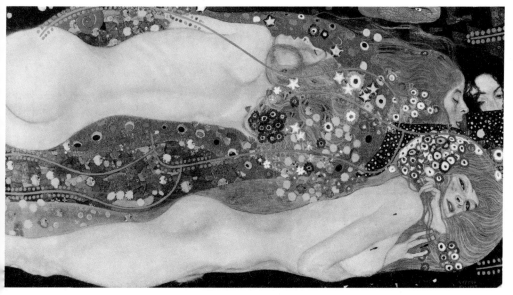

클림트, 〈워터 서펀트 2〉, 1906년, 80×145cm, 캔버스에 유채, 개인 소장

인 2005년경 로버트 사이먼Robert Simon이란 컬렉터의 소유가 되는데, 사이먼은 이 작품에서 스푸마토(sfumato) 기법* 등을 단서로 다빈치가 그린 것임을 확신하고 6년 동안의 지난한 복원작업에 돌입합니다.

르네상스시대 복장을 한 예수가 성부-성자-성령 삼위일체를 뜻하는 오른손 손가락 3개를 올려 축복을 내립니다. 왼손으로는 투명한 구체를 들고 있는데 이는 서양에서 왕의 대관식에 쓰이는 보주(寶珠, orb)로 전 세계 '왕중의 왕'인 예수의 권세를 상징합니다.

복원을 마친 〈살바도르 문디〉는 다빈치가 그린 '예수의 초상화'라는 수식어

---

* 색깔 사이의 경계선을 명확히 구분 지을 수 없도록 부드럽게 옮아가게 하는 회화기법으로, 〈모나리자〉 등 다빈치의 그림에서 비롯된 것으로 알려져 있다.

다빈치, 〈살바도르 문디〉, 1500년 추정, 65.6×45.4cm, 패널에 유채, 개인 소장

와 함께 엄청난 반향을 불러일으킵니다. 〈살바도르 문디〉는 숱한 논란 끝에 미술사학자들을 비롯한 전문감정인들로부터 다빈치가 그린 진품임을 인정받게 됩니다. 이후 사이먼은 이 그림을 부비에에게 고작(!) 8천만 달러에 매도합니다. 그리고 부비에는 다시 리볼로블레프에게 1억2,750만 달러에 넘기지요. 그리고 2017년 11월 15일 뉴욕 크리스티 경매장에서 〈살바도르 문디〉는 4억5천만 달러에 낙찰되어 세계 최고가 기록을 경신합니다. 그 주인공은 사우디아라비아의 왕자 바드르 빈 압둘라 알사우드^{Badr bin Abdullah Al Saud}가 소유한 펀드였습니다.

천재 화가의 명성, 야욕이 넘치는 딜러, 러시아 재벌, 중동 권력자의 자본이 얽혀 있는 〈살바도르 문디〉의 종착역은 아랍에미리트에 있는 루브르 아부다비 박물관으로 알려졌으나, 2019년 중반 사우디아라비아 왕세자 알사우드 ^{Mohammed bin Salman Al Saud}의 요트에 있다는 사실이 밝혀지면서 다시 한 번 화제가 됩니다. 다빈치는 하늘에서 재벌의 요트 속에 걸린 자신의 작품을 내려다보며 무슨 생각을 하고 있을까요.

자본주의시대의 위대한 걸작들은 뇌물로, 자금세탁을 위한 수단으로, 투자 가치 높은 자산으로 그리고 슈퍼리치의 플렉스로 변신을 거듭합니다. 부비에는 각국에서 형사기소되어 재판을 받고 있는데, 저마다 엇갈린 판결이 나오고 있습니다. 2023년 스위스 제네바 검찰청은 부비에의 사기 혐의에 대해 충분한 증거가 없어 무혐의로 사건을 종결처리합니다. 이후 러시아 재벌과 제네바 미술상은 거래조건을 일급비밀로 유지하는 합의에 도달하지요. 8년 여 동안 전 세계 법정과 미술계를 떠들썩하게 하더니 결국 재벌과 딜러의 비밀합의로 끝나고 만 거지요. 미술품 거래에 있어서 시금석이 될 만한 의미 있는 판례를 기대했던 만큼 아쉬움이 큽니다. 사법부의 귀중한 자원만 낭비하고 변호사들만 배부르게 된 게 아닐까 하는 생각마저 듭니다.

엄마의 탄생

- 대리모와 익명출산 논쟁을 바라보며 -

"어머니는 항상 확실하다(Mater semper certa est)."

이 말은 로마법의 원칙으로, '아이를 낳은 여성이 그 아이의 엄마'라는 뜻입니다. 당연한 말 같지만 이 원칙이 지금까지 강조되는 이유는, 엄마가 누군지 모르는 난처한 상황이 여전히 빈번하기 때문입니다.

이것이 얼마나 오래된 난제인지는 구약성경에 등장하는 그 유명한 '솔로몬의 재판'이 방증합니다. 한 집에 살고 있는 두 여성이 사흘 간격으로 아이를 출산합니다. 그런데 한 여성이 잠을 자다 아이를 깔고 누워 그만 아이가 죽게 되지요. 아이를 죽인 여성은 새벽에 몰래 죽은 아이와 다른 여성의 아이를 바꿔치기 합니다. 다음 날 두 여성은 서로 자신이 살아 있는 아이의 엄마임을 주장하며 솔로몬왕을 찾습니다. 지금의 '친생자관계 존재확인의 소'를 제기한 것이지요.

지혜롭기로 유명한 솔로몬은 고민 끝에 신하에게 칼을 가져오라고 한 뒤, "산 아이를 둘로 나눠 반쪽은 이 여인에게, 또 다른 반쪽은 저 여인에게 주어라!"라고 명합니다. 신하가 칼을 빼어 들자, 아이의 생모는 살아 있는 아이를 저 여인에게 주어도 좋으니 제발 아이만은 죽이지 말아달라고 울부짖지요. 반면 거짓말을 한 여성은 이렇게 된 마당에 아이가 생명을 잃게 되어도 어쩔 수 없다고 판단하고 왕의 명령에 따르겠다고 합니다.

프랑스 고전주의의 대가 푸생Nicolas Poussin, 1594~1665은 〈솔로몬의 재판〉에서 바로 그 순간을 그렸습니다. 화면 한 가운데 붉은 천을 감싼 채 높은 왕좌에 앉아 있는 솔로몬은 머리에 왕관도 없이 하얗게 빛나는 머리띠만 두르고 있습니다. 머리띠는 그의 명석한 두뇌를 상징합니다. 옥좌 정면 부조에는 그리스 신화에 나오는 그리핀(Griffin) 두 마리가 분수대에 발을 걸치고 마주 보고 있습니다. 그리핀은 사자의 몸통과 다리에 독수리의 머리와 날개를 지닌 전설적인 맹수로, 숨겨진 보화를 지키는 수호신입니다. 칼을 든 신하의 투구에도 그리핀이 있습니다. 그리핀은 솔로몬과 그의 신하가 하나님을 대신해 숨겨진 진실을 밝히는 중책을 맡고 있음을 뜻합니다. 솔로몬이 앉아 있는 옥좌의 좌우 팔 받침에는 스핑크스처럼 불룩한 젖가슴을 내민 사자의 얼굴이 조각되어 있는데, 솔로몬의 흔들리지 않는 왕권을 상징합니다.

솔로몬은 왼손을 들어 손가락으로 둘을 가리키며 살아 있는 아이를 둘로 나누라고 지시하는 동시에 오른쪽 손으로 아이의 처형을 신하에게 재촉합니다. 신하는 왕의 명령에 따라 살아 있는 아이의 발목을 잡고, 칼을 뽑아 아이의 몸통을 향해 겨눕니다. 아이는 자신의 운명을 직감한 듯 살기 위해 버둥거립니다. 누런 옷을 입고 등만 보이는 여성은 살아 있는 아이의 생모로, 사색이 되어

푸생, 〈솔로몬의 재판〉, 1649년, 101×150cm, 캔버스에 유채, 루브르 박물관, 파리

무릎을 꿇고 두 팔을 벌려 아이의 처형을 막기 위해 자비에 호소합니다. 반면 죽은 아이를 왼손으로 허리춤에 들고 있는 여성은 증오로 일그러진 얼굴로 오른손을 뻗어 삿대질을 하며 아이의 처형을 종용합니다. 누가 아이의 생모인지가 분명해지는 순간입니다.

푸생은 고전주의 대가답게 그림의 배경에 고대 그리스 건축을 조화롭게 묘사합니다. 솔로몬과 두 여성은 완벽한 삼각형 구도를 이루고 있고, 왕좌 양쪽으로 솟아 있는 청회색의 대리석 기둥과 주변에 서 있는 사람들은 좌우대칭을 형성하며 안정감을 줍니다. 푸생은 선과 악을 가르는 재판정의 엄숙하고 장중

한 장면을 도리스 양식 기둥과 연결 지어 엄격한 분위기를 드러내면서도 다른 한편으로는 인물들의 역동적인 움직임을 통해 극적인 감정을 표출합니다.

솔로몬이 명령을 내리는 하얀 팔에는 엄숙함이 묻어있습니다. 칼을 빼드는 신하의 상체에서 다리까지 이어지는 근육에는 왕명을 거역할 수 없는 단호함이 배어있습니다. 발버둥치는 아이에게는 삶의 의지가 느껴지고, 화들짝 놀라 두 팔을 벌린 생모에게는 간절한 모성애가 전해집니다. 거짓말을 한 여성이 뻗친 팔에는 진실을 숨기고 상대방을 음해하려는 악의가 서려 있습니다. 그 여성의 뒤에 있는 인물들은 이 절체절명의 광경을 불안한 모습으로 지켜보고 있습니다. 이 모든 장면이 마치 한편의 연극에서 클라이맥스를 연상시킵니다.

대리모 출산아의 엄마는 누구?

구약성경에 나오는 솔로몬의 판결이 필요한 순간은 현대에도 있습니다. 바로 대리모를 통해 출산한 아이의 엄마가 누구인지에 관한 논쟁입니다. 대리모제도란 한 여성이 타인을 대신해서 아이를 임신 및 출산해 주는 것을 의미합니다. 대리모를 통한 출산의 경우 여러 이해관계인이 등장합니다. 먼저 아이의 출산을 의뢰하고 인도받을 의뢰모(의뢰부)가 있고, 아이를 출산해 주기로 약속한 대리모가 있습니다. 그리고 만약 의뢰모가 아닌 제3자가 난자를 제공한다면 그 여성은 난자제공자입니다. 또한 의뢰부가 아닌 제3자가 정자를 제공한다면 그 남성은 정자제공자입니다.

대리모제도를 이용하기 위해서는 대리모와 의뢰부모 사이에, 대리모가 의뢰부모를 위해 아이를 출산하고 출산과 동시에 아이를 포기하여 의뢰부모에게 인도하기로 하는 대리모계약을 맺게 됩니다. 즉 대리모계약으로 인해 대리모에게는 타인을 위해 출산할 의무 및 출산과 동시에 아이를 포기하여 의뢰한 제3자에게 인도할 의무, 그리고 의뢰부모에게는 아이를 수령할 의무가 발생합니다.

대리모는 아이를 출산하는 여성이 난자를 제공하는지 여부에 따라 전통적인 대리모와 자궁 대리모로 나눕니다. 전자는 대리모가 자신의 난자로 임신하여 출산을 함에 따라 출생한 아이와 유전적인 관계가 있습니다. 반면 후자는 자신의 난자가 아닌 의뢰모 또는 기증자의 난자로 수정된 수정란을 자신의 자궁에 착상시킨 뒤 출산하는 대리모로서 아이와는 아무런 유전적 관계가 없습니다.

대리모는 매우 역사가 오래된 제도인데요. 우리나라에서는 이른바 '씨받이'라고 불렀습니다. 故강수연 배우가 주연하고 임권택 감독이 메가폰을 잡은 영화 〈씨받이〉(1987)는 대갓집 종손 부부에게 아들이 없자 씨받이 여인을 들여 아이를 낳기까지의 기구한 인생을 그린 시대극인데요. 전 세계적으로 호평을 받으며 베니스 영화제에서 여우주연상을 수상했지요.

그럼 현대에서는 어떤 경우에 대리모 출산을 하게 될까요. 몇 가지 유형으로 나눠볼 수 있는데요. 첫째, 불임부부의 경우가 가장 흔합니다. 둘째, 불임부부는 아니지만 의뢰모가 고령이거나 미용 등의 이유로 임신출산과정을 피하고 싶은 경우 의뢰부의 정자와 의뢰모의 난자로 인공수정을 하게 됩니다. 가령 해외 유명인들은 이미 자신이 낳은 아이가 있거나 입양한 아이가 있음에도 대가족을 선호하여 대리모 출산을 이용하곤 하지요. 셋째, 결혼은 하고 싶지 않지만 자신의 정자로 아이를 갖고 싶은 남성이 있습니다. 마지막으로, 자신들의 아이를 갖고 싶은 동성혼부부가 있습니다. 동성혼 커플의 입양이 금지된 경우 아이를 키울 수 있는 유일한 방법이기도 하지만, 동성혼이 법적으로 인정되어 입양이 가능함에도 자신의 유전자를 가진 아이를 얻고자 대리모 출산을 선호하는 경우도 있습니다.

솔로몬의 혜안이 궁금하다

대리모는 복잡한 법률관계만큼 다양한 문제들이 제기됩니다. 가령 대리모가 배 속에 아이를 잉태하여 9개월 동안 있다 보니 그 사이 모성애가 생겨 출산 후 아이의 인도를 거부할 경우, 법원은 대리모계약을 근거로 대리모에게 아이의 인도를 명할 수 있을까요. 다른 한편, 만약 장애를 가진 채로 아이가 태어나자 의뢰부모가 아이의 수령을 거부한다면 법원은 그 수령을 명하여 그 아이의 제대로 된 양육을 보장할 수 있을까요. 심지어 자신들의 정자와 난자로 대리모 출산을 의뢰한 부부가 있었는데 출산 전 이혼했다면 그 아이는 누가 수령하여 양육해야 할까요. 실제로 일어난 사례들입니다.

대리모계약의 법적 효력은 각국의 법제에 따라 다릅니다. 프랑스는 민법 제 16-7조에서 대리모계약을 금지해 효력이 없음을 명시하고 있습니다. 반면 미국 캘리포니아주는 대리모를 법으로 인정하고 있어 대리모 출산 전문 로펌까지 성행하고 있지요. 우리나라는 대리모계약의 효력에 대한 규정이 없어 이를 둘러싸고 학자들 간에 견해가 갈립니다. 대리모계약을 부정하는 견해는, 우리 민법상 허용되지 않는 친권 포기 내지 양도를 목적으로 하는 계약으로 여성의 몸을 도구화하고 자궁을 상품화하여 경제적으로 궁핍한 여성을 착취하는 위험이 있다고 주장합니다. 반면 긍정하는 견해는, 대리모계약을 금지하는 법조항이 없고, 의학기술의 발달로 이미 많이 이뤄지고 있으며, 난임부부의 행복추구권 보장을 위해 허용해야 한다고 주장합니다.

이에 대해 서울가정법원은 자궁대리모계약에 대해 "선량한 풍속 기타 사회질서에 위반하는 것으로써 민법 제103조에 의하여 무효"라고 판시한 바 있습니다.* 아울러 우리 민법상 모자관계의 결정 기준이 '모의 출산사실'이란 점, 가족관계등록법상 출생신고를 할 때에는 출생신고서에 첨부하는 출생증명서 등에 의하여 모의 출산사실을 증명해야 하는 점, 인간의 존엄과 가치를 침해하는 것을 방지함으로써 생명윤리와 안전을 지키려는 생명윤리법의 입법목적을 그 논거로 들고 있습니다.

한편 대리모계약 효력의 인정 여부를 떠나 대리모 출산으로 태어난 아이의 법적 지위, 즉 그 아이의 엄마가 누구인가의 문제는 결을 달리 합니다. 이에 대해서도 여러 학설이 제기되는데요. ① 난자의 제공 여부에 관계없이 물리적으로 아이를 출산한 대리모가 엄마라는 '출산기준설', ② 난자를 제공한 생물학적 모가 엄마라는 '혈연기준설', ③ 엄마가 되어 아이를 양육하겠다는 의사를 중시하여 대리모 출산을 기획한 여성이 엄마라는 '의사기준설' 그리고 최근에는 ④ 자녀의 입장에서 최선의 이익에 따라 정해야 한다는 '자녀복리기준설'이 있습니다.

쉽지 않은 문제입니다. 다만 수정이 이뤄지고 난 후 약 40주의 임신기간 동안 태아와 임산모가 한 몸이 되어 육체적 일체성을 갖게 되고 정서적 유대관계를 맺게 될 뿐만 아니라 출산의 고통과 수유(授乳) 등 오랜 시간을 거쳐 형성된 정서적인 부분이 있음을 간과해서는 안 된다고 생각합니다. 이에 대해서는 난자를 제공하거나 대리모 출산을 기획한 의뢰모가 대리모 출생아에게 제공할 총체적 환경이 대리모의 환경보다 나을 수 있어 대리모 출생아의 이익에 부합하는 것이 아닌가 하는 반론이 있을 수 있습니다. 그러나 의뢰모가 아이

---

*서울가정법원 2018. 5. 18. 선고 2018브15 결정

에게 좋은 양육환경을 제공할 수 있다는 사정은 의뢰모가 또 다른 친자관계를 형성하는 방식인 친양자입양을 신청할 때 법원이 고려해야 할 사항으로, 누가 엄마인가를 결정함에 있어서 결정기준이 될 수는 없을 것입니다. 지혜로운 솔로몬 왕은 누가 엄마라고 판결을 내릴까요.

모성애란 무엇인가

모성애를 생각하니 떠오르는 따뜻한 그림이 있습니다. 2013년 12월 매서운 시카고의 한파 속에서 딸을 출산하고 이듬해 봄에 첫 외출한 곳이 시카고 미술관이었습니다. 거기서 만난 카사트Mary Stevenson Cassatt, 1844~1926의 〈아이의 목욕〉이라는 작품은 저의 눈길을 사로잡았습니다. 미술관 숍에서 작은 카피그림을 사와 방에 걸어 놓고 하염 없이 그림을 바라봤던 기억이 납니다. 아이가 어릴 때는 따뜻한 물을 받아 매일 정성스럽게 목욕을 시키며 아이와 눈을 맞추는 것이 일상이지요.

이 그림을 그린 미국 출신의 화가 카사트는 세계 곳곳을 여행하며 미술 공부를 했습니다. 특히 그녀는 파리 루브르 박물관에서 거장들의 작품을 모작하며 화가의 꿈을 키웠지요. 카사트에게 드디어 기회가 찾아왔는데요. 살롱전에 출품한 작품이 호평을 받게 된 것입니다.

젊은 시절 카사트의 창작활동에 많은 영향을 미친 것은 드가Edgar De Gas, 1834~1917와의 교류였습니다. 이를 계기로 그녀는 1889년에 인상파 화가들과 함께 전시회에 참가합니다. 카사트는 당시 인상주의 화풍에 크게 경도되었는데, 그의 그림들에서 빛을 이용한 색채와 색조의 순간적 묘사가 관찰되는 건 이 때문입니다.

흥미로운 것은 그녀가 평생 결혼하지 않고 독신으로 살았다는 점인데요.

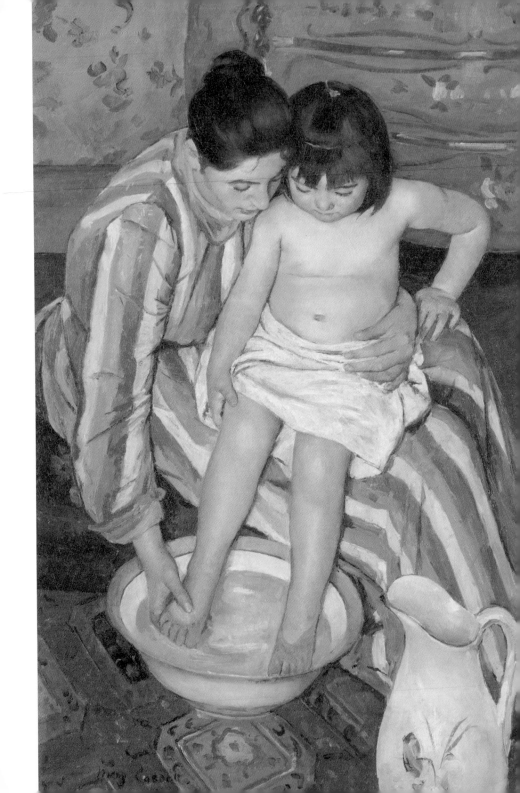

그럼에도 불구하고 엄마와 딸의 모습을 매우 사실적이면서도 따뜻하게 묘사해 그림에서 모성애를 한가득 느낄 수 있는 작품들을 여럿 남겼지요.

엄마가 되기를 거부할 권리 vs. 엄마로서 책임을 다할 의무

엄마가 누구인지 문제는 또 다른 국면을 초래하기도 합니다. 아이를 출산한 여성이 엄마이기를 거부하는 경우입니다. 만약 임신한 여성이 엄마가 되기를 거부하면서도 어쩔 수 없이 아이를 출산했다면, 아이를 출산한 여성은 엄마가 되지 않을 수 있을까요.

일반적으로 병원에서 아이가 태어나면 아이의 신원을 확인하기 위한 방법으로 출산모의 이름을 적은 띠를 아이 발목에 두릅니다. 가령 출산모의 이름이 A라면, 그 아이는 'A의 아이'라는 표식을 갖게 됩니다. 그런데 프랑스에서는 엄마가 이름을 밝히기를 원치 않으면 'X'라고 표시하는데요. 이러한 출산을 가리켜 '익명출산(l'accouchement sous X)'이라고 하고, 그렇게 태어난 아이를 '익명출산아'라고 부릅니다. 즉 프랑스에서는 자신의 신원을 밝히지 않고 아이를 출산한 경우 출산한 여성과 아이 사이에 어떠한 법적 관계도 발생하지 않는 이른바 '비밀출산'이라는 고유한 제도가 존재합니다.

프랑스는 예로부터 가톨릭 국가였고 가톨릭교회는 생명의 신성함을 근거로 생명의 발생 단계에 따른 차별 없이 절대적으로 보호할 것을 강조함에 따라 낙태를 금지해왔습니다. 그러자 혼외자에 대한 영아살해가 빈번하게 일어났지요. 16세기경 앙리 4세[Henry IV, 1553-1610]는 이러한 영아살해를 막기 위해 수도원의 벽에 회전문 형태의 접수구를 설치했습니다. 누군가 신생아를 접수구에 넣어 두고 종을 치면 벽의 반대편에서 종소리를 들은 수도원 관계자들이 접수구를 확인하여 신생아를 거두었던 것입니다. 오늘날 '베이비박스'의 기원

카사트, 〈아이의 목욕〉, 1893년, 100×66cm, 캔버스에 유채, 시카고 미술관

입니다.

구 체제(Ancien Régime)에서 혼외 아이를 임신한 여성은 아이의 아버지를 찾아 양육비를 청구할 수 있었습니다. 그런데 혁명시기에 저명인사들이 아이의 잠재적 아버지로 지목되자, 프랑스대혁명 이후 두 방향으로 입법이 진행됩니다. 하나는 1804년 제정된 '나폴레옹 민법전'으로, 제340조에 "아버지에 대한 수색(인지청구)은 금지된다"고 명시합니다. 즉 "아버지는 혼인이 그렇게 지정하는 사람이다"라는 부성추정 조항의 반대 해석상, 혼외자는 법적으로 부(父)가 없으며, 생물학적 부는 자발적으로 아이를 인지하지 않는 한 어떠한 의무에도 구속되지 않았습니다. 따라서 혼외자의 친생부를 찾아 그로부터 양육비를 받을 수 없는 여성들이 신생아를 유기하는 경우가 늘어났습니다. 다른 하나는 '미혼모와 유아의 구호 조직을 위한 1793년 6월 28일 법령(décret)'입니다. 출산에 필요한 비용 및 출산 이후 일상생활 복귀를 위한 비용을 국가가 지급하도록 규정하고 출산모가 출생등록시 자신의 성명을 기재하지 않을 수 있도록 했지요. 이는 익명출산에 대한 최초의 입법으로 이해됩니다.

제2차 세계대전 당시에는 독일군이 저지른 성폭력으로 원치 않는 임신을 한 프랑스 여성들이 적지 않았습니다. 프랑스 정부는 법률을 제정하여 익명출산을 원하는 여성에게 출산 전후 각각 1개월 동안 공공의료기관에 무상으로 입원할 수 있도록 했습니다. 출산뿐만 아니라 출산 전후에도 산모와 아이의 건강을 정부 차원에서 보장한 것이지요.

'생명존중 사상'과 '여성의 자기결정권' 사이에서 프랑스 사회가 고안해 낸 익명출산제도는 프랑스 민법 제326조에 명문화되어 현재에도 매년 60여 명의 아이가 익명출산으로 태어나고 있습니다. 그렇게 태어난 아이는 국가후견을 받는 아동으로 등록되어 입양됩니다.

그런데 사람은 누구나 자신의 뿌리를 알 권리가 있습니다. 익명출산아도 예외는 아닙니다. 대부분의 익명출산아는 성장하면서 자신의 정체성에 대해 심각한 혼란을 겪는다고 합니다. "왜 나는 태어나기도 전에 버려지기로 결정된 걸까. 태어나자마자 출생신고도 하지 못한 채 버려졌을까"라는 가혹한 질문이 평생 그들을 쫓아다니지요. 엄마가 신원을 밝히지 않은 채 익명으로 출산했기에 나중에 엄마를 찾기도 쉽지 않습니다. 이에 대해 프랑스 정부는 익명출산 과정에서 신분을 밝히지 않고도 나중에 아이가 성인이 되었을 때 엄마를 찾을 수 있도록 하는 보완장치를 마련해 두고 있습니다.

익명출산모는 출산 후 신상이 드러나지 않는 정보(비식별정보)를 봉인된 봉투의 바깥쪽에 기재합니다. 자녀성별, 출생시각, 출생일, 출생장소 나아가 산모와 생부 나이, 혈통, 건강상태와 같은 정보이지요. 봉인된 봉투 안에는 산모의 성명, 주소 또는 아이에게 친필로 남긴 간략한 메모 등이 담깁니다. 봉인된 편지와 비식별정보는 비밀유지를 조건으로 '출생정보 접근에 관한 국가위원회(CNAOP)'에 보관됩니다.

익명출산아가 성년이 되면 (미성년자인 경우 법정대리인의 동의를 받아) 서면으로 CNAOP에 엄마를 찾는 신청을 할 수 있고, 신청을 접수한 CNAOP는 일단 겉봉투에 기재된 정보를 알려줍니다. 그리고 개인정보와 행정기록에 접근할 수 있는 권한이 있는 CNAOP는 산부인과, 병원, INSEE(프랑스 국립통계경제연구소), 연금기관, 보험회사, 세무서, 유권자명부, 지방자치단체 등이 보유하고 있는 모든 기록에 접근하여 출산모의 생년월일 등을 통해 출산모의 거주지를 찾은 뒤 출산모와 접촉하여 신원비밀을 해제할 의사가 있는지 확인합니다. 출산모가 공개를 허락하면 출산모의 성명, 전화번호 및 주소를 신청자에게 전달합니다. 하지만 출산모가 공개를 원치 않는다고 의사표시를 하면 더 이상 절차가 진행되지 않습니다.

우리나라에도 베이비박스가 존재합니다. 그런데 정부가 아닌 종교단체에 의해 운영되어 왔지요. 2009년 처음 베이비박스가 만들어진 이래로 지난 10여 년 동안 찬반 논쟁이 이어져왔습니다. 하지만 그 사이 베이비박스를 통해 무려 2,000여 명의 아이들이 삶을 유지할 수 있었습니다.

다소 늦은 감이 있지만 우리나라도 2024년 7월 19일부터 '보호출산제도'를 시행하고 있습니다. 보호출산이란 아이의 양육을 원치 않는다는 결정을 한 임산부가 익명으로 병원에서 아이를 출산하도록 무상으로 지원하고, 7일의 숙려기간을 거쳐 지방자치단체에 아이를 인도하면 아이를 인도받은 지방자치단체장이 아이의 이름을 지어 출생신고를 할 수 있는 제도입니다.

정부는 출생모와 부의 인적사항이 담긴 출생증서를 작성한 뒤 보호출산을 통해 태어난 아이가 성인이 되어서 공개청구를 할 수 있도록 했는데, 이때 출산모가 동의하지 않으면 인적사항은 공개되지 않게 됩니다. 보호출산은 비록 출범은 했지만 찬반논쟁이 여전히 진행 중입니다. 낙태를 방지하여 생명이 보호될 것이라는 찬성론과 무책임한 아이의 유기를 조장한다는 반대론 사이에서 기대와 우려가 교차합니다.

"모성은 본능적인 것이 아니라 학습되는 것이다"

아이는 잠 잘 때가 가장 예쁘다고 하지요. 스페인 인상주의의 거장 소로야 Joaquin Sollora, 1864~1923는 〈엄마〉라는 작품에서 엄마와 한 이불 속에서 쌔근쌔근 곤히 잠자고 있는 아기를 그렸습니다. 엄마에게 이 순간만큼 소중한 시간이 또 있을까요. 더 이상 배고프다고 보채지도 기저귀를 갈아달라고 끙끙거리지도 않는, 그야말로 천사가 따로 없는 순간이지요. 소로야는 이 그림에서 엄마와 아이의 머리와 손을 제외한 모든 것들을 하얗게 채색했습니다. 벽, 이불 심지어 베개까지 온통 하얗습니다. 흰색을 통해 엄마와 아이가 자아내는 순백의 순

소로야, 〈엄마〉, 1895년, 123×168cm, 캔버스에 유채, 소로야 미술관, 마드리드

결을 묘사한 것입니다.

1863년 발렌시아에서 태어난 소로야는 두 살 때 부모를 콜레라로 여의고 친척집에서 자랐습니다. 아홉 살 때부터 그림을 배우기 시작해 로마와 파리에서 유학한 뒤 성인이 되어 마드리드에 정착해 가정을 꾸리며 세 자녀를 두었습니다. 그림 속 모델은 아내 클로딜트와 막내 딸 엘레나입니다. 소로야는 어린 시절 부모의 결핍을 보상받기라도 하려는 듯 가족을 주제로 많은 그림을 그렸습니다.

〈엄마〉라는 제목의 작품 가운데 소로야의 그림과 완전히 다른 분위기의 설치미술이 있습니다. 프랑스 출신의 미국 조각가 부르주아Louise Bourgeois, 1911~2010가 제작한 〈마망(Maman)〉입니다. Maman은 프랑스어로 엄마를 뜻하지요.

높이 30피트(9.1m)인 8개의 다리를 가진 거대한 강철 거미인 〈마망〉이 처음 등장한 곳은 2000년 런던 테이트 모던 미술관의 튜빈 홀이었는데요. 부르주아는 한 인터뷰에서 "이 작품은 나의 엄마와 직접적인 연관이 있다. 아버지에 대한 불신과 두려움, 엄마에 대한 연대감 등 유년의 기억을 소환해 자기 알을 보호하려는 거미를 통해 모성애와 경외감을 표현하고자 했다. 상대적으로 가늘고 약한 다리는 상처받기 쉬운 내면을 의미한다"라고 고백했습니다. 거미는 긴 다리를 넓게 뻗어 몸통에 달린 알집을 보호하고 있습니다.

부르주아는 어린 시절 아버지에게서 많은 상처를 받았습니다. 아버지는 부르주아의 엄마인 아내를 존중하지 않았습니다. 엄마의 묵인 속에 자신의 보모

부르주아, 〈마망〉, 1999년,
927×891×1023cm,
청동과 스테인리스강,
구겐하임 미술관, 빌바오(스페인)

이자 영어 가정교사가 아버지와 불륜 관계로 지내는 것을 지켜보며 부르주아는 어른들의 위선에 환멸을 느꼈습니다. 부르주아는 스물한 살 때 엄마가 사망하자 깊은 상실감에 빠져 센 강에 몸을 던집니다. 하지만 공교롭게도 부르주아를 구한 건 그의 아버지였지요.

고된 삯바느질로 가정을 꾸렸던 엄마에 대한 기억은 알들을 지키기 위해 쉼 없이 거미줄을 치는 거미로 되살아났지요. 세계적인 예술가가 된 부르주아는 엄마에 대한 사랑과 존경을 거미상으로 만들어 런던 테이트 모던, 빌바오 구겐하임 등 세계적인 미술관에 설치했습니다. 아버지에 대한 증오, 엄마를 향한 연민은 부르주아가 일생에 걸쳐 자신의 트라우마를 탐구하고 치유하며 예술로 승화시킨 원천이었습니다.

대리모와 익명출산에 대한 논쟁은 프랑스 실존주의 철학자 보부아르[Simone de Beauvoir, 1908~1986]가 저서 〈제2의 성〉(1947)에서 언급한 "모성은 본능적인 것이 아니라 학습되는 것이다"라는 문장을 상기시킵니다. 그렇습니다. 엄마란 존재는 단순히 임신과 출산으로 하나의 생명을 세상에 내놓는 게 아닙니다. 엄마는 아이가 독립된 인간으로 성장하기까지 맹목적인 사랑과 정성을 쏟아 부어야 하는 어려운 자리입니다. 엄마는 그 자리를 지키기 위해 세상과 좌충우돌 부딪치는 고통을 마다하지 않습니다. 그렇게 엄마는 온몸으로 엄마의 자격을 학습합니다.

"하느님은 너무 바쁘기 때문에 이 세상 사람들을 다 보살필 수 없어 엄마를 천사 대신 보냈다"라는 말이 떠오릅니다. 갑자기 엄마가 보고 싶습니다. 당장 전화를 드려서 엄마의 목소리를 들어야겠네요.

술이란 핑계를 처벌하라

- 주취감형, 술에 얽힌 법의 모순 -

포동포동 살이 오른 귀여운 아기가 와인을 벌컥벌컥 마시고 있네요. 바로크시대 이탈리아 화가 레니Guido Reni, 1575-1642가 그린 〈와인을 마시는 바쿠스〉입니다. 오크 술통에 오른 팔을 기대어 와인을 병째 마시는 모습이 술깨나 마셔본 술꾼 같습니다. 그런데 아래쪽으로는 쉬를 하고 있는 걸로 봐서는 아기가 분명합니다. 아기 때부터 와인으로 나발을 불었으니 커서 '포도주의 신'이 된 게 조금도 이상하지 않습니다.

물론 예나 지금이나 바쿠스처럼 아기가 술을 마신다는 건 있을 수 없는 일이지요. 그런데 신체적으로 훌쩍 자라는 청소년기에는 어른들이 그토록 마셔대는 술맛이 궁금합니다. 성인이 되기 전에 술을 마시지 못하게 하는 건 다 이유가 있다고 훈계하지만, 십대들에게는 그저 꼰대 소리처럼 들리기 마련입니다.

문제는 법률이 술에 대해서 취하는 이중적인 태도입니다. 어떤 경우에는 매

레니, 〈와인을 마시는 바쿠스〉, 1623년, 72×56cm, 캔버스에 유채, 올드 마스터 갤러리, 드레스덴

우 엄격하게 규제하다가도, 다른 경우에는 술에 취했다는 이유로 책임을 완화해 주기도 하는데요. 그 이유가 궁금합니다.

미성년자의 음주를 금지하는 '꼰대 법'이 필요한 이유

먼저 법이 술에 엄격한 경우를 살펴보겠습니다. 대표적으로 미성년자의 음주인데요. 미국은 우리나라보다도 훨씬 엄격합니다. 1984년 미 연방정부는 주별로 달랐던 음주 가능 최소연령을 21세로 하는 법률인 '국가 최소 음주 연령법(National Minimum Drinking Age Act)'을 제정했습니다. 21세 이상이 되어야 합법적으로 술을 마실 수 있도록 한 거지요. 가령 미국에서 총기 구입은 나이 제한이 없고, 자동차 운전도 만 17세부터 허용됩니다. 뿐만 아니라 군 입대도 부모동의 없이 18세부터 가능한데, 유독 음주만 21세로 엄격하게 제한하고 있습니다(흡연 가능 연령도 2020년에 법을 개정해 18세에서 21세로 상향조정).

한편 우리나라는 몇 살부터 음주가 허용될까요. 뜻밖에도 음주 가능 연령에 대해 규제하는 법률은 없습니다. 다만 청소년보호법에서 술을 구입할 수 있는 나이는 만 19세가 되는 해의 1월 1일부터라고 규정하고, 이를 위반한 경우 2년 이하의 징역 또는 2천만 원 이하의 벌금에 처할 수 있다고 명시하고 있습니다. 식품위생법에서는 만 19세 미만의 청소년에게 술 판매를 금지하고 이를 위반한 업소에 대하여 행정처분을 부과하는 규정을 두고 있을 뿐이지요. 따라서 우리나라에서는 일반적으로 성인(만 18세)이 되거나 대학교에 들어가면 당당하게 술을 먹어도 된다고 생각합니다. 이런 이유로 미국으로 유학을 간 21세 미만의 한국 청년 중에는 자칫 '국가 최소 음주 연령법'을 어기는 경우가 발생합니다.

미성년자 음주 규제는 술을 소비하거나 구입할 수 있는 연령을 제한하는 것 이외에 광고를 규제하는 측면에서 접근하기도 합니다. 늦은 밤 TV에서 배우 공유가 맥주를 들이키는 광고를 보면, 냉장고에서 한 캔 꺼내고 싶은 욕구를 자극합니다. 백문 불여일취(百聞 不如一醉)라 했던가요. 술 광고만큼 효과가 큰 경우도 드물지요. 흥미로운 건 우리나라의 소주 광고입니다. 당대에 가장 예쁜 여성 연예인들이 광고모델로 등장합니다. 1998년에 소주 도수를 23도로 낮추면서 순하고 깨끗한 이미지를 부각하기 위해 '참이슬'은 이영애가, '처음처럼'은 이효리가 모델로 발탁됩니다. 그 이후로 수지, 신민아, 제니(블랙핑크) 등 최고 인기 여자 연예인들이 소주 광고에 등장해왔습니다.

문제는 주류 소비 연령에 진입한 젊은 층을 광고의 타깃으로 삼으면서 십대 때부터 활동하다가 이제 막 성년이 된 인기 스타가 술 광고모델로 나오는 경우입니다. 그들의 친근한 이미지 때문에 청소년들의 술에 대한 긍정적인 생각을 부추겨 미성년자 음주를 조장할 수 있기 때문입니다. 2012년 당시 대학생이던 피겨 스타 김연아의 '하이트 맥주' 광고를 계기로, 2015년 22세였던 인기가수 아이유가 '참이슬' 소주 광고에 등장하자 시민단체들이 우려를 표명했고, 이에 대해 국회는 법안 발의로 대응했습니다.

나이와 상관없이 '어린이와 청소년에 중대한 영향을 미칠 수 있는 사람'의 음주 광고모델을 금지하여 음주 조장 환경으로부터 청소년을 보호해야 한다는 취지의 법안이 국회에 제출되었습니다. 국회 논의 과정에서 '국민건강증진법 개정안'이 보건복지위원회에서 의결되었는데요. 개정안에 따르면, 만 24세 이하인 사람은 방송, 신문, 인터넷, 포스터, 전단지 등을 통한 주류 광고에 출연할 수 없습니다. 그런데 해당 법안은 어떤 연유 때문인지 본회의를 통과하지 못합니다. 지금까지도 아이유가 '참이슬' 광고모델로 활발히 등장하는 이유입니다(물론 현재 아이유의 나이는 24세를 훌쩍 넘었지요).

우리나라와는 달리 독일이나 프랑스 등 유럽 국가들은 술 광고에 있어서 훨씬 엄격한 태도를 취하고 있습니다. 어린 나이에 자연스레 음주문화에 접하는 것을 막기 위해 술 광고를 TV에서 금지하고 있지요. 미국과 영국은 메이저리거 등 유명 스포츠 스타나 청소년에게 인기 있는 연예인을 주류 광고모델로 나오지 못하도록 규제합니다.

그런데 통계에 따르면 이효리가 '처음처럼'의 모델로 발탁되면서 브랜드 인지도 및 판매율이 크게 상승했다고 하는군요. 그녀를 모델로 '처음처럼'이 첫 선을 보인 5년 동안 무려 20억 병을 판매했다고 합니다. 당시 '처음처럼'의 소주 시장점유율이 11%에서 15%대까지 올랐다고 하니, 관련 법이 왜 국회 본회의를 통과하지 못했는지 알 것도 같습니다.

취중진담이 무효인 이유

서양미술사에는 술을 주제로 한 명화가 참 많습니다. 물론 화가들이 당시 주류업자의 후원을 받아 그린 건 아니었지요. 음주는 식문화 가운데 하나였을 뿐, 화가들은 그 모습을 그린 것입니다.

마네Edouard Manet, 1832-1883가 50세의 나이로 매독에 걸려 죽기 직전, 병마와 싸우며 완성했다고 알려진 〈폴리-베르제르의 술집〉입니다. 그림의 배경은 파리의 캬바레-콘서트 홀이자 19세기 사교계의 주요 장소라고 알려진 곳이지요. 화가는 카운터 뒤의 반사된 거울을 통해 아름다운 빛과 조명, 잘 차려 입은 인파들로 왁자지껄한 분위기를 그렸습니다. 이러한 화려함을 등지고 카운터에 서 있는 여성은 눈에 초점도 없이 무심하고 고독해 보여 술집의 분위기와 대조를 이룹니다. 커다란 거울 앞에 선 그녀는 실제로 술집 종업원으로 마네의 부탁으로 모델을 서 주었다고 합니다.

인상파 화가였던 마네가 이 그림에서 포착하고자 했던 인상은 무엇이었을

마네, 〈폴리-베르제르의 술집〉, 1882년, 96×130cm, 캔버스에 유채, 코톨드 갤러리, 런던

까요. 적어도 그림의 주인공은 우리나라의 술 광고에 등장하는 유명 여자 연예인처럼 사람들에게 알코올의 중독성 강한 마력을 어필하며 술을 팔고 있지는 않습니다.

거울에 비친 술집의 전경을 자세히 보면, 사람들이 하나 둘 밖으로 나가고 있습니다. 술집 문을 닫을 시간이 얼마 남지 않았음을 의미합니다. 거울은 그녀의 뒷모습도 비춥니다. 그러고 보니 그녀는 손님처럼 보이는 한 신사의 이야기를 들어주는 중입니다. 하지만 지친 기색이 역력한 그녀의 동공 안에 신사는 없습니다. 오랫동안 바에 서 있던 탓인지 아니면 취기 때문인지 두 손과 팔목은 벌겋게 핏기가 올라와 있습니다.

술에 취하면 하던 얘기를 자꾸 반복하거나 불필요한 감정 표현으로 상대방을 힘들게 하는 이들이 더러 있습니다. 술에 취해 한 말은 나중에 자신도 기억하지 못하는 허언(虛言)인 경우가 많지요. 그런 까닭에 명정(酩酊) 상태에서 한 의사표시는 법적 효력이 없습니다. 술에 취한 경우 의사능력이 없다고 봐서 무효가 되지요. 만취한 상태에서 다이아몬드를 사주겠다고 각서까지 써줘도 소용없다는 얘깁니다. 그림 속 신사가 취기를 이용해 어떤 감언이설로 그녀를 현혹하려해도 절대 넘어가선 안 됩니다. 취중진담은 다 헛소리인 셈이지요.

디오니소스 추종자들의 탄생과 비애

음주 문화는 지역마다 다른데요. 유럽 특히 독일에서는 거리에서 맥주를 마시거나 프랑스에서는 공원에 앉아 와인을 마시는 이들을 어렵지 않게 볼 수 있습니다. 우리나라도 한강 둔치에서 치맥을 즐기는 이들이 참 많습니다. 그런데 미국에서는 공공장소에서 술을 마시는 것은 물론 술을 소지하는 것도 금지됩니다. 그 유명한 '금주법(National Prohibition Act)*'이 폐지된 이후 1933년 미국 수정헌법 제21조는 누가 주류를 제조하고 판매하고 소비할 수 있는지를 결정하는 권한을 주정부에 위임합니다. 이로써 비록 '금주법'은 폐지되었지만, 누가 언제 어디서 주류를 판매할 수 있는지에 대해 강력한 규제를 이어가게 되지요. 또한 음주운전을 막기 위해 '용기개봉법(Open Container Law)'을 제정하여 주행 중인 차안에서 뚜껑이 개봉된 맥주 캔이나 와인병을 비롯한 술병이 발견될 경우 벌금을 부과하고 있습니다. 다만 길거리에서의 음주가 유일하게 허용되는

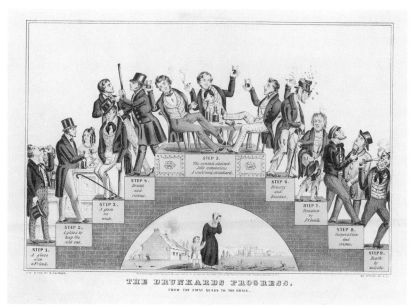

커리어, 〈절주운동〉, 1846년, 펜화, 의회도서관, 워싱턴D.C.

날이 있는데, 해마다 성 패트릭 축일인 3월 17일에는 미국 전역에 초록색 옷을 입고 거리에서 맥주병을 든 사람들로 북적이지요.

아무튼 음주를 향한 인간의 욕망은 어쩔 수 없는 본능이 아닐까 싶습니다. 술을 많이 마시면 중독될 수 있다는 사실을 누구나 알지만 쉽게 끊지 못하기 때문입니다. 하지만 금주법의 부작용을 톡톡히 겪은 미국에서 알 수 있듯이 음주욕구를 무조건 틀어막는다고 능사는 아니지요. 이러한 인간의 음주는 어제오늘의 일이 아닙니다. 심지어 구약성서는 물론 그리스 신화에도 음주에 얽힌

---

* 미국은 일찍이 19세기경부터 유럽에서 건너온 선교사들을 중심으로 절주운동(temperance movement)을 장려해왔는데, 1917년에 제1차 세계대전 당시 독일민족을 향한 적대감과 과도한 음주로 인한 사회적 폐해 등을 이유로 연방의회가 아예 미국 수정헌법을 개정하여 미국 내에서 주류를 양조·판매하는 행위를 금지시켰다. 2020년 1월 발효된 이 조항은 법안을 입안한 볼스테드(Andrew J. Volstead)의 이름을 따서 '볼스테드법'이라 불렸다. 하지만 볼스테드법으로 인해 음지에서 주류를 불법 제조·유통하는 조직들이 기승을 부리며 오히려 범죄가 크게 늘어나자 연방의회는 1933년 이 법을 폐지했다.

푸생, 〈바쿠스의 탄생〉, 1657년, 122×179cm, 캔버스에 유채, 포그 미술관, 케임브리지(매사추세츠주)

다양한 이야기들이 전해집니다. 미술관에는 신화 속 술에 관한 이야기를 주제로 한 그림들이 참 많은데요. '술의 신' 디오니소스 덕이 아닐까 싶습니다.

디오니소스는 그리스 신화에서 술과 풍요 그리고 기쁨을 관장하는 신으로 로마 신화에서는 바쿠스라고 불리지요. 탄생 신화가 재밌는데요. 인간 세멜레는 제우스의 아이를 잉태하는데, 이를 알게 된 제우스 아내 헤라가 세멜레를 질투하여 아이의 아비가 정말로 제우스인지 확인하라고 부추깁니다.

헤라의 계략에 빠진 세멜라가 당신이 제우스가 맞는지 진짜 모습을 보여달라고 애원하자 제우스는 하는 수 없이 본래의 모습을 드러냅니다. 그 순간 제우스 뒤로 내비치는 후광이 너무 강렬한 나머지 세멜레는 그 빛에 타 죽고 말지요. 제우스는 세멜레의 뱃속에 있던 아기를 꺼내어 자신의 허벅지에 넣고 열 달을 채워 세상 밖으로 내놓는데, 그가 바로 디오니소스입니다. 디오니소스가 '두 번 태어난 자'라고 불리는 까닭이지요.

프랑스 고전주의 대가 푸생Nicolas Poussin, 1594~1665은 디오니소스의 탄생에 얽힌 이야기를 그렸습니다. 제우스의 허벅지에서 태어난 아기를 '전령의 신' 헤르메스가 요정에게 부탁하는 장면입니다. 붉은 망토를 두른 이가 헤르메스로, 오른손으로 아기의 부모인 제우스와 세멜레를 가리킵니다. 그런데 시기심이 가시지 않은 헤라가 디오니소스에게 '광기(狂氣)'를 불어 넣습니다. 그리하여 디오니소스는 세계 곳곳을 떠돌며 포도 재배법과 술 만드는 법을 인간에게 전파합니다. 이로써 디오니소스를 추종하는 수많은 애주가들이 틈만 나면 광란의 축제를 일삼게 되지요.

스페인 바로크 미술의 거장 벨라스케스$^{Diego Velázquez, 1599~1660}$는 디오니소스와 인간들의 축제 장면을 그렸습니다. 디오니소스를 그린 회화 중 빼놓을 수 없는 최고의 걸작으로 꼽힙니다. 그림의 제목은 '디오니소스의 승리'이지만, 부제인 '술꾼들'로 더 유명하지요.

누가 봐도 '술의 신'처럼 보이는 디오니소스가 머리에 포도 넝쿨 관을 쓰고 투박하고 평범한 농부들과 술판을 벌여 축제를 즐기고 있습니다. 노란 옷을 입은 자에게 관을 씌어 주는 모습이 마치 종교의식처럼 보이기도 합니다. 벨라스케스가 살았던 17세기 이베리아 반도에서 디오니소스는 '일상을 벗어난 자유, 일탈'을 상징했는데요. 건하게 취한 농부들이 디오니소스와 격의 없이 어울리는 장면에서 신과 인간의 경계가 거의 느껴지지 않습니다.

한편 디오니소스의 추종자들은 시대와 문화를 뛰어넘어 21세기에도 여전히 축제의 아이콘으로 활약(!) 중입니다. 그런데 매년 5월이면 전국의 캠퍼스를 들썩이게 하는 한국의 대학축제에서 디오니소스의 추종자들은 설 곳을 잃었습니다. 주세법을 이유로 대학축제의 꽃인 학내주점을 열 수 없게 된 거지요. 주세법에 따르면 주류를 판매하려면 지역 관할 세무서장으로부터 주류 판매 면허를 받아야 합니다. 이를 위반할 경우 형사처벌을 면치 못할 정도로 엄격합니다. 주세법이 정한 면허를 받지 않고 술을 판매하는 경우에는 3년 이하

벨라스케스, 〈디오니소스의 승리〉, 1629년, 165×225cm, 캔버스에 유채, 프라도 미술관, 마드리드

의 징역 또는 3천만 원 이하의 벌금에 처해질 수 있습니다. 대학축제에서 학생의 신분으로 술을 팔았더라도 예외란 없습니다.

물론 주세법은 과거에도 있었지만 몇 년 전부터 대학축제에까지 엄격하게 적용해온 까닭은 축제기간 동안 빈번하게 일어나는 음주사고 때문입니다. 이에 대해 주세법을 대학축제에까지 적용하는 조치가 헌법이 보장하는 축제를 만끽할 행복추구권을 침해한다는 주장도 들려옵니다. 하지만 술과 함께 축제를 즐길 기본권은 사회질서를 해하지 않는 범위에서만 보장되는 것 역시 헌법의 기본원리이지요. 하물며 주세법이라는 실정법이 존재한다면 축제가 벌어지는 캠퍼스가 치외법권이 될 수는 없습니다.

키르케의 경고

그리스 신화에는 디오니소스처럼 술을 찬양하는 신만 존재하는 것은 아닙니다. 키르케는 술을 많이 마시면 어떻게 되는지 경고하는 마녀이자 님프입니다. 태양신 헬리오스와 페르세이스 사이에서 태어난 키르케는 지중해 외딴 섬에서 홀로 지냅니다. 아름다운 외모와 관능미에 더해 사람을 동물로 만드는 둔갑술이라는 마법을 부릴 수 있지요. 키르케의 마법에 빠진 남성들은 그물에 걸려든 물고기처럼 빠져나가질 못합니다. 그녀의 집 주변에는 마법에 걸려 변신한 사자와 늑대들로 우글거립니다.

트로이 전쟁의 영웅 오디세우스는 귀향하던 중 잠시 키르케의 섬에 들릅니다. 그는 섬을 둘러보도록 정찰대를 보냈지만 돌아온 사람은 한 명 뿐이었지요. 정찰대원은 놀란 마음을 가라앉히며 오디세우스에게 자초지종을 설명했습니다. 섬에 사는 어떤 아름다운 여인이 정찰대원들에게 술과 음식을 대접했는데 한순간 모두 돼지로 변했다는 겁니다. 분노한 오디세우스는 부하들을 구하기 위해 키르케의 집으로 향하던 중 헤르메스 신을 만나 키르케의 마법을 무력화시키는 약초를 받습니다. 헤르메스 신은 오디세우스에게 키르케가 동침을 요구하면 칼을 빼들고 먼저 자신에게 해를 가하지 않겠다는 맹세를 받으라고 조언합니다.

영국 화가 워터하우스John William Waterhouse, 1849~1917의 〈오디세우스에게 술잔을 권하는 키르케〉는 키르케가 오디세우스를 유혹하는 장면을 그린 것입니다. 키르케는 뽀얀 피부와 매혹적인 몸매가 드러난 시스루 옷을 입은 채 오른 손에는 술잔을, 왼손에는 지팡이를 들고 의자에 앉아 있습니다. 그녀가 앉아 있는 의자의 양 팔걸이는 사자머리 장식을 하고 있고, 바닥에는 쓰러진 흑돼지가 보입니다. 키르케 뒤에 있는 거울에는 그녀의 오른쪽 겨드랑이 아래로 오디세우

워터하우스, 〈오디세우스에게 술잔을 권하는 키르케〉, 1891년, 148×92cm, 캔버스에 유채, 올덤 갤러리, 맨체스터

스가 흐릿하게 보입니다. 키르케는 상체를 세우고 술잔을 들고서 어딘지 멋쩍어 보이는 오디세우스에게 술을 권합니다. 마술지팡이는 오디세우스가 술에 취하면 돼지로 변하게 할 수 있음을 암시합니다. 바다의 돼지는 키르케의 마법으로 변해버린 오디세우스의 부하입니다. 그녀가 마법의 지팡이로 오디세우스를 내려치는 순간 그 역시 돼지로 변할 것입니다.

붉은 입술의 키르케는 어깨까지 양팔을 들어 올린 채 시선을 내려 깔고 있습니다. 당당함이 묻어납니다. 반면 전쟁 영웅 오디세우스는 희미한 거울 속에서 움츠린 자세를 하고 있습니다. 다행히 오디세우스는 키르케의 마법을 물리치고 돼지로 변한 부하들을 모두 구합니다. 술의 유혹을 끝까지 이겨낸 덕분이지요.

'주취감형'이란 모순

키르케는 매혹적이지만 치명적이지요. 술의 양면을 상징합니다. 저는 술의 매력보다는 치명적인 속성에 주목합니다. 그 이유는 유독 술에 관대한 한국사회의 폐해를 지적하고 싶기 때문입니다. 문제는 이러한 사회적 분위기가 법제도에까지 투영된다는 사실입니다.

'주취감형(酒醉減刑)'이란 법률용어가 있습니다. 말 그대로 술에 취한 상태로 범죄를 저질렀을 때 형벌을 감형한다는 뜻입니다. 우리 형법 제10조 제2항에는 "심신장애로 사물을 변별할 능력이 없거나 의사결정 능력이 없는 자의 행위는 처벌하지 않거나 형을 감경할 수 있다"라고 명시하고 있습니다. 만취하면 심신장애 상태가 되고, 이런 경우 범죄행위에 대해서는 의사를 결정하거나 책임능력이 떨어진다고 하여 처벌을 감경한다는 것입니다. 물론 이 조항은 행위와 책임이 동시에 존재해야 형벌을 부과할 수 있다는 형법의 기본정신에 부합합니다.

하지만 주취감형에는 독소조항이 숨어 있습니다. 처벌을 모면하기 위해 일부러 만취한 상태에서 범죄를 저지르는 경우입니다. 즉 행위자가 고의 또는 과실로 자기를 심신미약 또는 심신상실의 상태에 빠지게 한 후 이러한 상태에서 범죄를 실행하는 것입니다. 형법에서는 이를 가리켜 '원인에 있어서 자유로운 행위(actio libera in causa)'라고 부릅니다.

몇 년 전 온 국민을 경악하게 했던 조두순사건이 여기에 해당합니다. 등교하는 초등학생을 납치해 잔인무도한 성폭력 및 중상해 범행을 저지른 피고인에 대해 검찰이 무기징역을 구형했음에도 재판부는 주취감형을 적용하여 징역 12년을 선고합니다. 이 판결은 대법원에서 확정되어 피고인은 형을 마치고 출소하는 일이 벌어졌지요.

형법은 '원인에 있어서 자유로운 행위'를 통해 범죄를 저지른 경우에는 주취감형을 적용하지 않는다고 명시하고 있지만(제10조 제3항), 이것만으로는 조두순사건 같은 극악한 범죄를 막기에 한계가 있습니다. 조두순사건을 계기로 주취감형을 폐지해야 한다는 여론이 들끓자 국회는 2018년 형법 제10조 제2항을 개정하여 "형을 감경한다"에서 "형을 감경할 수 있다"로 고쳤지만, 큰 효과를 기대하기는 어렵습니다.

음주가 범죄의 핑계가 되어서는 절대 안 될 것입니다. 심지어 술을 마시면 폭력적이거나 범죄를 저지를 수 있음을 예견할 수 있음에도 범죄의 동기를 강화하기 위해서 술을 마셨다면 이는 죄질이 나쁜 것으로 오히려 감형할 게 아니라 가중처벌해야 마땅합니다. 실제로 주취범죄는 맨 정신에 저지른 범죄보다 훨씬 더 강도가 세서 피해가 큰 게 사실입니다. 뿐만 아니라 주취범죄는 반복되는 경향이 있다는 사실도 심각하게 고려해야만 합니다.

가령 독일에는 '완전명정죄'를 법에 명시하고 있는데요. 처음에는 범죄를 저지를 의도가 없었다고 하더라도 술을 마시거나 마약을 함으로써 심신상실에 빠진 이후 범죄를 저질렀다면, 심신상실을 유발한 음주 등의 행위 자체를 범죄로 보아 결과적으로 발생한 행위에 대해 처벌하고 있습니다. 하지만 우리 형법에서는 이런 경우 '원인에 있어서 자유로운 행위'에 포함되지 않기 때문에 처벌할 수 없게 되지요.

가해자가 범행의도를 가지고 술을 마셨는지 아니면 범행의도 없이 술을 마셨는지에 관계없이 술에 취한 상태에서 범행을 저질렀다면 국가가 형벌권을 행사하는 것이 일반인의 법 감정에 부합한다고 생각합니다. 대학축제에 주세법을 엄격하게 적용하는 것도 중요하지만, 일부러 술을 마시고 중범죄를 저지르는 행태가 더 이상 묵과되어선 곤란하겠습니다.

법률가의 초상

- 법복에 가려진 위선의 그림자 -

지금은 스마트폰으로 얼마든지 자신의 모습을 찍어 보관할 수 있지만, 수백 년 전에는 당연히 상상할 수 없는 일이었지요. 자신의 모습을 간직하려면 화가에게 초상화를 의뢰할 수밖에 없었는데요. 중세에는 예수 같은 신적인 존재나 베드로 등의 사도 그리고 교황 정도는 되어야 그림 속 모델이 될 자격이 있었습니다. 개인이 자신의 초상화를 갖는 건 불경스러운 일이었지요. 초상화는 르네상스시대를 거치며 유행하기 시작했지만, 그마저도 주로 왕족이나 귀족들의 것이었습니다.

믿기지 않지만, 오른쪽 그로테스크한 그림은 초상화입니다. 심지어 왕의 초상화인데요. 이 역시 믿을 수 없지만 모델인 왕은 이 그림을 퍽 만족스러워했다고 합니다. 그림의 제목이 왕의 이름이 아닌 〈사계〉여서 그런지 작품에 얽힌 속내가 더 궁금합니다.

아르침볼도, 〈사계〉, 1573년, 각각 76×63.5cm, 캔버스에 유채, 루브르 박물관, 파리
(우측 상단부터 시계 방향으로 〈봄〉, 〈여름〉, 〈가을〉, 〈겨울〉)

미술을 감상할 때 작품의 탄생 배경을 알고 나면 그림에서 새로운 것들이 보이기 시작합니다. 〈사계〉를 그린 화가는 15세기 신성로마제국의 궁정화가 아르침볼도Giuseppe Arcimboldo, 1527~1593입니다. 궁정화가는 말 그대로 왕실에 소속되어 왕족의 초상이나 궁정의 중요한 행사를 그리는 화가인데요. 예술가로서 매우 높은 신분에 해당했지요. 아르침볼도는 성당 벽화 등 종교화 분야에서 탁월한 실력을 인정받아 30대의 젊은 나이에 신성로마제국의 궁정화가로 임명되었습니다.

1564년 신성로마제국의 황제가 된 막시밀리안 2세Maximilian II, 1527~1576는 대내적으로는 구교와 신교 사이의 종교 갈등을 풀어보고자 시도했지만 처참히 실패했고, 대외적으로는 오스만제국에 패해 굴욕적인 조약을 체결하는 등 안팎으로 상당히 위축되어 있었습니다. 왕은 떨어진 권위를 회복하기 위한 방편으로 자신의 초상화를 그리도록 명했는데요. 드디어 궁정화가인 아르침볼도가 제대로 실력 발휘를 할 순간이 찾아온 것이지요.

하지만 아르침볼도가 완성한 초상화는 너무도 뜻밖이었습니다. 인간의 모습이라고 할 수 없는 기괴한 형상을 무려 4점이나 그렸기 때문입니다. 그림을 본 주변 사람들은 초상화를 다시 그릴 것을 촉구했지만, 아르침볼도는 왕이 자신의 그림을 흡족해 할 것이라고 믿어 의심치 않았습니다. 놀랍게도 아르침볼도의 확신은 현실이 되었습니다.

아르침볼도는 〈사계〉에서 막시밀리안 2세의 정치적 이상을 우의적으로 묘사했습니다. 즉 각각의 계절을 상징하는 식물들을 조합하여 왕의 이미지를 재창조했는데요. 먼저 〈봄〉은 장미, 팬지, 수선화, 동백 등 밝은 컬러의 꽃을 통해 왕을 새로운 세상을 여는 이미지로 표현했습니다. 〈여름〉에는 온갖 과일들이

익어 모든 게 싱그럽습니다. 체리 입술과 콩깍지로 묘사한 이빨까지 섬세함이 이루 말할 수 없을 정도입니다. 여름의 형상을 한 청년왕은 자신감 넘치는 표정으로 활짝 웃고 있습니다. 〈가을〉은 탐스러운 포도송이로 왕의 곱슬머리를 묘사했습니다. 왕관은 잘 익은 호박으로 표현했고, 수수, 사과, 배, 버섯 등을 통해 얼굴을 입체적으로 그렸는데, 특히 밤송이 입술이 압권입니다. 이처럼 중년의 왕은 넉넉하면서도 풍요로워 보입니다. 〈겨울〉은 고목으로 얼굴을, 아이비로 머리카락을 표현했습니다. 그런데 〈겨울〉을 보고 다시 〈봄〉을 바라보면 〈겨울〉이 끝이 아님을 깨닫게 됩니다. 계절의 순리가 그렇듯 〈겨울〉은 또 다른 시작을 준비합니다. 이는 마치 왕의 존재가 역사 속으로 사라지지 않고 순환하며 계속 기억될 것임을 암시합니다. 아르침볼도는 초상화를 통해 왕을 계절을 통치하는 신의 대리자로 등극시킨 것입니다.

꿈보다 해몽이랄까요. 그림이 그려진 맥락을 듣고 나니 왕으로부터 찬사가 이어졌던 건 어쩌면 당연했는지도 모르겠습니다. '아는 만큼 보인다'는 미술 감상의 진면모가 이미 수백 년 전부터 통했던 모양입니다.

악마의 모습을 한 법률가의 초상

아르침볼도의 기발한 상상력과 섬세한 표현은 컴퓨터그래픽 디자인이 눈부시게 발달한 지금과 비교해도 전혀 뒤지지 않습니다. 오히려 예술적 영감은 비할 바가 못 됩니다. 만약 지금 화가가 살아있다면 그에게 초상화를 의뢰할 이들이 적지 않을 듯 합니다. 하지만 이어 소개할 아르침볼도의 초상화를 보는 순간 법학자인 필자는 (초상화 의뢰를) 주저할 것 같습니다. 이 흉측한 초상화의 제목이 〈the Jurist〉이기 때문입니다.

'Jurist'를 '법학자'라고 번역해야 할지 아니면 '법률가'라고 표기해야 할 지

아르침볼도, 〈the Jurist〉, 1566년, 64×51cm, 캔버스에 유채, 스웨덴 국립미술관, 스톡홀름

모호합니다. 〈옥스퍼드 영한사전〉을 찾아보니 'jurist'를 '법학자', '법률문제 전
문가'라고 번역하고 있습니다. 하지만 아르침볼도의 〈the Jurist〉를 법학자의
모습이라고 하기에는 왠지 억울한 마음이 듭니다. 〈the Jurist〉를 보고 있으면
한 영화가 겹쳐지기 때문입니다. 테일러 핵포드^{Taylor Hackford} 감독의 〈the Devil's
Advocate〉이란 영화인데요. 영화에 등장하는 신참 변호사인 주인공의 상상 속

에서 거대 로펌의 타락한 변호사들의 실체가 흉측한 악마로 묘사됩니다. 영화에 〈the Jurist〉와 닮은 악마들이 등장하지요.

16세기를 살았던 아르침볼도의 눈에 비친 법률가들도 영화 속 악마와 크게 다르지 않았던 모양입니다. 그림을 살펴보면, 코와 미간은 머리를 제거한 개구리의 몸통이고, 볼은 닭의 넓적다리, 눈썹은 닭 날개, 턱은 생선 꼬리, 입은 생선 대가리로 법률가를 묘사했습니다. 그야말로 점입가경입니다. 법률가의 얼굴을 장식한 닭은 탐욕을 상징합니다. 또 법률가의 입을 물고기의 입으로 묘사했는데요. 법률가는 사건에 대해서 끊임없이 말을 해야 한다는 의미가 담겼습니다. 모피로 덧댄 외투는 법률가가 돈을 많이 버는 직종임을 비유합니다. 셔츠 대신 목을 둘러싼 흰 종이들은 고소장을 비롯한 법률문서로 보입니다. 외투 속 두꺼운 책은 법전을 상징하지만 끈으로 꽁꽁 묶여 있는 것으로 봐서 공부를 하지 않는다는 것을 암시합니다. (법학자를 포함한) 법률가를 이보다 더 불쾌하게 그릴 수 있을까요.

아르침볼도의 〈the Jurist〉에서는 아무래도 판사가 자유로울 수 없을 것 같습니다. jurist에서 라틴어 어근 jur-는 '판단하다, 판결하다'란 의미가 담겨있습니다. 그런데 고대 로마시대에 재판관은 어떤 사안을 판결하는 판사가 아닌 공무원이었습니다. 법률지식이 필요할 경우 따로 법학자에게 자문을 구해서 판단을 내렸다고 전해집니다. 그러다가 게르만법을 중심으로 하는 대륙법체계에 와서 재판만을 전문으로 하는 판사라는 직업이 생겨난 것입니다.

법복귀족들의 탐욕을 그리다

법률가에 대한 곱지 않은 시선은 시민들이 권리에 눈을 뜨기 시작한 대혁명 이후 프랑스에서도 만연했습니다. 당시 대중들이 즐겼던 문학, 미술, 연극 등에서 법률가는 물론 법제도 자체를 혐오하는 표현들이 쏟아져 나왔는데요. 프랑스 사실주의 문학의 선구자 발자크Honoré de Balzac, 1799~1850는 "법이란 큰 파리는 잡지 못하고, 작은 파리만 죄다 걸리게 하는 거미줄"이라고 표현했습니다. 그는 강자에게 관대하고 약자에게 엄격한 법적용의 부조리를 꼬집었지만, 정치적으론 독재자 나폴레옹의 열렬한 지지자였지요. 〈보바리 부인〉을 쓴 플로베르Gustave Flaubert, 1821~1880는 한층 더 강도 높게 법제도 전반을 비판해 당시 시민들로부터 큰 공감을 샀는데요. "재판이란 세상에서 가장 웃기는 짓이고, 법률이라고 하는 것만큼 바보 같은 것은 없다"고 일갈했지요. 연극무대에서나 일어날 법한 희극과 비극이 재판정에서 횡행하고 있는 현실을 꼬집었던 것입니다.

1789년 대혁명이 터지기 직전 부패권력의 횡포가 극에 달하던 앙시앙레짐(ancien régime, 구 체제) 하에서 이른바 '법복귀족(Noblesse de robe)'이라 불리는 신흥 지배세력은 법을 향한 시민들의 불신을 가중시키는 주범이었습니다. 당시 프랑스에서는 국왕으로부터 행정, 사법, 재무관직을 사들여 그 관직을 세습할 수 있었는데요. 신흥 귀족 중에서 특히 재판관이 도드라졌는데, 그들이 입은 법복(robe)을 따서 'Noblesse de robe'라 불렀습니다.

법복귀족을 비롯한 매관직 제도는 프랑스가 봉건국가에서 절대왕정으로 변모하는 과정에서 부르주아의 신분상승 욕구를 교묘히 이용하여 국고의 수입원을 늘리는 수단이었습니다. 관직을 사서 귀족계급에 편입된 법복귀족의 선두에 고등법원 판사들이 있었는데요. 그들은 자신을 공작, 후작, 백작 등과 같은 혈통귀족들과 동일시하여 온갖 특권을 누렸을 뿐만 아니라, 왕의 입법권에까지 영향력을 행사했습니다. 심지어 법을 자의적으로 해석해 적용함으로써 사법질서를 황폐화시켰지요.

법복귀족을 향한 비판 수위를 한껏 높였던 사람 중에 프랑스의 풍자화가 도미에Honoré Daumier, 1808~1879가 있습니다. 그는 1845년에서 1848년 사이에 그린

39점의 석판화 〈법률가들(Les gens de justice)〉 시리즈에서 탐욕에 눈이 먼 법률가를 저격했습니다. 마르세유에서 태어난 도미에는 미술교육은커녕 학교도 제대로 다니지 못하고 파리 뒷골목과 루브르를 배회하면서 온몸으로 삶과 예술을 공부했지요. 특히 그는 12세의 어린 나이에 공증인사무소나 법원의 사환으로 일하면서 지근거리에서 법률가들의 민낯을 볼 수 있었습니다.

도미에, 〈법률사무소 신참내기 사환〉, 1845년, 32.3×24.5cm, 석판화, 카르나발레 박물관, 파리

〈법률가들〉 시리즈 가운데 〈법률사무소 신참내기 사환〉은 어린 시절 도미에의 기억을 소환해서 그린 자화상 같은 그림입니다. 높은 모자에 몸에 맞지 않는 큰 양복과 구두를 착용한 어린 사환은 유달리 귀가 크게 묘사되었는데, 이는 법률가들 사이에 오가는 내밀한 대화를 엿듣기에 충분합니다. 아무튼 도미에는 평생 동안 빚쟁이들과의 송사에 휘말리면서 법정에 서거나 감옥살이까지 겪으며 법률가에 대한 부정적 시각이 더욱 강해졌지요.

도미에의 법정 풍자 그림은 재판을 받는 사람들이나 사건보다는 주로 재판을 하는 사람들을 대상으로 합니다. 그런 의미에서 '법정 풍자'가 아니라 '법조 풍자'라고 하는 게 맞는 표현이 아닐까 싶습니다. 일반적으로 법조인(法曹人)이라 하면, 판사, 검사, 변호사를 통칭합니다.

〈졸고 있는 판사 앞에서 변론하는 변호사〉는 풍자 수위가 훨씬 높습니다.

도미에,
〈졸고 있는 판사 앞에서
변론하는 변호사〉, 1845년,
18.3×25.7cm, 석판화,
카르나발레 박물관, 파리

그림을 보면, 세
명의 판사는 법정
에서 열변을 토하
는 변호사에게는
눈길도 주지 않은
채 자고 있습니
다. 우배석 판사는 꾸벅꾸벅 졸고 있고, 가운데 주심은 인상을 쓴 채 눈을 감고
있습니다. 좌배석 판사는 아예 커다랗고 둥근 배 위에 손을 깍지 낀 채 올려놓
고 입까지 벌리며 단잠에 빠져 있습니다.

〈피고인을 비하하는 판사〉에서는 가난한 절도범을 벌레 보듯 쳐다보는 판
사의 표정이 압권입니다. 도미에는 기형적으로 왜곡된 눈과 코를 통해서 판
사의 얼굴을 괴물처럼 묘사했는데요. 의자에 등을 기대어 반쯤 누워 거의 눈
을 감은 채 두 손을 깍지 껴 배 위에 올려놓고 거들먹거리는 자세로 가난한 절
도범을 비난합니다. 그림 하단에는 다음과 같이 비아냥거리듯 쓰여 있습니다.
"배가 고팠다고? 그건 이유가 안 되네. 나도 거의 매일 배가 고프지. 그렇다고
도둑질은 하지 않아." 절도범의 눈빛은 심한 모멸감에 당장이라도 판사의 멱
살을 잡을 기세입니다. 하지만 그의 두 손은 간수에게 포박 당해 아무 것도 할
수 없는 신세입니다.

대혁명 전에 프랑스에서 법복귀족이 성행했던 건 판사가 지닌 무소불위 권
력 때문이었습니다. 하지만 견제 없는 권력은 부패하기 마련이지요. 판사의 공

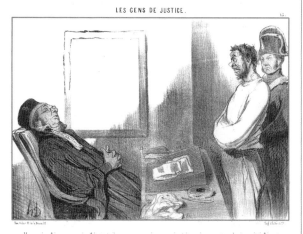

도미에,
〈피고인을 비하하는 판사〉,
1845년, 석판화,
워싱턴D.C. 내셔널 갤러리

정성 시비는 동 서고금을 막론 하고 늘 존재해 왔습니다. 우리 나라도 다르지 않습니다. 판사 에 대한 견제 기능이 제대로 작동하지 않기 때문이지요. 2008년 서울지방변호 사회가 처음 시작한 이래로 전국의 모든 지방변호사회는 법관 평가를 해오고 있습니다. 변호사회가 발족한 평가기관에서 판사의 공정, 품위·친절, 신속·적 정, 직무능력·직무성실 등에 대해 점수를 매긴 뒤 법원행정처와 판사의 소속 법원 등에 전달합니다. 믿기 어렵지만 과거에 한 지방변호사회의 평가에서 재 판 도중 꾸벅꾸벅 조는 판사들의 행태를 지적한 경우도 있었습니다. 피고인에 게 훈시와 훈계를 넘어 심한 막말을 일삼는 판사들의 사례는 헤아릴 수 없을 정도입니다.

도미에의 날카로운 붓은 도덕적 해이가 하늘을 찌르는 변호사들도 겨냥합 니다. 〈두 변호사〉란 그림 아래에는 이런 글귀가 있습니다. "마음 속 깊이 확신 에 찬 변호사……의뢰인은 이에 대해 상당한 사례를 해야 할 것." 앞 문단만 보 면, 법정에서 치열하게 법리논쟁을 펼치는 변호사들을 상찬하는 것 같습니다. 하지만 이어진 문단을 읽으면 '그러면 그렇지'하는 푸념이 나옵니다.

도미에는, 법정에서 펼치는 변호사들의 열변이 돈을 더 많이 받기 위한 퍼포

도미에, 〈두 변호사〉,
1845년, 석판화,
워싱턴D.C. 내셔널 갤러리

먼스에 불과하다고 지적합니다. 화면을 좌우로 나누어 오른편 변호사는 상대방 변호사를 향해 삿대질을 하며 공격하는 반면, 왼편 변호사는 잔뜩 찌푸린 표정으로 즉각 반박할 태세입니다. 역동적인 변호사와 방어적인 변호사의 극적인 대립과는 대조적으로 시큰둥한 판사들의 모습을 통해 당시 '희극적인' 법정의 분위기를 엿볼 수 있습니다.

〈패소한 의뢰인〉이란 그림에서는 자신의 의뢰인을 향한 변호사의 비정함을 신랄하게 고발합니다. 재판에서 패소한 여성 의뢰인은 아이의 손을 잡고 흐느끼고 있는 반면, 담당 변호사로 보이는 사내는 이에 아랑곳하지 않고 머리를 치켜 든 모습이 교만해 보이기까지 합니다. 그림 아래에는 "나는 재판에서 졌지만……당신은 이겼네"라고 쓰여 있습니다.

도미에의 영향을 받은 화가 포랭^{Jean Louis Forain, 1852~1931}은 〈법정(Le Tribunal)〉이란 작품을 통해 20세기 초반 법정 분위기를 좀더 사실적으로 묘사했습니다. 포랭은 프랑스의 각종 신문과 잡지에 정치, 사회, 문화를 주제로 풍자 일러스트를 연재하며 대중적 인기를 얻었던 판화가 겸 인쇄업자였습니다. 이 그림은 인상파의 거장 드가^{Edgar Degas, 1834~1917}가 구매했을 정도로 높은 예술성까지 인정받았지요.

도미에, 〈패소한 의뢰인〉,
1845년, 석판화, 소장처 미상

그림을 자세히 살펴보면, 의뢰인으로 보이는 빛바랜 붉은 옷을 입은 여성이 상반신 전체를 기울여 재판 중 변호사가 손가락으로 지시하면서 하는 말을 듣기 위해 안간힘을 쓰고 있습니다. 이와 대조적으로 왼쪽에 자리한 변호사들은 그에 맞서 뭔가 권모술수를 공모하는 듯 보입니다. 오른쪽에는 세 명의 판사들이 서류더미가 가득한 책상에서 시큰둥하게 앉아 있습니다.

법정을 전체적으로 어둡게 묘사한 이 그림에는 강조되는 부분이 어느 한 곳도 없습니다. 화면 전체를 뒤덮고 있는 칙칙한 갈색은 도저히 공명정대한 판결을 기대할 수 없는 분위기를 자아냅니다. 의뢰인에게 뭔가 억울한 판결이 내려질 것 같은 불길함이 그림 전체에 배어있습니다. 종교재판소가 아님에도 불구하고 예수의 그림을 걸어놓은 것은 재판의 권위를 더하기 위한 19세기 프랑스 법정의 모습입니다. 하지만 판사들 머리 위에 걸린 예수의 십자가 책형도 (磔刑圖)*는 그 의도와는 달리 가혹한 재판 결과를 암시하는 것 같습니다.

포랭, 〈법정〉, 1903년, 60.3×73cm, 캔버스에 유채, 테이트 모던 미술관, 런던

의연한 어느 법률가의 초상

도미에와 포랭의 법조 풍자 그림을 보고 있으면, 가끔 신문에 실리곤 하는 법정 상황을 묘사한 일러스트가 떠오릅니다. 오늘날에는 우리나라를 비롯한 여러 나라에서 초상권(肖像權) 침해를 이유로 법정에서 사진 등의 촬영을 금지하고 있습니다. 초상권이란 자기의 초상이 허가 없이 촬영되거나 또는 공표되지 않을 권리를 말합니다. 우리나라는 현행법상 초상권에 관한 직접적인 규정은 없지만 헌법상 인간의 존엄과 가치(제10조)에 근거하여 일반적 인격권에 포함되는 것으로 보고 있습니다. 타인의 초상을 허락 없이 촬영, 공표, 전시하여 권

익의 침해가 발생할 경우 침해를 받은 자는 민사상 손해배상을 청구할 수 있습니다. 초상권은 지금처럼 사진기술이 발달하기 전에는 주로 그림으로 인해 문제가 되었습니다. 지금은 스마트폰에 디지털 카메라 기능이 장착되면서 타인의 얼굴을 누구나 쉽게 찍을 수 있는 만큼 초상권 문제가 급증하고 있습니다. 특히 법정 안에서의 촬영은 재판 절차의 존엄성 및 사생활 보호를 위해 좀 더 엄격하게 제한됩니다.

우리나라의 법원조직법은 "누구든지 법정 안에서는 재판장의 허가 없이 녹화, 촬영, 중계방송 등의 행위를 하지 못한다"고 규정하고 있습니다(제59조). 따라서 재판장의 허가 없이 사진촬영, 녹음, 녹화, 중계방송 등을 할 수 없으며, 이를 위반하다가 적발될 경우 20일 이하의 감치(監置)** 또는 100만 원 이하의 과태료 처분을 받을 수도 있습니다(제61조). 사회적으로 관심이 큰 재판의 경우, 신문에 사진 대신 삽화가 실리는 이유가 여기에 있습니다.

미국에서도 대부분의 연방법원과 주법원이 법정 촬영을 금지하고 있습니다. 그 대신 재판에 직접 참석해 법정의 분위기를 스케치해 언론사에 제공하는 '법정화가(courtroom artist)'라는 직업이 존재합니다. 재판정 내부에서는 아이패드 등 디지털기기를 이용하는 것도 금지되므로, 법정화가는 거대한 화구를 들고 가서 붐비는 법정 안에서 직접 그려야 합니다. 특히 재판과 거의 동시에 그림을 끝마쳐야 하므로 시간 압박이 상당합니다. 법정 안에서 그림을 완성하지 못할 경우 법정 복도에서 마무리한 뒤 곧장 그림을 촬영해 언론사 등에 보내야 해서 작품을 섬세하게 손질할 시간이 촉박합니다. 따라서 법정화가로서 지녀야 할 고도의 기법은 재판 중에 감정을 드러내는 순간을 포착해서 그려내는

---

* 신교의 성화 중 하나로, 십자가에 매달린 예수를 묘사하는 성화는 6세기 무렵에 정착된 것으로, 성화 도상(圖上)에서 가장 중요한 상징성을 지닌다.
** 형사 절차와는 별개로 법원이 재판장의 명령에 따라 교도소 등에 가두는 것.

로블레스, 〈1996년 민사재판에서의 O. J. 심슨〉, 1996년,
반투명종이에 수채, 의회도서관, 워싱턴 D.C.

것이라 하겠습니다.
법정화가의 작품 중 대
표적인 것으로 민사재
판에 출석한 미식축구
스타 O.J. 심슨O.J.Simpson,
1947~2024의 삽화가 있습
니다. 1994년 6월경 미
국 로스앤젤레스에서
심슨의 전처 니콜과
그의 남자친구가 흉기
로 잔혹하게 살해된
채 발견됩니다. 사법

당국은 유력한 용의자로 심슨을 검거했지만, 형사재판에서 배심원으로부터
무죄평결을 받습니다. 그런데 뜻밖에도 니콜의 유가족이 낸 민사소송에서는
심슨에게 3,350만 달러(약 460억 원)를 지급하라는 판결이 내려집니다. '형사재
판 무죄, 민사재판 유책'이라는 이례적인 결과에 당혹감을 감추지 못한 심슨
의 표정을 법정화가 로블레스Bill Robles는 짧은 시간에 포착해냈습니다.

　로블레스의 그림 중 피고인이 법정에서 판사를 찌르려고 덤벼드는 일촉즉
발의 상황을 묘사해 크게 화제를 모았던 법정 스케치도 있습니다. 그림 속에
서 판사를 향해 뛰어드는 인물은 '맨슨 패밀리'라는 광기 어린 범죄집단의 두
목 찰스 마일스 맨슨Charles Milles Manson, 1934~2017입니다. 1970년 10월 5일 연쇄살인
사건*으로 재판을 받던 맨슨은 갑자기 변호석에서 뛰어내려 올더Charles H. Older,
1917~2006 판사를 향해 달려들었습니다. 다행히 스케치에 묘사된 대로 건장한 집
행관이 맨슨을 잡아채 큰 불상사는 일어나지 않았습니다. 그런데 당시 법정에

로블레스, 〈찰스 H. 올더 판사에게 뛰어드는 맨슨〉, 1970년, 종이에 수채, 의회도서관, 워싱턴D.C.

있었던 이들의 증언에 따르면 올더 판사는 맨슨의 도발에 꿈쩍도 하지 않았다는군요. 그림에서 올더 판사의 의연한 모습을 확인할 수 있습니다. 당대 미국 최고의 뉴스 앵커맨 월터 크롱카이트Walter Cronkite, 1916-2009는 그날 밤 CBS 이브닝 뉴스를 로블레스의 삽화로 시작했습니다.

• 배심원들은 이 사건에서 맨슨에게 사형을 평결했다. 배심원들은 재판이 진행되는 동안 맨슨 패밀리의 위협으로부터 신변 보호를 위해 무려 225일 동안이나 격리된 채 지내야 했다. 하지만 맨슨은 사형선고가 난 직후 캘리포니아주가 사형제도를 폐지하면서 종신형으로 평생 수감생활을 하다 2017년 자연사했다.

제3법정

예술을 살리는 법,
혹은 죽이는 법

When Dike met Muse

그때는 틀리고 지금은 맞다?

- 예술과 음란의 경계 -

2013년 여름 뉴욕 메트로폴리탄 뮤지엄을 거닐다 '우와~'하고 탄성을 질렀습니다. 무려 2미터 높이의 〈마담X〉 초상화는 실제로 보면 더 아름답고 고혹적인데요. 140여 년 전에 그려졌음이 믿어지지 않을 만큼 지금 봐도 그림 속 모델의 매력과 세련된 패션에 절로 감탄이 납니다. 깊이 파여 가슴골이 훤히 드러나는 검은 벨벳 드레스와 희다 못해 창백한 피부, 잘록한 허리와 풍만한 엉덩이, 허리를 약간 비틀어 원형 나무 테이블에 기댄 자세, 그리고 꼿꼿이 고개를 들되 시선이 옆을 향하여 뚜렷하게 드러나는 가늘고 흰 목선은 단번에 관람객의 시선을 사로잡습니다.

그런데 1884년 파리 살롱전에 이 작품이 출품되었을 때의 반응은 '세기의 스캔들'로 회자될 만큼 충격적이어서, 급기야 모델과 화가가 도망치듯 파리를 떠날 수밖에 없었습니다. 아무리 봐도 아름답고 우아하기만 한 이 그림에 도대체 무슨 사연이 있었던 걸까요.

사전트, 〈마담X〉, 1883년, 235×110cm, 캔버스에 유채, 메트로폴리탄 뮤지엄, 뉴욕

〈마담X〉 스캔들이 궁금하다면 그림이 그려진 당시 프랑스 미술계와 살롱전에 대해 조금은 알고 있어야 합니다. 1648년경 궁정화가 브룅Charles Le Brun, 1619~1690을 비롯한 몇몇 예술가들은 예술교육의 중요성을 깨닫고 루이 14세Louis XIV, 1638~1715에게 왕립아카데미의 설립을 요청합니다. 예술에 조예가 깊었던 루이 14세는 1661년 무용 아카데미를 시작으로 회화, 조각, 건축 심지어 과학에 이르기까지 다양한 분야의 교육기관을 창설합니다.

그 중 '왕립 회화 및 조소 아카데미'는 1667년 팔레 루와얄(Palais-Royal)에서 처음으로 전시회를 개최합니다. 그리고 1699년부터는 루브르의 그랑 갤러리(Grand Gallerie)에서 일부 관람객을 대상으로 아카데미 졸업생들의 작품을 전시하지요. 이후 1725년부터 루브르의 살롱 카레(le Salon Carré)에서 전시회가 열리면서 아예 전시회의 명칭을 '살롱전'이라 붙입니다. 마르티니Pietro Antonio Martini, 1738~1797의 〈1787년 살롱전〉은 살롱전에 응모한 작품 전체를 커다란 사각형 방에 모아 전시하는 광경을 그린 것인데요. 프랑스어로 '네모난 방'을 가리키는 '살롱 카레'가 전시회의 명칭이 된 연유가 여기에 있습니다.

살롱전은 1791년 후원자가 왕실에서 정부로 바뀌었고,

마르티니, 〈1787년 살롱전〉, 1787년, 32.2×49.1cm, 동판화,
메트로폴리탄 뮤지엄, 뉴욕

1795년부터는 회화 아카데미 졸업생 외에도 모든 예술가에게 문호를 개방했습니다. 처음에는 2년에 한 번씩 비엔날레로 열리다가 1863년부터는 매년 봄에 개최했지요. 살롱전의 심사기준은 매우 엄격했는데요. 왕립아카데미 회원 및 교수들이 심사위원으로 참여해 입상작을 선정했습니다. 살롱전은 비록 심사기준이 보수적이고 연공서열이 중시되었지만, 프랑스 미술의 경향을 결정지었을 뿐 아니라 유럽 예술 전반에도 적지 않은 영향을 미쳤습니다.

살롱전은 마치 오늘 날 방송의 오디션 프로그램처럼 신인 화가의 등용문인 동시에 성공한 화가가 입지를 다지는 프랑스 최고의 미전(美展)이었습니다. 프랑스 고전주의를 대표하는 앵그르Jean Auguste Dominique Ingres, 1780~1867가 오랫동안 심사위원장을 맡았을 정도로 매우 권위 있는 행사였지요. 왕실(혹은 정부)은 살롱전에서 입상한 작품들을 구매해 여러 미술관들로 보내 전시했고, 또 살롱전을 통해 등단한 작가들에게 관공서의 벽화나 초상화 작업을 맡기기도 했습니다.

19세기 중반 당시 살롱전 관람객수가 연간 100만 명을 넘었다고 하니 예술계를 넘어 국가적인 행사였음이 분명합니다. 살롱전이 개최되는 기간이면 파리 전체가 들썩거릴 정도였으니까요. 비아르 Francois Auguste Biard, 1798~1882는 〈오후 4시의 살롱전〉에서 나폴레옹 모자를 쓰고 망토를 두른 경비들이 오후 4시에 전시회의 폐장을 알리는 순간에도 그림을 보려고 몰려든 군중을 익살스럽게 그렸습니다.

비아르, 〈오후 4시의 살롱전〉, 1847년, 57×67cm, 캔버스에 유채, 루브르 박물관, 파리

흘러내린 드레스 어깨끈 하나 때문에

1878년 22살의 젊은 나이에 이미 살롱전에 입선하여 명성을 얻은 미국 화가 사전트John Singer Sargent, 1856~1925는 다시 한 번 살롱전에 도전해 성공하겠다는 야심을 품습니다. 그리하여 당시 파리 사교계 최고 미인이자 부유한 은행가의 아내인 미국인 버지니 고트로Virginie Gautreau, 1859~1915의 초상화를 그려 출품하기로 결심합니다.

감각적인 스타일과 빼어난 미모로 유명했던 고트로는 많은 화가들의 모델 요청은 거부했지만, 파리에 사는 미국인이라는 친밀감 탓인지 사전트의 부탁은 승낙합니다. 사전트는 1883년 여름 내내 고트로의 여름별장에서 그녀의 까다로운 요구에 맞춰 펜화, 유화, 수채화 스케치를 무려 30여 컷이나 그립니다. 이 과정에서 고트로가 입을 의상에 대해서도 논의를 이어갑니다.

고트로는 평소 하얀 드레스를 즐겨 입었지만, 사전트의 초상화에서는 의상에 큰 변화를 줍니다. 당시 미인의 첫째 조건인 백옥 같은 피부와 마른 몸매를 부각하기 위해 목둘레가 깊이 파이고 우아한 다이아몬드 끈이 달린 몸에 꼭 들어맞는 검은색 벨벳 드레스를 입기로 결정하지요. 대담하면서도 심플한 실루엣은 고트로의 날씬한 몸매를 한껏 드러냅니다. 또 라벤더 톤의 파우더는 그녀의 화사한 피부 톤을 더욱 돋보이게 합니다.

드디어 초상화가 완성되었고, 사전트는 세간의 주목과 화단의 높은 평가를 기대하며 1884년 살롱전에 출품합니다. 다만 모델의 사생활 보호를 위해 초상화의 제목을 '마담X'(우리말로 하면 '익명의 부인')로 정합니다.

그런데 고트로는 당대 사교계의 여왕으로 너무나 유명했던 셀러브리티가 아니었던가요. 그림이 공개되자마자 초상화 속 모델이 누군지 금방 드러났고, 대중들은 그녀가 누구의 아내라며 수군댔습니다. 가슴골이 훤히 드러나는 검은색 드레스와 대조를 이룬 순백의 피부, 코르셋으로 조여 잘록한 허리와 가녀린 목까지 그림에는 고트로의 매력이 한껏 발산됐지만, 드레스의 어깨 끈 한 쪽이 흘러내려간 모습에 화단과 관람객들은 경악했습니다.

명망 있는 상류층 기혼녀가 관능적이고 도발적으로 묘사되어 마치 천박한 매춘부처럼 보인다는 게 이유였습니다. 논란은 일파만파 커졌고 작가와 모델을 향해 '음란'하다는 비난이 쇄도했습니다. 이에 격분한 고트로의 어머니는 사전트에게 그림을 회수할 것을 요청했지만, 살롱전 주최 측에서는 전례가 없다는 점을 들어 이를 허락하지 않았습니다.

화단의 혹평과 세간의 조롱 속에서 사전트는 결국 살롱전이 끝나고 화실로 작품을 가져

1884년 살롱전에 출품한 《마담X》를 찍은 사진을 보면 어깨 끈이 내려와 있다. 실제로 《마담X》를 엑스레이로 촬영했더니 어깨 끈이 수정된 자국이 확인됐다.

와 어깨끈을 (메트로폴리탄 뮤지엄에 전시된) 현재의 그림 상태로 수정합니다. 그럼에도 고트로는 초상화의 수령을 거부했고, 이 스캔들로 인해 그녀는 사교계에서 매장당하고 맙니다. 사전트 역시 미술계의 비난을 견디지 못하고 추방되다시피 파리를 떠납니다. 열정에 찼던 이 젊은 예술가는 재기하지 못하고 이대로 주저앉고 말았을까요.

부유한 미국인 부모를 둔 사전트가 태어난 곳은 르네상스의 발원지인 이탈리아 피렌체였습니다. 예술적으로 풍요로운 환경에서 유년기를 보낸 사전트는 파리 에콜 데 보자르(École des Beaux-Arts)에서 미술을 공부한 덕분에 영어와 이탈리아어는 물론 프랑스어에도 능통했습니다.

사전트, 〈카네이션, 백합, 백합, 장미〉, 1885년, 173×154cm,
캔버스 유채, 테이트 브리튼 미술관, 런던

사전트는 전통적인 양식을 부정하고 새로운 화풍을 형성한 화가 뒤랑^{Charles Durand, 1837~1917} 밑에서 그림을 배우면서 스페인 바로크 회화의 거장 벨라스케스^{Diego Velázquez, 1599~1660}로부터 큰 영향을 받았습니다. 그리고 파리 미술계에 진출한 뒤로는 주로 프랑스 상류사회의 다양한 인물들을 자신만의 독특한 기법과 색채로 그려 큰 호평을 받았지요.

하지만 마담X 스캔들로 충격을 받아 프랑스를 떠난 사전트는, 이듬해인 1885년에 새로운 소재의 작품을 들고 이번에는 런던 미술계의 문을 두드립니다. 바로 〈카네이션, 백합, 백합, 장미〉*라는 작품인데요. 영국의 로열 아카데미전에 출품하지요. 사전트는 이 그림에서, 오후에서 저녁으로 바뀌는 무렵을 배경으로 흰 옷을 입은 두 명의 아이가 종이 등불에 불을 밝히는 순수한 모습을 묘사하며 영국의 화단으로부터 찬사를 받게 됩니다.

서양미술사는 사전트를 (〈마담X〉에서도 드러났듯이) 모델의 내면을 예리하게 파악하여 이를 세련되고 우아하게 표현한 최고의 초상화가로 기억하는데요. 특히 사전트가 그린 아일랜드 작가 윌리엄 버틀러 예이츠^{William Butler Yeats, 1865~1939}의 목탄 초상화와 미국 대통령 시어도어 루스벨트^{Theodore Roosevelt, 1858~1919}

---

* 백합이 2회 반복된 그림의 제목은 오페라 작곡가 조셉 마징기(Joseph Mazzinghi, 1765~1844)의 곡 〈Ye Shepherds Tell Me〉의 후렴구 'carnation, lily, lily, rose'에서 가져왔다고 전해진다.

의 백악관 공식 초상화는 젊은 시절 살롱전 스캔들을 충분히 만회했음을 방증합니다.

훗날 사전트는 "나는 판단하지 않는다. 나는 기록할 뿐이다"라는 명언을 남기기도 했는데요. 이 말은 왠지 드레스의 어깨끈이 내려간 모습을 그렸다고 음란으로 몰고 갔던 세상을 향한 예술가의 항변으로 읽히기도 합니다.

여인의 누드는 음란하고, 여신의 누드는 예술이다?

미국 사진작가 스티븐 마이젤Steven Meisel은 오스카 드 라 렌타Oscar de la Renta가 디자인한 드레스를 입은 니콜 키드먼Nicole Kidman을 촬영해 1999년 6월판 〈보그〉에 실었습니다. 또 독일 사진작가 피터 린드버그Peter Lindbergh가 랄프 로렌 드레스를 입은 줄리안 무어Julianne Moore를 찍은 사진이 2008년 5월판 〈하퍼스 바자〉에 실리기도 했는데요. 이들 사진작품은 〈마담X〉의 밈(meme) 혹은 오마주로 화제를 모았습니다.

두 사진을 보면, 〈마담X〉가 살롱전 출품 당시 논란이 되었던 어깨 부분이 역시 인상적입니다. 키드먼의 드레스는 어깨끈이 양쪽 모두 단정하게 붙어 있는데 반해 무어의 드레스는 어깨끈이 없는 오프숄더입니다. 그런데 140년 전 화가가 그린 모델의 아우라가 현대의 패션과 조명 및 사진 기술을 종합하여 촬영된 할리우드 최고 배우의 화보에 전혀 뒤지지 않습니다. 오히려 그림 속 고트로의 우아함을 묘사한 사전트의 감각에 놀랄 따름입니다.

사전트의 〈마담X〉는 예술과 음란을 나누는 기준이 무엇인지 다시 한 번 생각하게 하는 작품입니다. 서양미술사를 보면, 오래 전부터 많은 화가들이 누드를 그려 왔는데, 고작 어깨끈 한쪽이 내려갔다고 해서 세기의 스캔들로 다룰 만한 것이었을까 싶은데요. 여기에는 두 가지 쟁점이 있습니다.

마이젤, 〈니콜 키드먼〉(《보그》 1999.6)

린드버그, 〈줄리안 무어〉(《하퍼스 바자》 2008.5)

첫째, 당시 여성을 바라보는 이중 잣대입니다. 실제 인물이 아닌 그리스 신화 속 여신을 그린 누드화 중에는 음란은커녕 칭송되는 작품들이 적지 않습니다. 똑같은 누드일지라도 비너스라고 명명되면 문제없지만, 현실의 매춘부라면 얘기가 달라집니다. 심지어 그림 속 모델이 상류층 여성이라면 또 다른 문제로 인식됩니다. 고트로 부인은 워낙 유명한 상류층 사교계의 실제인물(셀러브리티)인 까닭에 작품에 '마담X'라는 익명의 타이틀을 붙였어도 사람들은 모델이 누구인지 단박에 알아차렸던 거지요. 문제는 귀부인을 그렇게 묘사했기에 부도덕을 넘어 음란하다고까지 평가받았던 것입니다.

둘째, 〈마담X〉가 매우 권위 있는 관선(官選)인 '살롱전'에 출품되었다는 사실입니다. 앞서 밝혔듯이 '살롱전'은 지극히 보수적인 행사였는데요. 작품이 세상에 알려진 경로가 높은 도덕적 기준을 요구했던 것입니다.

결국 예술과 음란을 가르는 기준이 시대와 사회적 맥락에 따라 달라질 수 있음을 알 수 있습니다. 그러면 현대에 이르러 예술은 어떻게 이해될까요. 1971년 독일 연방 헌법재판소는 예술의 자유에 대해 매우 의미 있는 판결을 내렸습니다. 나치시대에 출세한 인물을 그린 소설에 대한 출판금지명령을 다룬 '메피스토-클라우스만 판결'*인데요. "예술 활동의 본질은 예술가의 인상, 경험 등을 일정한 언어를 수단으로 하여 직접 표상하는 자유로운 창조적 형성"이고, "모든 예술적 활동은 합리적으로 풀어낼 수 없는, 의식적·무의식적 과정들의 혼합"이라고 판시했습니다. 즉 예술적 창조에는 직관, 상상 및 예술적 이해가 복합적으로 작용한다는 것입니다. 무엇보다도 예술은 단순한 통지가 아니라 '표현'이며, 더욱이 예술가 개인의 인격을 가장 직접적으로 나타내는 것입니다.

다만 예술의 자유도 국가안전보장이나 질서유지 또는 공공복리를 위해서 필요한 경우에는 법률로 제한될 수 있습니다(우리 헌법 제37조 제2항). 예술의 자유는 최대한 보장되어야 하지만(우리 헌법 제22조 제1항) 타인의 권리와 명예, 공중도덕이나 사회윤리를 침해해서는 안 된다는 의미입니다. 문제는 공중도덕이나 사회윤리 같은 개념이 모호하다는 것입니다. 아울러 예술은 본질적으로 세상을 놀라게 하는 것이라는 측면에서, '미의 추구'와 '질서유지'라는 두 가치는 자주 충돌할 수밖에 없습니다.

'저주 받은 걸작들'의 탄생

〈마담X〉처럼 살롱전에서 낙선한 작품들 중에는 유독 외설 논란에 휩싸인 작품들이 많습니다. 관선이라는 살롱전의 성격상 실험적이거나 파격적인 작품은 선정되기 어려웠던 까닭입니다. 살롱전에 입상해 유명해진 화가들의 영광 뒤에서 낙선자들은 쓸쓸한 고배를 마시며 무명의 슬픔을 견뎌야 했지요.

1863년 파리의 예술가들은 낙선한 작품들을 따로 모아 전시회를 열어줄 것을 나폴레옹 3세^{Napoleon III,1808~1873}에게 요청합니다. 정치적 입지 확보를 위해 나

• 1971년 2월 24일 연방헌법재판소 제1심판부 판결(Mephisto-Klaus Mann Beschluß).

폴레옹 3세는 이를 허락하는데요. '낙선전(Salon des Refusés)*'이란 이름으로 전시회를 열어 살롱전에서 떨어진 작품들을 전시합니다.

바로 이 낙선전에 전시된 작품 가운데 마네Édouard Manet, 1832~1883의 대표작 〈풀밭 위의 점심식사〉가 있었습니다. 그림에는 남성들과 함께 야외에서 피크닉을 즐기는 누드 여성 및 속옷을 걸치고 목욕하는 여성이 등장합니다. 이 누드 여성은 빅토린-루이스 뫼랑Victorine-Louise Meurent, 1844~1927이란 마네의 제자였는데요. 이 그림이 낙선한 배경에는 바로 이 누드 여성이 있었지요. 사람들은 공공연한 장소에서 남성들 사이에 발가벗은 여성을 곱지 않게 바라봤습니다.

그럼에도 살롱전에 누드화를 출품하는 마네의 행보는 계속 이어집니다. 1865년 마네는 〈올랭피아(Olympia)〉라는 그림을 살롱전에 출품합니다. 그림에 등장하는 누드 여성은 알렉상드르 뒤마 피스Alexandre Dumas fils, 1824~1895의 소설 〈춘희〉의 주인공인 매춘부 올랭프Olympe를 연상시킵니다. 소설 속 올랭프는 자신의 몸을 파는 것에 대해 전혀 수치심을 느끼지 않는 인물입니다.

당시 사람들은 〈춘희〉가 워낙 유명했던 탓에 올랭피아가 올랭프를 의미함을 알아챌 수 있었고, 설사 이를 몰랐더라도 그림 속 누드 여인이 착용한 목걸이와 구두가 당시 매춘부 사이에 유행하는 것이었기에 올랭피아의 신분을 짐작할 수 있었습니다. 흑인 여성이 든 꽃다발은 올랭피아의 애인이 보낸 것으로 지금 그녀를 기다리고 있음을 암시합니다. 오른쪽 검은 고양이의 꼬리가 수직으로 치켜 올라간 것은 성적 은유를 강조합니다.

당시 프랑스에는 부유한 남성들이 10대 후반에서 20대 초반의 여성을 애인

---

*낙선전은 향후 급진적 예술가들이 설립한 '앙데팡당(Indépendant)'이라 불리는 독립미술가협회를 결성하는 계기가 된다. 당시 세잔, 고갱, 로트렉, 피사로, 쇠라 등이 이 단체의 구성원이었다. 여기서 나온 독립예술가선언 제1조에는, "모든 예술가는 심사 절차를 거치지 않고 자유롭게 작품을 발표한다. 심사는 대중이 판단한다"라고 명시되어 있다. 앙데팡당은 예술의 자유에 그치지 않고 예술가들의 집회·결사의 자유까지 주장했으며, 훗날 인상주의의 태동에 밑거름이 됐다는 평가를 받는다.

마네,
〈풀밭 위의 점심식사〉,
1861년,
208×264.5cm,
캔버스에 유채,
루브르 박물관, 파리

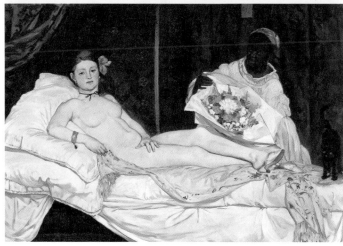

마네,
〈올랭피아〉,
1863년,
130.5×190cm,
캔버스에 유채,
오르세 미술관, 파리

으로 삼는 경우가 많았는데요. 이 여성을 가리켜 코르티잔(courtesan)이라 불렀습니다. 코르티잔은 남성에게서 집과 돈을 받아 하인을 거느리고 사치스런 삶을 영위했는데, 그림 속 올랭피아도 코르티잔으로 추정됩니다.

마네는 〈올랭피아〉에서 코르티잔을 등장시켜 상류층 남성들의 위선을 저격했는지도 모르겠습니다. 이에 당시 파리 미술계에 영향력을 행사했던 상류층 남성들은 자신들의 치부가 그림을 통해 드러나는 걸 못마땅하게 여겨 〈올랭피아〉에 '음란'이란 딱지를 붙였던 게 아닐까요.

공교롭게도 〈풀밭 위의 점심식사〉를 낙선시킨 1863년 살롱전에서 1등을

카바넬, 〈비너스의 탄생〉, 1863년, 130×225cm, 캔버스에 유채, 오르세 미술관, 파리

한 작품은 카바넬Alexandre Cabanel, 1823~1889의 〈비너스의 탄생〉이었습니다. 물결이 잔잔히 이는 바닷가에서, 이제 막 탄생한 비너스가 손을 머리 위로 올려 육감적인 몸매를 드러냅니다. 하얀 피부에 긴 머리를 풀고 나른하게 누워 시선을 아래로 둔 비너스는 여신의 신비로움과는 거리가 멀어 보입니다. 오히려 남성들의 성적 판타지를 만족시키기에 충분해 보입니다. 당시 나폴레옹 3세는 〈비너스의 탄생〉을 즉시 구입했다고 전해집니다. 그런데 그는 누드모델이 비너스, 즉 여신이 아니었어도 그림을 샀을지 궁금합니다.

아무튼 〈풀밭 위의 점심식사〉와 〈올랭피아〉 그리고 〈비너스의 탄생〉 모두 현재 파리의 루브르와 오르세에 각각 전시되어 전 세계에서 모여든 수많은 관람객과 만나고 있습니다. 세 작품 다 가로가 2미터 안팎의 대형 사이즈여서 그림 속 누드 여성(신)의 표정을 자세히 읽을 수 있습니다. 흥미로운 건 〈풀밭 위의 점심식사〉와 〈올랭피아〉 속 누드 여성들의 시선은 그림 밖 사람들을 정면으로 당당하게 응시합니다. 반면 〈비너스의 탄생〉에 등장하는 여신의 눈빛은 게슴츠레합니다. 눈빛만 비교해도 여신이 훨씬 관능적이지요.

성냥갑 속 작은 카드에 들어간 누드화는 음화다!

서양미술사에는 예술과 음란에 대한 논쟁을 일으킬 만한 작품들이 참 많습니다. 스페인 후기 바로크 미술의 거장 고야Francisco José de Goya y Lucientes,1746~1828가 그린 〈옷을 벗은 마야〉도 그 중 하나입니다. 이 그림은 서양미술에서 처음으로 인간을 모델로 삼은 누드화라고 알려져 있는데요. 두 팔을 위로 하여 깍지를 낀 채 기대어 누워 있는 누드 여인의 모습이 도발적입니다. 이 그림은 에스파냐왕국의 재상이자 왕비 루이제Maria Luisa,1751~1819의 내연남으로 알려진 고도이Manuel de Godoy,1767~1851가 누드화로 가득한 방에 걸어놓을 그림을 추가하기 위해 의뢰해 그려졌다고 전해집니다.

그런데 〈옷을 벗은 마야〉가 전시된 마드리드 프라도 미술관은 〈옷을 입은 마야〉도 함께 소장하고 있는데요. 고야는 〈옷을 벗은 마야〉를 그리고 난 뒤 마야에 옷을 입혀 한 점의 그림을 더 그렸습니다. 그림 속 마야가 입은 옷으로 미루어보건대, 그녀는 18세기에서 19세기경 마드리드의 하위 계층 여성으로 추정됩니다. 마야(영어식 발음으로, 스페인어로는 '마하'로 읽힘)는 스페인에서 '풍만하고 매력적이며 요염한 여성'을 뜻합니다.

고도이는 〈옷을 벗은 마야〉 앞에 도르래로 〈옷을 입은 마야〉를 설치하여 두 그림을 번갈아가며 감상했다고 전해집니다. 그런데 고야는 일흔의 나이에 〈옷을 벗은 마야〉로 인해 법정에 서는 곤혹을 치릅니다. 고도이가 1815년 권력다툼에서 실각하자 종교재판소는 그가 소장한 누드화를 모두 압수하는 과정에서 이 그림의 음란성을 문제 삼았습니다. 이로 인해 고야는 재판에 회부되었으나, 그림의 실제모델이 누군지는 끝끝내 밝히지 않았습니다.

가톨릭을 국교로 삼을 정도로 보수적인 스페인에서 〈옷을 벗은 마야〉는 교회로부터 충분히 공분을 살 만했습니다. 신화나 성경에 등장하지 않는 일반 여성

고야, 〈옷을 벗은 마야〉, 1800년, 98×191cm, 캔버스에 유채, 프라도 미술관, 마드리드

의 벗은 몸을 그리는 것은 용납될 수 없었지요. 그림 속 마야는 약간의 웃음기를 머금으며 솔직하고 부끄럽지 않은 시선으로 관람객을 정면으로 응시합니다.

그런데 뜻밖에도 〈옷을 벗은 마야〉는 그림이 그려진지 160여년이 지난 1969년 한국의 법정에까지 등장합니다. 당시 부산의 성냥 제작업체가 신제품을 출시하면서 마케팅 수단으로 성냥갑에 〈옷을 벗은 마야〉를 복사한 카드를 넣어 판매했는데, 이것이 남성들에게 인기를 끌면서 성냥이 말 그대로 '불티나게' 팔렸던 것입니다. 이에 사법당국은 성냥갑 속 카드를 그냥 지나치지 않았습니다. 검찰은 이러한 판매행위가 형법상 '음화의 제조 및 판매죄'에 해당한다는 이유로 기소합니다. 이 사건은 최종심인 대법원까지 가는데요. 대법원의 판결 또한 흥미롭습니다.

판결* 요지를 살펴보면, "음란이란 사회통념상 일반 보통인의 성욕을 자극하여 성적 흥분이나 수치심을 유발하여 성적 도의관념에 반하는 것으로……〈중략〉……성적 부위나 행위를 적나라하게 표현, 묘사한 것"이라고 정의합니다. 그러면서 "침대 위에 비스듬히 위를 보고 누워있는 천연색 여자 나체화 카드 사진이 비록 명화집에 실려 있는 그림이라 해도 이것을 예술, 문학, 교육 등 공공의 이익을 위해서 이용하는 것이 아니고, 성냥갑 속에 넣어서 판매할 목적

고야, 〈옷을 입은 마야〉, 1808년, 98×191cm, 캔버스에 유채, 프라도 미술관, 마드리드

으로 그 카드 사진을 복사·제조하거나 시중에 판매했다면, 이는 그 명화를 모독하여 음화화시켰다 할 것"이므로, 이러한 견지에서 성냥갑 속 〈옷을 벗은 마야〉를 '음화'라고 판단한 것입니다.

나아가 "음란성의 유무는 그림 자체로서 객관적으로 판단해야 할 것이고, 제조자나 판매자의 주관적인 의사에 따라 좌우되는 것은 아니라 할 것이며, '음화의 제조 내지 판매죄'의 성립에 있어서도 그러한 그림이 존재한다는 것과 이를 제조나 판매하고 있다는 것을 인식하고 있으면 되고, 그 이상 더 나아가 해당 그림이 음란한 것인가 아닌가를 인식할 필요는 없다"고 판시했습니다.

즉 대법원은, 아무리 〈옷을 벗은 마야〉가 스페인의 국립미술관에 전시되어 관람객에게 공개된 명화일지라도 복사·제조되어 별개로 판매되는 성냥과 함께 배포되었다면, 비록 음란의 의도가 없다고 할지라도, 성냥갑을 통해 일반 대중에게 무단으로 노출될 수 있다는 점에서, 사회통념상 도의관념에 반하는 음란물이라고 본 것입니다.

---

* 대법원 1970. 10. 30. 선고 70도1879 판결.

포르노 모델이 된 다비드

예술과 음란의 경계는 모호합니다. 시대와 장소 그리고 문화와 계층에 따라 도덕, 종교, 사회적 통념이 다르기 때문입니다. 예술과 음란에 대한 논란과 논쟁이 끊이지 않는 이유입니다.

1866년 프랑스의 사실주의 화가 쿠르베Gustave Courbet, 1819~1877는 여성의 음부만을 적나라하게 그린 뒤 〈세상의 기원〉이란 제목을 붙였습니다. 이 그림은 프랑스 정신분석학자인 라캉Jacques Lacan, 1902~1981이 소유하다가 사후 유족들의 상속세 물납으로 국가에 인도되어 1995년 오르세 미술관에서 처음 전시됩니다. 1999년 프랑스 행위예술가 오를랑Saint Orlan은 〈세상의 기원〉을 패러디하여 남성의 발기된 성기만을 그린 〈전쟁의 기원〉을 내놓습니다. 그리고 룩셈부르크 행위예술가 로베르티스Deborah De Robertis는 오르세 미술관에 전시된 이 그림 앞에서 자신의 성기를 적나라하게 보여주는 퍼포먼스를 벌이면서, 행위예술의 제목을 〈기원의 거울〉이라고 붙입니다.

〈세상의 기원〉에서 〈전쟁의 기원〉과 〈기원의 거울〉이 나온 과정을 보면, 갈수록 예술의 자유가 넓게 인정되는 듯합니다. 그런데 과연 그럴까요. 최근 미국 플로리다주에 있는 기독교계 공립초등학교에서 6학년 수업인 '르네상스 미술' 시간에 교사가 미켈란젤로Michelangelo Buonarroti, 1475~1564의 〈다비드〉 조각상 사진을 학생들에게 보여줬습니다. 〈다비드〉는 르네상스의 거장 미켈란젤로가 다비드왕의 청년시절 모습을 구현한 조각상으로, 이탈리아 르네상스 미술을 대표하는 걸작입니다.

그런데 일부 학부모들은, 교사가 수업 중에 나체인 〈다비드〉를 어린 학생들에게 보여준 것에 대해, "이런 작품을 감상하기에는 자신들의 자녀가 너무 어리다"며 강하게 항의했습니다. 이 과정에서 〈다비드〉를 가리켜 '포르노'라는 표현이 등장하기도 했지요. 문제는 플로리다주의 경우, 성 정체성이나 인종차별에 관한 토론을 금지하는 법안이 통과되면서, 학교 수업에서 '논쟁의 여지가 있는' 주제를 가르칠 경우 사전에 학부모에게 알려야 하는데, 해당 교사가 미리 통지하지 않았다는 것이었습니다. 결국 이 학교의 교장은 이사회를 거쳐 사임을 하게 됩니다.

〈다비드〉가 전시된 피렌체 아카데미아 미술관에는 해마다 수만 명이 이 조각상을 보기 위해 방문합니다. 피렌체에 가면 아카데미아 미술관에 전시된 것 말고도 시청 앞 시뇨리아 광장에서도 〈다비드〉를 만날 수 있습니다. 이처럼 피렌체시가 〈다비드〉를 여기저기 전시한 데는 그만한 이유가 있습니다. 지혜로운 왕인 다비드는 어린 목동시절 돌팔매질로 거인 골리앗을 제압해 나라를 구한 영웅이지요. 1494년 피렌체가 프랑스로부터 공격을 받고 로마와 밀라노, 베네치아 사이에서 외교적인 줄타기로 곤혹을 치르던 시

미켈란젤로, 〈다비드〉, 1504년, 높이 410cm, 대리석, 아카데미아 미술관, 피렌체

기에 다비드처럼 힘과 지혜를 겸비한 영웅이 필요했고, 미켈란젤로는 그런 피렌체 사람들의 염원을 담아 〈다비드〉를 제작한 것입니다.

이탈리아인들은 플로리다사건을 두고, "예술과 포르노도 구분하지 못하는 어처구니없는 일"이라고 비판했지만, 지구촌 곳곳에서 예술과 외설에 대한 논쟁은 여전히 진행 중입니다.

색을 독점하다

- 작가의 컬러와 산업재산권을 둘러싼 다툼 -

'바람의 도시' 시카고를 떠 올리면 가장 먼저 생각나는 조형물이 있습니다. 〈구름문(Cloud Gate)〉입니다. 인도계 영국 작가 카푸어^Anish Kapoor가 스테인리스로 만든 무게 110톤의 초대형 설치미술이지요. '시카고의 강낭콩(the Bean)'으로도 불리는 이 작품은, 이음새 없이 매끈하게 거울처럼 마감된 곡선 형태를 취하고 있습니다. 작품에 비쳐 왜곡되어 보이는 스카이라인은 그 자체가 예술입니다. 보는 각도에 따라 시카고의 하늘과 빌딩 그리고 주변 사람들을 투영하여 감탄을 자아내게 하지요.

　시카고에서 보낸 1년 동안 〈구름문〉을 통해서 본 풍경은 색을 변주하는 스펙트럼 같았습니다. 하늘이 파랗게 끊임없이 펼쳐진 날, 노을로 하늘이 붉게 물든 날 그리고 매서운 강추위로 얼음이 꽁꽁 언 날, 하염없이 온 세상에 눈이 흩뿌리던 날…… 〈구름문〉은 변화무쌍한 시카고의 컬러를 보여줬습니다.

　늘 〈구름문〉 앞에는 저마다 독특한 포즈로 사진을 찍고 있는 사람들로 가득

차 있는데 그 광경은 축제 같습니다. 마치 사랑하는 사람끼리 서로를 응시했을 때 그의 눈동자 안에 내가 있고, 내 눈동자 안에 그가 있듯이, 눈웃음치는 '콩' 안에 제가 있었지요.

세상에서 가장 검은색의 탄생

카푸어는 수은 액체에서 영감을 받아 〈구름문〉을 창작했다고 합니다. 168개의 스테인리스 철판 조각들이 용접되어 이 작품을 구성하는데, 광택이 나는 외부에는 어떠한 가시적인 이음새도 찾아볼 수 없습니다. 멀리서 보면 작품의 닉네임인 강낭콩처럼 친밀하고 귀엽기까지 하지만, 작품에 가까이 다가갈수록 그 위용을 드러냅니다. 그 앞에 가까이 다가서면 거대한 구조에 비례하여 자그마한 자신의 존재를 체감하게 됩니다. 하지만 시카고의 아름다운 풍경 속에서 저역시 그 일부분임을 확인할 때면 오히려 마음이 평온해지곤 했지요.

카푸어, 〈구름문〉, 2004년,
높이 10m, 너비 20m, 깊이 13m,
스테인리스, 시카고

조형물의 하단에는 사람들이 걸어 들어갈 수 있는 터널이 있습니다. 움푹 파인 깊이가 무려 3.7미터로 관람객은 터널을 통과하면서 조형물과 다양한 방식으로 상호작용합니다. 자연을 거스르지 않고 그 속에서 풍경을 담아내는 〈구름문〉을 마주한 관람자는 자신의 모습이 변형되어 작품에 투영되는 순간 오롯이 작품과 내가 물아일체(物我一體)되는 특별한 체험을 하게 되지요. 작가는 말합니다.

"나는 물질을 비추는 반사(reflection)에 관심이 많다. 에트루리아인들(Etruscans)*의 거울에서 현대의 제프 쿤스^{Jeff Koons}에 이르기까지 반사를 주제로 한 작품들이 많은데, 대부분 볼록거울(convex)을 사용했다. 하지만 난 오목거울(concave)을 선택한다. 볼록거울은 위장효과를 내는 반면, 오목거울은 동양에서 말하는 음양 중에서 음에 해당한다. 거울 자체로 머물지 않고 비치는 대상을 거울 안에 가두어 새로운 공간을 끊임없이 만든다……〈중략〉……나는 예술가로서 항상 안료(pigment)에 자극받아 왔다. 안료는 물질인 동시에 일종의 현상이다. 즉 대상이기도 하지만 어떤 측면에서는 대상이 아니다. 비우면 비울수록 더 많은 것이 담긴다. 비운다는 것이 곧 채우는 것이다."

카푸어의 말에서 알 수 있듯이, 그는 미술재료에 상당한 의미를 부여합니다. 특히 안료, 즉 물감의 컬러에 대해서는 과하다 싶을 정도로 집착합니다. 컬러에 대한 카푸어의 지나친 독점욕은 예술계에서 그를 괴팍하고 욕심 많은 천재로 각인시켰습니다. 색을 얻은 대신 사람을 잃은 거지요.

작가에게 컬러란 무엇일까요. 사람의 눈에 보이는 색은 사실 물체가 반사한 가시광선의 파장을 보는 것입니다. 빛의 3원색인 빨강(red), 초록(green), 파랑(blue)을 합하면 백색(white)이 되지만, 색의 3원색은 빛의 2차색으로 청록(cyan),

---

* 고대 로마 공화정 이전에 존재했던 주요 문명으로 지금의 토스카나주, 라치오주, 움브리아주에 해당한다.

자홍(magenta), 노랑(yellow)이고 이 셋을 합하면 블랙(black)이 됩니다. 그런데 블랙은 빛을 흡수하기에 검게 보인다는 점에서 (컬러의 세계에서) 독특한 위상을 차지합니다. 일찍이 다빈치Leonardo da Vinci, 1452~1519가 "블랙은 컬러가 아니다"라고 한 것은 이런 이유에서였습니다.

'빛의 파동이론'으로 유명한 영국의 물리학자 토머스 영Thomas Young, 1773~1829은 "블랙은 아주 극소량일지라도 하얀 빛을 반사한다"라고 했는데요. 블랙이라고 하더라도 모든 빛을 100% 흡수할 순 없다는 얘기입니다. 그 결과 우리는 블랙에서 음영이나 질감을 느낄 수 있습니다.

카푸어는 "가장 어두운 검은색은 우리를 스스로의 내면으로 끌어들이는 힘이 있다"고 생각했습니다. 그가 유독 블랙에 천착한 이유입니다. 카푸어는 세상에서 가장 검은 물질을 자신의 작품 제작에 사용할 의도로 검은 물질 개발에 무려 7~8년 동안 투자했고, 마침내 제품이 완성되자 제조사에 거액을 주고 독점사용권(license)을 구매합니다. 빛을 99.965% 흡수하는 '반타(VANTA)*'라는 제품으로, 영국 기업 서리나노시스템즈(Surrey NanoSystems)가 탄소나노튜브를 이용해 제작했지요. 반타블랙은 머리카락 굵기의 1만분의 1 두께로, 아주 작고 미세한 탄소나노튜브를 수직으로 매우 촘촘하게 배열하면 튜브와 튜브 사이에 빛이 갇혀 버리는 원리를 이용했습니다. 처음에는 기밀을 요하는 인공위성을 위장하는 용도로 쓰였습니다. 열과 물에도 강해 확장성이 커서 천체를 관측하는 망원경 내부에 반타블랙을 입히면 빛의 산란을 막아 별의 관찰을 도울 수 있습니다.

반타블랙은 보통 물감처럼 튜브를 짜거나 피그먼트처럼 가루를 얹는 방식으로 제조되는 것이 아니라 특정 조건에서 열을 가하는 등 복잡한 후공정과

---

*Vertically Aligned Nano tube Arrays의 약자

두 개의 같은 조각상이지만, 반타블랙을 입힌 왼쪽 조각상은 평면으로 보인다
(출처 : Surrey Nanosystems 홈페이지).

기술을 필요로 합니다. 반타블랙은 가시광선뿐만 아니라 사람이 볼 수 없는 자
외선과 적외선까지 흡수하는데요. 경이롭게도 모든 물질을 평면으로 만들어
버립니다. 반타블랙이 입혀지면 마치 블랙홀처럼 보입니다.

컬러냐, 기술이냐……색의 독점사용 논쟁

카푸어는 반타블랙에 대한 독점사용권을 통해 자신을 제외한 다른 예술가는
이 '완벽한 검은색'을 사용할 수 없도록 했습니다. 어떻게 예술가 개인이 컬러
를 독점할 수 있을까요. 그런데 엄밀하게 말하면, 카푸어가 반타블랙이라는 컬
러를 독점한 것은 아닙니다. 반타블랙은 컬러라기보다는 '기술'이기에, 계약자
유의 원칙에 따라 개발회사인 서리나노시스템즈는 카푸어와 독점계약을 맺었
던 것입니다. 독점사용의 대가가 얼마인지는 알려져 있지 않지만, 개발회사는

계약의 독점판매 조항에 구속되므로 구매를 원하는 다른 예술가들에게 제품을 판매할 수 없습니다.

반타블랙의 독점사용에 대한 논쟁은 한동안 미술계를 강타했습니다. 이는 '표현의 자유'를 침해한다는 논란을 일으켰고, 완벽한 검은색에 대한 카푸어의 독점은 그에게 욕심 많고 이기적인 예술가란 이미지를 가져다주었습니다. 이에 반감을 품은 일부 예술가들은 'Black 2.0', 'Black 3.0' 같은 색을 개발하여 해당 제품에 '카푸어 사용금지(Not available to Kapoor)'라는 문구를 붙였습니다. 또 영국 예술가 스튜어트 셈플Stuart Semple은 '세상에서 가장 핑크색다운 핑크(World's Pinkest Pink)'를 필두로 'Yellow', 'Green', 'Blue' 등의 이른바 '세상에서 가장 시리즈'를 개발해 "카푸어만 사용 제외"라고 맞불을 놓기도 했지요.

카푸어나 서리나노시스템즈를 도덕적으로 비난할 수는 있습니다. 다만 그들이 독점계약을 체결한 것을 두고 법적으로 문제 삼을 수는 없습니다. 왜냐하면 어떠한 내용의 계약을 맺을지, 또 누구랑 계약을 체결할지는 민법의 기본원리인 '계약자유의 원칙'에 따라 보장되기 때문입니다. '계약자유의 원칙'이란 계약에 의한 법률관계의 형성은 법률에 저촉되지 않는 한 계약당사자의 자유에 맡긴다는 것으로, 이에는 '계약체결의 자유', '계약상대방 선택의 자유', '계약내용 결정의 자유', '계약방식의 자유'가 포함됩니다. 우리나라 민법에는 별도로 이를 명시하는 규정이 없지만* 계약자유의 원칙은 사적자치의 가장 전형적인 표현으로, '소유권절대의 원칙' 및 '과실책임주의'와 함께 근대 민법의 3대 원칙을 구성합니다. 다만 계약이 선량한 풍속 및 사회질서를 해하거나 불공정한 경우에는 무효가 됩니다(민법 제103조, 제104조). 따라서 카푸어와 서리나

---

* 계약자유의 원칙을 실정법에 명시하는 것은 국가마다 차이가 있다. 가령 프랑스 민법 제1102조는 "누구나 법률에 의하여 정해진 범위 내에서 계약의 체결 여부, 상대방의 선택, 계약의 내용 및 방식 결정에 관하여 자유를 가진다"고 명문화하고 있다.

노시스템즈가 맺은 반타블랙 사용 독점계약을 우리 법체계에 적용할 경우, 그것이 민법 제103조와 제104조에 위배되지 않는 한 유효합니다.

'완벽한 검은색'의 독점사용에 대한 논쟁은 2019년에 가서야 진정됩니다. 2019년 9월 12일 미국 MIT 연구진은 99.995%의 빛을 흡수하여 반타블랙보다 '더 검은' 물질 개발에 성공합니다. 연구진은 위 물질에 이름을 붙이지 않기로 하여 그저 '세상에서 가장 검은 물질'로 불리게 됩니다. MIT 연구진의 개발로 이제 반타블랙은 '세상에서 두 번째로 검은 물질'이 되었지요. 나아가 MIT 연구진은 예술계의 컬러 독점사용 논란을 의식해서인지 자신들이 개발한 물질을 비상업적인 활동에 한해 예술가들에게 제공하기로 결정합니다.

연구를 주도한 브라이언 워들Brian Wardle 교수는, 이 물질이 얼마나 검은지에 대한 실험으로 예술가 디무트 슈트레베Diemut Strebe와 함께 기상천외한 프로젝

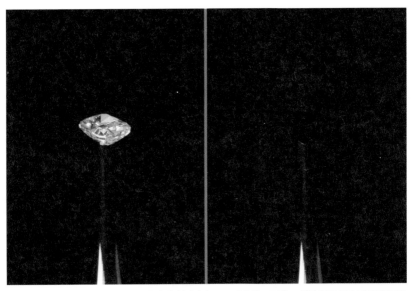

2019년 9월 13일 뉴욕 증권거래소에서 시현한 '리뎀션 오브 배너티' 프로젝트. 왼쪽 천연 옐로 다이아몬드를 MIT 연구진이 개발한 '세상에서 가장 검은 물질'로 코팅하였더니 다이아몬드가 가라지고 주변은 텅 빈 암흑의 공간처럼 보인다.

트를 진행했습니다. '리뎀션 오브 배너티(Redemption of Vanity)'라는 프로젝트로, 200만 달러 상당의 천연 옐로 다이아몬드(16.78 캐럿)를 연구진이 개발한 '세상에서 가장 검은 물질'로 코팅하는 퍼포먼스를 뉴욕 증권거래소에서 시연합니다. 다이아몬드에 그들이 개발한 블랙을 도포하자 200만 달러의 보석은 거짓말처럼 자취를 감춥니다. 겉은 세상에서 가장 검지만 그 속에는 세상에서 가장 화려하게 빛나는 옐로 다이아몬드가 여전히 존재합니다.

이쯤 되니 카푸어의 반응이 궁금합니다. 그는 지난 2022년 베니스의 아카데미아 미술관(Gallerie dell'Accademia)과 팔라초 만프린(Palazzo Manfrin)에서 반타블랙, 즉 '카푸어 블랙'으로 도포한 작품을 처음 공개했습니다. 당시 카푸어의 작품만큼 그의 말이 인상적이었습니다. "회화는 사물에 외관(appearance)을 부여하지만, 나는 사물에 존재하지 않음(disappearance)을 부여해왔다."

카푸어, 〈무제〉, 1990년, 유리섬유 및 안료, 프라다 컬렉션

이 말은 카푸어가 왜 그토록 반타블랙에 집착해 왔는지를 수긍하게 합니다. 그는 세상에서 가장 검은 컬러를 통해서 이른바 '존재하지 않는 사물'을 그리고 싶었던 게 아닐까요. 그는 밝고 화려함만을 추구하는 세상에서 색을 '채우는 예술'이 아니라, 색을 지워서 '비우는 예술'을 완성하기 위해 반타블랙을 사용했는지도 모르겠습니다.

지난 2012년경 한국을 방문한 카푸어가 리움 미술관에서 전시한 'Void 시리즈'가 떠오릅니다. 시리즈의 초기작품 중 하나인 〈무제(Untitled)〉는 짙은 푸른색으로 칠해진 세 개의 반구로 구성되어 있습니다. 카푸어에 따르면, 세 반구의 안쪽은 아무것도 없는 부재인 동시에 비물질적인 세상입니다. 그는 Void 시리즈를 통해 '존재하면서 부재하고, 비움으로써 채워진 존재'의 실체를 규명하고자 했던 것이지요.

떼려야 뗄 수 없는 작가와 컬러의 숙명

'카푸어 블랙'에서 알 수 있듯이 작가에게 컬러란 예술적 수단을 뛰어넘어 하나의 정체성(identity)이 되기도 합니다. 실제로 작가와 컬러는 한데 묶여 연상되어왔지요. 가령 검은색하면 고야와 카라바조가 떠오릅니다. 고흐와 클림트를 빼놓고 노란색을 얘기할 수 없습니다. 초록색은 샤갈, 붉은색은 키르히너가 회자됩니다. 그 가운데 유독 많은 화가들이 집착한 컬러는 파란색, 즉 블루가 아닐까 싶습니다. 청기사파의 마르크와 청색시대를 연 피카소 및 야수파의 마티스 등은 모두 블루와 떼려야 뗄 수 없는 화가들입니다.

청금석이 원료인 블루는 매우 고가의 안료였습니다. 미켈란젤로^{Michelangelo} Buonarroti,1475~1564가 〈그리스도의 매장〉을 끝내 완성하지 못한 건 성모 마리아의 치마를 채색할 파란색 안료를 구하지 못했기 때문이지요. 괴테^{Johann Wolfgang von}

Goethe, 1749~1832는 1810년 펴낸 〈색채론〉이란 책에서 블루에 대한 깊은 통찰을 담아냅니다. 그의 소설 〈젊은 베르테르의 슬픔〉에서 자살한 베르테르가 입은 청색 코트를 따라 입고 목숨을 끊는 젊은이들이 늘어나자, 모방자살을 뜻하는 '베르테르 효과'라는 말이 등장하기도 했지요. 화가들은 블루가 사람의 마음을 잡아끄는 묘한 구석이 있는 컬러임을 간파하고 있었는지도 모르겠습니다. 그래서일까요, 블루도 카푸어처럼 색을 독점하려는 작가가

클라인, 〈IKB3 블루 모노크롬〉, 1960년, 199×153cm, 패널 위 캔버스에 순수안료와 합성수지, 퐁피두센터, 파리

있었습니다. 프랑스 아방가르드 미술의 거장 이브 클라인Yves Klein, 1928~1962입니다. 그는 화학자들의 도움으로 합성수지와 솔벤트를 혼합하여 자신만의 고유한 블루컬러를 개발하여 'IKB(International Klein Blue)'라는 고유명사를 붙여 특허등록합니다. 클라인은 특히 한 가지 색으로만 채색하는 모노크롬(monochrome) 회화에 집중했는데요. 그는 블루를 통해 모든 물리적인 것에서 자유를 추구하며 무한대의 길을 열고자 했습니다. 보이지 않고 들리지 않지만 분명히 존재하는 형이상학적이고 초자연적인 에너지를 표현하는 데 주력했지요.

그의 예술적 실험은 붓 대신 인간의 벗은 몸을 이용하는 데서 절정을 이룹니다. 파리의 한 갤러리에서 여성 누드모델에게 IKB 물감을 묻혀 캔버스

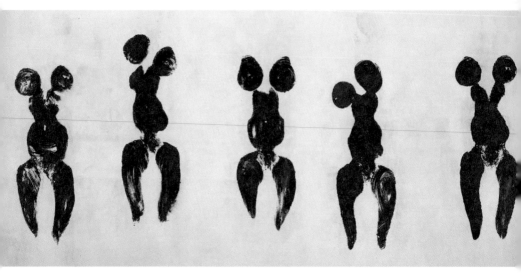

클라인, 〈Anthropometry of the Blue Period, ANT 82〉, 1960년, 156.5×282.5cm,
캔버스에 올린 종이에 순수안료와 합성수지, 퐁피두센터, 파리

에 몸을 눌러 푸른색 자국을 남긴 작품을 선보입니다. 그는 여기에 '인체 측정
(anthropometry)'이라 제목을 붙입니다. 클라인은 한때 일본에서 유도를 배웠던
적이 있는데요. 유도선수들이 매트에 흘린 땀이 신체의 흔적으로 남았던 기억
을 소환합니다. 그리고 히로시마에 원자폭탄이 떨어졌을 때 화염에 그을린 사
람들의 몸이 남긴 흔적에서 영감을 받아 작품에 투영합니다.

합법적으로 독점적 지위를 누리는 컬러

클라인이 왜 그토록 파란색에 집착했는지, 또 그만의 컬러를 통해서 어떤 예
술적 성취를 이뤘는지는 존중받아 마땅합니다. 아울러 그가 개발한 'IKB'라
는 컬러를 특허등록한 것은 예술계를 넘어 법적으로 매우 의미 있는 일이 아
닐 수 없습니다. 특허(patent)란 자연법칙을 이용한 인간의 고도한 기술적 고안

을 특허법으로 보호하기 위한 제도로, 지금까지 없었던 물건 또는 방법을 최초로 발명한 경우 그 발명자에게 주어지는 권리를 말합니다. 특허는 특허청에 출원하면 심사관이 심사하여 등록되는 일련의 절차를 거쳐 발생합니다. 출원일로부터 20년 동안 특허권자 이외의 제3자가 해당 권리를 사용하는 것을 배척할 수 있는 배타적인 권리입니다. 이때 산업상 이용가능성, 신규성, 진보성 등의 요건에 부합해야 하며, 아울러 공서양속에 위배되지 않아야 하지요.

여기서 중요한 것은 카푸어의 반타블랙은 '계약에 따른 독점사용'이 허용된다면, 클라인의 IKB는 특허청이라는 행정청의 행정처분을 통해 독점권이 부여된다는 것입니다. IKB의 특허권은 예술가로서 주어지는 권리가 아니라 일종의 산업재산권입니다.

컬러의 특허권과 관련하여 한 걸음 더 들어가 보도록 하겠습니다. 산업재산권에는 특허권 이외에 상표권, 실용신안권, 디자인권이 있습니다. 상표권은 생산자 또는 상인이 어떤 상품에 붙인 상표를 특허청에 출원·등록하여 부여받은 등록상표를 독점적으로 사용할 수 있는 권리입니다. 실용신안권은 특허권을 인정할 정도에는 미치지 못하는 기술적 발명에 부여하는 배타적인 권리입니다. 디자인권은 물건의 독특한 외관에 부여되는 배타적인 권리로, 역시 특허청에 출원·등록함으로써 발생합니다.

컬러의 경우 특허등록 외에 상표등록을 통해 보호를 받으려는 경우가 있습니다. 여기서 상표(trademark)란 상품을 생산·가공·판매하는 것을 업으로 하는 자가 자기의 업무에 관련된 상품을 타인의 상품과 식별되도록 하기 위해 사용하는 기호·문자·도형이나 이들을 결합한 것을 가리킵니다. 가령 미국의 보석 브랜드 '티파니사(Tiffany & Co.)'는 독특한 블루, 즉 '티파니블루'를 트레이드마크로 합니다. 티파니블루 박스를 보기만 해도 여성들의 심장 박동 수가 상승한다는 흥미로운 통계가 있을 만큼 티파니사의 하늘색은 매우 상징적

입니다.

티파니블루의 컬러는 로빈 새가 낳은 알의 색깔에서 유래했다고 전해집니다. 19세기 영국 빅토리아시대에 치러진 결혼식에서는 신부가 자신을 잊지 말아 달라는 뜻에서 하객들에게 로빈 새의 알 컬러와 동일한 하늘색을 칠한 비둘기 장식을 선물했다고 합니다. 1845년 티파니사가 카탈로그 표지에

티파니사가 상표등록한 티파니블루로 제작한 보석 박스.

바로 이 하늘색을 쓰고, '블루북(Blue Book)'이라고 이름 붙인 게 티파니블루의 효시입니다. 이후 티파니사는 보석을 포장하는 박스나 쇼핑백 등에 티파니블루를 사용해왔습니다. 티파니사는 해당 컬러의 고유한 상징성을 유지하고 보호하기 위해 1998년 상표 등록 및 심사를 통해 '티파니블루'라는 색채상표를 갖게 된 것입니다. 2001년 티파니사는 세계적인 컬러 연구소 팬톤(Pentone)과 함께 아이코닉한 티파니블루 컬러를 기념하는 팬톤 컬러 '1837 블루'를 제작했는데, 숫자 1837은 바로 티파니사의 창립연도를 의미합니다.

컬러를 소유한다는 것

컬러의 상표권은 세계적인 패션 브랜드들의 소송으로 이어지기도 합니다. 아찔하게 높은 굽과 빨간 밑창으로 유명한 프랑스 명품 구두 브랜드 '크리스찬 루부탱(Christian Louboutin, 이하 루부탱)'은 2008년 미국 특허청에 '레드솔'에 대

한 상표를 등록했습니다. 일정기간 동안만 독점권을 허용하는 특허 · 실용신안 · 디자인권과는 달리, 상표권은 주기적인 갱신을 통해 무기한 권리를 보장받을 수 있습니다. 따라서 색채상표로 등록된다는 것에는 해당 컬러의 독점적 사용에 대해 영속적으로 권리를 확보한다는 의미가 있습니다. 루부탱은 미국에 이어 2010년에 네덜란드와 벨기에, 룩셈부르크에서도 상표등록을 마칩니다.

그런데 2011년 프랑스 패션 브랜드 '이브생로랑(YSL)'이 '2011 여름 크루즈 컬렉션'에 루부탱과 유사한 레드솔을 부착한 구두를 출시합니다. 이에 루부탱은 자사의 상표권이 침해되었다면서 맨해튼 법원에 이브생로랑을 상대로 판매 중지 및 일백만 달러의 손해배상 소송을 제기했습니다.

1심 재판부는 "색깔만으로는 상표권의 유무를 판단할 수 없다"며 이브생로랑 편을 들어주었습니다. 이에 루부탱은 불복하여, 페라리(Ferrari)의 레드컬러와 에르메스(Hermes)의 오렌지컬러를 예로 들면서 레드솔은 루부탱의 아이덴티티로, 세상의 모든 레드컬러의 사용에 대해 독점을 주장하는 게 아니라 구두 밑창에 사용되는 레드컬러가 자사의 고유한 것임을 강조합니다. 이에 대해 항소심 재판부는 "구두 밑창의 레드컬러에 대해 루부탱의 상표권을 인정한다"며 루부탱의 손을 들어줍니다. 하지만 재판부는 "구두 전체가 붉은색일 경우에는 상표권 침해가 성립하지 않는다"라고 하면서, "이브생로랑의 해당 제품은 계속 판매할 수 있다"고 했습니다.

루부탱은 이번에는 유럽에서 이를 문제 삼아 2012년 네덜란드의 신발 브랜드 '반 하렌(Van Haren)'을 상대로 유사한 소송을 제기합니다. 쟁점은 상품의 상표가 모양 외에 컬러도 포함되는지 여부였습니다. 즉 루부탱 구두의 레드솔이 상표로서 본질적인 기능을 할 수 있는지에 대해 법원의 판단을 받고자 했던 것이지요. 이에 대해 2018년 유럽사법재판소(ECJ)는 "루부탱의 레드솔은 하이

크리스찬 루부탱의
레드솔 구두(좌)와
이브생로랑이
'2011 여름 크루즈
컬렉션'에 출시한
신상품(우).

에르메스의 오렌지컬러 가방.

페라리의 레드컬러 스포츠카.

힐의 모양에서 독립된 별개의 주체가 아니며, 상품의 모양은 EU법 아래에서 상표로 인정되지 않는다"고 밝혔습니다. 결국 루부탱은 구두 밑창에 사용해온 레드컬러의 독점적 권리를 인정받지 못했습니다.

루부탱은 이에 그치지 않고 아시아에서 2019년 중국의 'Wanlima', 2022년 일본의 'Eizo Collection Co., Ltd.' 등을 상대로도 소송을 제기했는데요. 흥미롭게도 중국에서는 승소한 반면, 일본에서는 패소했습니다. 이처럼 산업재산권 관련 소송은 해당 국가마다 업계 현황이 서로 다르기 때문에 그에 따른 재판 결과도 달라질 수 있는 것이지요.

예술가는 예술가대로, 기업은 기업대로 컬러를 향한 강한 소유욕에는 그만한 이유가 있습니다. 컬러는 예술작품을 탄생시키는 동시에 엄청난 부가가치의 상품도 만들어 냅니다. 관건은 컬러의 독점사용을 주장하려면 그에 합당한 법률적 혹은 시장가치적 근거가 있어야 합니다. 바로 그 컬러가 자신(社)만의 고유한 색임을 '밝혀'내야만 하지요. 그에 따른 예술적 혹은 경제적 효과를 누리려면 반드시 거쳐야 할 통과의례입니다. '색을 밝힐 의무'를 주목해야 하는 이유입니다.

흉물과 예술 사이

- 공공미술의 공익성과 저작인격권의 충돌 -

뉴욕 퀸즈지역 롱아일랜드시티(Long Island City)에는 1892년에 양수기 생산 공장으로 지어졌던 5층짜리 대형 창고건물들이 노후화된 채 방치되어 있었습니다. 2002년경 비영리단체인 Phun Phactory는 건물의 소유자인 부동산 개발업자 워코프Gerald Jerry Wolkoff의 승낙으로, 2십만 평방피트 규모의 공장을 그라피티 아티스트를 위한 레지던시 및 전시공간으로 개조합니다. 이곳은 뉴욕의 5개 자치구가 예술을 위해 모인다는 의미에서 '5Pointz'라는 이름이 붙여집니다.

길거리벽화를 뜻하는 그라피티(graffiti)는 공공장소 및 건물 벽에 허가를 받지 않고 그림을 그리는 행위를 의미합니다. '긁음'을 뜻하는 이탈리아어 'Graffito'와 그리스어 'sgraffito'에서 유래되었지요. Graffito의 복수형 'Graffiti'는 벽 표면을 긁어 만든 드로잉과 이미지를 가리킵니다.

그라피티가 사회문제로 비화된 것은 1960년대 미국에서 흑인 젊은이들이 락카(lacca) 스프레이로 주인의 허락 없이 무단으로 건물 벽에 그림을 그리면서입니다. 신흥부자들이 신도시로 이주하면서 기존 도심은 슬럼화되었는데요. 슬럼 지역에서 생활하던 흑인 젊은이들은 사회 저항을 담은 메시지를 힙합음악이나 그라피티 미술로 표현했지요.

현행법상 그라피티는 타인의 재산권 등을 무단으로 훼손하는 행위로, 거의 모든 나라에서 민사책임을 질 뿐 아니라 형사처벌을 받는 범죄입니다. 즉 우리 형법상 허가를 받지 않은 그라피티는 '재물손괴죄'의 적용을 받게 되지요. 만약 허가 없이 사유지에 들어가 그라피티를 그렸다면 형법상 '건조물침입죄', 2인 이상이 합동하여 그렸다면 '폭력행위 등 처벌에 관한 법률'에 따른 '공동재물손괴죄'까지 성립하여 가중처벌 받을 수 있습니다. 또한 그라피티의 대상이 된 건물(벽) 소유자는 그라피티로 인하여 건물의 효용가치가 떨어졌다는 이유로 그라피티를 그린 자를 상대로 민사상 불법행위에 기한 손해배상을 청구할 수도 있습니다.

범죄와의 전쟁을 선포한 줄리아니^{Rudolph Giuliani} 뉴욕시장은 '깨진 유리창 이론*'을 내세워 1996년부터 3년에 걸쳐 막대한 예산을 쏟아 부어 뉴욕시에 그려져 있는 그라피티를 제거합니다. 사정이 이러하니 합법적으로 그라피티를 그려 전시할 수 있는 5Pointz는 거리의 예술가들에게 오아시스 같은 존재가 아닐 수 없습니다. 5Pointz는 예술가와 관광객들 사이에 소문이 퍼지면서 요즘말로 핫플레이스가 됩니다. 여러 미디어에 소개되는 등 명소로 자리 잡으면서 영화나 광고 촬영장소로까지 각광받게 되지요.

그런데 문제가 발생합니다. 소유자 워코프는 2013년경 롱아일랜드시티가 개발되면서 땅값이 오르자 5Pointz를 부수고 그 자리에 고급 주거용 건물을 짓

---

* 유리창이 깨진 자동차를 거리에 방치하면 법과 질서가 지켜지지 않고 있다는 메시지로 읽혀서 더 큰 범죄로 이어질 가능성이 높다는 이론이다. 즉 일상생활에서 경범죄가 발생했을 때 이를 제때 처벌하지 않으면 강력범죄로 발전할 수 있음을 경고하는 의미를 담고 있다.

는 개발제안서를 뉴욕시의회에 제출합니다. 시의회는 4억 달러 규모의 이 개발 프로젝트를 승인하지요. 5Pointz를 철거한다는 소식이 알려지자, 그라피티 예술가들은 크게 반발하여 격렬한 시위와 함께 뉴욕 동부연방법원에 철거 중지 가처분신청을 냅니다. 하지만 법원은 예술가들의 가처분신청을 기각합니다. 이에 힘입어 워코프는 5Pointz에 대한 접근을 금지한 뒤 아티스트들에게는 아무런 통지 없이 하룻밤 사이에 5Pointz의 그라피티에 백색 도료를 칠합니다. 이른바 '화이트워싱(whitewashing) 사건'은 그렇게 벌어집니다. 5Pointz의 철거로 인해 작품들이 파괴될 경우 여론의 반발을 우려한 꼼수였지요. 화이트워싱이 있은 뒤 얼마 지나지 않아 5Pointz는 결국 철거됩니다.

뉴욕 그라피티의 메카
'5Pointz' 전경

5Pointz 건물 벽면에 그라피티를 그린 예술가들은 작품의 계획적인 파손 및 이로 인한 정신적 고통을 호소하며 워코프에게 손해배상을 청구합니다. 예술가들은 사전에 건물 철거계획을 알려줬다면 미리 그라피티를 사진이나 동영상으로 찍어놓았을 거라며 분통을 터트렸지요. 워코프의 악의적인 훼손으로 작품을 기록해 둘 기회마저 박탈당했다는 겁니다. 예술가들은 1990년 제정된 '시각예술가권리법(Visual Artists Righrs Act : VARA)'을 근거로 작가의 명예를 훼손하는 작품의 고의적 왜곡이나 파손행위는 용인되어선 안 된다고 설파합니다. 미술품 전문감정인들은 5Pointz 건물 벽면을 장식한 그라피티들이 수준 높은 예술적 감각으로 그려졌음을 증언합니다. 아울러 '스프레이 아트(spray art)*'의 성지가 된 5Pointz의 장소적 의미를 강조합니다.

2018년 2월 12일 뉴욕 동부연방법원은 5Pointz 건물 벽면을 장식한 45점의 그라피티들이 인지도 있는 작품임을 인정합니다. 이에 따라 위 작품을 의도적으로 훼손한 워코프로 하여금 피해를 입은 예술가들에게 손해를 배상하라고 판결하지요. 워코프는 불복합니다. 예술가들은 5Pointz 건물이 언젠가 철거될 것임을 알고 있었기 때문에 그들의 작품이 훼손될 것을 예상했어야 한다며 항소합니다.

2020년 2월 20일 제2순회연방항소법원은 워코프의 항소가 이유 없다며 원심판결을 만장일치로 확정합니다. 즉 워코프로 하여금 45점의 작가들에게 각각 15만 달러(총 675만 달러) 및 변호사 비용 200만 달러를 배상하라고 판결합니다.** 이는 미국에서 그라피티 예술가들이 법적으로 자신의 권리를 인정받

---

* 그라피티 예술가들이 벽면에 스프레이 페인트로 그림을 그리는 행위를 가리킨다.
** Castillo et al. vs. G&M Realty L.P. (2020)

건물 소유자 워코프의 화이트워싱으로 훼손된 5Pointz 그라피티들.

은 최초의 판결이었습니다.

    법원은, 그라피티가 그려진 건물의 소유자가 저작자의 동의 없이 해당 작품을 훼손한 행위는 '시각예술가권리법'상 이른바 '동일성유지권' 침해라고 봤습니다. 이 판결을 통해 그라피티가 다른 미술작품과 똑같이 연방법으로 보호받을 가치가 있음이 확인된 것이지요. 이 사건에서 특히 문제가 됐던 건 건물 소유자 워코프가 철거에 앞서 저지른 화이트워싱입니다. 즉 건물의 철거로 인한 작품 파괴행위에 대해서는 법리를 좀더 따져봐야 하지만, 화이트워싱은 명백한 저작인격권 중 하나인 동일성유지권 침해라는 것입니다.

예술작품에도 인격이 존재한다

예술가는 창작 과정에서 자신의 가치관 등을 작품에 투영합니다. 작품을 통해 예술가로서의 인격을 발현한다고 할 수 있지요. 저작자인 예술가가 자기의 저작물에 대하여 가지는 인격적 이익의 보호를 목적으로 하는 권리를 가리켜 저작인격권(droit moral, moral rights)이라고 합니다. 저작물을 이용하여 경제적 이익을 추구할 수 있는 권리인 저작재산권과 구별됩니다.

저작인격권은 생소한 개념 같지만 역사가 짧지 않습니다. 프랑스는 일찍이 18세기부터 저작인격권을 자연법적 권리 중 하나로 인정해오고 있습니다. 아울러 1928년 로마에서 개정된 베른협약 제6조의2, 1948년 세계인권선언의 '저작자의 정신적 이익 보호' 및 1966년 스위스 제네바에서 열린 세계저작권기구(WIPO) 회의에서 채택된 저작권조약 등을 통해 그 지위가 국제적으로까지 확립되었지요. 우리나라 저작권법도 저작인격권을 명시하고 있는데요. 공표권(제11조), 성명표시권(제12조), 동일성유지권(제13조)이 여기에 해당합니다.

성명표시권(Right of Attribution)은, 쉽게 말해 내 작품은 내가 만들었다는 표시를 요구할 수 있는 권리입니다. 집필한 책에 저자의 이름이 새겨지듯이, 저작자는 자신의 작품에 이름을 표시할 수 있을 뿐 아니라, 필요에 따라 익명을 유지하거나 가명을 사용할 수도 있습니다.

동일성유지권(Right of Integrity)은 저작물의 완전성을 존중받을 권리인데요. 이에 따라 저작자는 초기저작물을 형식적으로나 내용적으로 변경할 가능성이 있는 수정과 삭제 및 추가에 대해 이의를 제기할 수 있습니다.

공표권(Right of Disclosure)은 오직 저작자만이 자신의 저작물을 공개할 수 있는 권리를 뜻합니다. 여기에는 저작자의 저작물이 처음으로 전달되는 시간과 방식을 결정할 권리를 포함합니다. 공표권은 저작권법상 저작권 존속기간의 기산점이 되고, 저작재산권의 제한을 받은 저작물이나 저작물 이용의 법적 허락의 기준이 된다는 점에서 특히 중요합니다.

저작인격권은 저작자가 사망하거나 경제적 권리(저작재산권)가 소멸된 후에도 유지됩니다. 따라서 저작자는 저작물이 공개 도메인에 속하는 경우에도 저작인격권을 행사할 수 있습니다. 또한 저작자는 자신의 저작인격권을 포기하거나 그 행사를 제3자에게 양도할 수 없습니다. 저작물이 존재하는 한 저작물의 이용 여부에 관계없이 저작자 및 상속인 등은 저작인격권을 행사할 수 있습니다.

'5Pointz 사건'처럼 벽화에 대해 저작인격권 중 동일성유지권을 다룬 판결은 우리나라에서도 있었습니다. 통일부는 2005년 3월 원로 작가 이반[1951-2022]에게 도라산역 통일 문화광장에 남북교류협력의 현실 및 통일의 미래에 대한 희망을 줄 수 있는 작품을 창작해 달라고 의뢰합니다. 작가는 2년 동안 벽면과 기둥에 만해 한용운 선생의 생명사상을 형상화하여, 아크릴 페인팅, 드로잉, 포토, 콜라주, 설치, 영상 등 다양한 조형 방법으로 15폭의 벽화를 완성합니다. 전체를 하나로 연결하면 길이 100여 미터(폭 2.8미터)에 달하는 대형 벽화였지요.

그런데 이곳을 방문하는 관광객들 사이에서 해당 벽화를 두고 "색상이 어둡고 난해하며 무당집 분위기를 조성한다"는 등의 비판적 주장들이 잇따랐습니다. 갈수록 부정적 여론이 커지자 통일부는 2010년 4월 설문조사를 실시했는데, '교체·보완' 의견이 80%에 달했습니다. 전문가들도 "밝은 정서와 평화를 상징하는 그림으로 교체해야 한다"는 견해를 냈지요. 이에 따라 정부는 2010년 5월에 작가에게 사전통보도 없이 해당 벽화를 철거한 뒤 소각해 버립니다.

작가는 사전통보 없이 벽화를 소각·폐기한 행위는 '동일성유지권'을 침해한 것이라고 하여 정부를 상대로 3억 원의 손해배상을 청구합니다. 이에 대해 1심 법원은, 계약에 따라 정부가 소유권을 가졌기 때문에 저작물 철거에 대한 사전협의나 동의를 구해야 할 의무가 없다고 판결합니다.* 작가는 이에 불복하여 항소합니다. 2심 법원은, 벽화를 철거하고 소각한 것은 작가가 예술창작자로서 갖는 인격적 이익을 침해한 것이라고 하면서, 헌법 제22조 제1항에서 모든 국민은 학문과 예술의 자유를 가지고 예술가의 권리는 법률로 보호한다는 규정을 근거로 듭니다.** 이 소송은 상고심까지 이어졌는데요. 대법원은, 원고에게 위자료 일천만 원을 지급하라며 원고 일부승소로 판결한 원심을 확정합니다. 대법원은 "역사적·시대적 의미가 있는 경의선 도라산역이라는 장소에 국가의 의뢰로 설치한 벽화가 상당기간 전시되고 보존될 것이라는 작가의 기대를 인정"합니다. 아울러 "이런 상황에서 적법한 절차를 생략한 채, 단기간에 철거될 경우 예술가로서 작가가 갖는 명예감정, 사회적 신용이나 명성 등이 피해를 볼 수 있다***"는 원고의 주장을 받아들이지요. 이 판결은 저작자의 동일성유지권, 즉 저작인격권에 대해서 대법원이 처음으로 판단기준을 제시한 것으로 상징적인 의미가 있습니다.

설치장소를 이전해도 저작권이 침해된다?!

도라산역 벽화 판결은 동일성유지권 뿐 아니라 정부 및 지자체가 주도해서 설치한 이른바 '공공미술'에 대한 저작인격권 보호 범위와 관련해서도 중요한 의미를 담고 있습니다. 그런데 40여 년 전 이와 유사한 사례가 미국 뉴욕에서도 있었습니다. 1981년 미국의 추상 설치미술가 리처드 세라Richard Serra, 1938-2024는 미국 연방조달청의 의뢰로 뉴욕 맨해튼 연방정부청사 광장의 중앙을 가로지르는 거대한 설치미술 작업에 들어갑니다. 길이가 무려 36미터(높이 3.6미터)에 달하고 무게가 73톤이나 되는 강철조각판의 명칭은 〈기울어진 호

---

* 서울중앙지방법원 2012. 3. 20. 선고 2011가합49085 판결
** 서울고등법원 2012. 11. 29. 선고 2012나31842 판결
*** 대법원 2015. 8. 27. 선고 2012다204587 판결

(Tilted Arc)〉입니다.

　이 작품은 연방정부 건물을 지을 경우 건축비용의 0.5%에 해당하는 금액을 공공미술작품 설치에 지출해야 한다는 법에 따라 제작되었습니다. 총 제작비만 17만5,000달러가 소요되었지요. 그런데 〈기울어진 호〉가 완성되자 통행에 불편을 준다는 항의와 함께 철거를 요구하는 민원이 빗발칩니다. 뉴욕 시민들은 "이 작품이 도시 경관뿐 아니라 작품이 놓인 광장의 기능을 방해하고 있다"고 불만을 토로합니다.

　시민들의 원성이 갈수록 커지자 공공시설국은 1985년 세라에게 위 작품을 다른 장소로 이전할 것을 제안합니다. 하지만 작가는 "작품을 다른 장소로 옮기는 것은 작품 자체를 파괴하는 일"이라며 완강히 거부합니다. 세라는 이 작품이 반드시 연방정부청사 광장에 있어야 한다고 주장합니다.

　〈기울어진 호〉처럼 특정한 장소에 특별한 의도로 설치한 작품을 가리켜 '장

세라, 〈기울어진 호〉, 1981년, 높이 3.65m, 길이 36.5m, 무게 73톤, 강철 소재, 뉴욕 연방정부청사 광장

소특정형 미술(Site-specific Art)'이라고 합니다. 이러한 미술작품을 설치하는 목적은, 관람자의 관념적 경험을 작가가 주변 환경을 통해 재구성하는 데 있습니다. 이를 바탕으로 세라의 창작의도를 정리하면 다음과 같습니다.

첫째, 연방정부청사 광장을 가로지르는 강철벽이 통행과 시야의 불편함을 가져옴에 따라 시민들은 별생각 없이 지나다니던 공간에 생긴 장애물을 중심으로 그 장소와 자신의 움직임에 대해 생각해보게 된다.

둘째, 이 작품을 중심으로 하나의 광장을 분수가 있는 공간과 건물에 가까운 공간으로 나눔으로써, 시민들은 완전히 분리된 두 공간에서 서로 다른 경험을 누릴 수 있다.

셋째, 이 작품을 통해 시민들은 심리적으로 억압적인 권력을 경험하게 된다. 연방정부청사가 있는 넓은 광장의 중심에 거대한 강철벽을 세워 시민들의 시야를 방해하고 동선을 가로막음으로써 부당한 공권력의 행사로 초래되는 끔찍한 상황에 대해 경각심을 갖게 된다.

찬반논쟁은 공청회와 TV토론으로까지 이어졌습니다. 대체로 예술계 종사자들은 세라의 주장에 동조했습니다. 즉 〈기울어진 호〉와 같은 장소특정형 미술을 원래의 위치에서 다른 데로 옮기는 것은 작품을 훼손하는 것과 마찬가지라는 겁니다. 아울러 실험적인 예술작품이 대중에게 인정받기까지는 어느 정도 시간이 필요하다고도 했지요. 반면 일반 시민들은 이 작품이 자신들의 휴식처인 광장을 침해했다고 질타했습니다.

여론이 두려운 연방정부는 작품을 옮기는 쪽으로 결론을 내립니다. 여기에 해당 작품은 치안당국이 설치한 감시카메라의 작동을 가로막아 마약거래상들에게 좋은 거래처를 제공할 뿐만 아니라 폭탄 테러에도 취약하다는 이유를 보탭니다.

결국 이 다툼은 법원으로 향합니다. 세라가 철거 제안을 거절하면서 소송을 제기하지요. 법원은 세라의 장소특정형 미술이라는 주장에 대해서 작품이 공공의 장소인 광장에 있어야 한다면 광장이 가진 공적인 기능도 고려되어야 하는데, 해당 작품은 그렇지 않다고 했습니다. 따라서 〈기울어진 호〉를 장소특정형 미술로 볼 수 없기 때문에 설치장소를 옮겨도 무방하다고 판결하지요. 아울러 작가는 계약에 의해 작품의 소유권을 정부에 넘겼으므로 작품을 옮길 권리는 정부에 있다고 했습니다. 이로써 〈기울어진 호〉는 1989년 3월 15일 밤에 철거되고 맙니다.

파리 에펠탑과 서울 스프링을 바라보며

뉴욕의 〈기울어진 호〉를 둘러싼 소송보다 십여 년 앞선 1970년대에 파리에서는 예술가들에게 매우 전향적인 판결이 나왔습니다. 1970년대 초 자동차 회사 르노(Renault)는 파리 중심부에서 8킬로미터 떨어진 불로뉴비양쿠르에 위치한 공장을 현대화할 계획을 세웁니다. 르노는 공장 안뜰에 예술작품을 설치하기로 결정하고 1973년 아르 브뤼(Art Brut)*의 창시자 장 뒤뷔페Jean Dubuffet, 1901~1985에게 프로젝트를 맡깁니다.

　뒤뷔페는 공장 직원들의 휴식처인 여름 라운지를 상상하여, 흰색·파란색·검은색의 폴리우레탄으로 칠해진 합성수지 벤치 및 나무와 구름 세트를 구현할 '여름 정원' 설계안을 만들어 의뢰자인 르노 측으로부터 승인을 받습니다. 그런데 구조물 설치 과정에서 방수 위험 및 견고성 부족 등 여러 문제가 발생하면서 프로젝트 진행에 차질이 생깁니다. 이에 대해 뒤뷔페는 다양한 해결책 마련은 물론, 작업에 드는 추가 비용을 스스로 조달할 의사가 있음을 르노 측에 전달합니다. 하지만 뒤뷔페의 노력에도 불구하고 르노 경영진은 작업을 중단할 것을 지시한 다음 해당 시설을 철거한 뒤 그 위에 잔디와 콘크리트로

덮겠다고 통보하지요.

뒤뷔페는 분노하여 르노를 상대로 소송을 제기합니다. 1975년부터 1983년까지 무려 8년간의 우여곡절 끝에 프랑스 최고법원인 파기원은 르노에게 원래 계약에 따라 구조물을 설치할 것을 허용하여 예술가의 저작인격권을 존중하라고 판결합니다.[**] 이 판결은 '미완성된' 예술작품에 저작인격권을 적용한 선례를 남겼다는 데 의미가 있습니다. 뒤뷔페는 비록 승소했지만 해당 프로젝트 진행을 거부합니다. 그럼에도 뒤뷔페가 긴 세월 동안 소송을 중단하지 않았던 이유는 예술가의 명예(인격)를 되찾고 싶었기 때문입니다.

서울 청계광장에 세워진 〈스프링(Spring)〉을 둘러싼 논란은 공공미술의 의미를 되돌아보게 합니다. '공공미술'이란 일반 대중에게 공개된 장소에 설치 및 전시되는 작품을 가리킵니다. 공익성, 아름다움, 실용성과 함께 설치 지역을 상징하는 랜드마크로서의 가치를 함께 지녀야 하지요.

〈스프링〉은 서울시가 미국 작가인 올덴버그[Claes Thure Oldenburg, 1919~2022]와 브루겐[Coosje van Bruggen]에게 의뢰하여 세워진 공공미술입니다. 총 제작비 34억 원 전액을 KT에서 기부했지요. 개천에서 샘솟는 물을 표현한 〈스프링〉은 높이 20미터, 지름 6미터, 무게 9톤에 이르는 거대한 조형미술입니다. 외관은 짙은 붉은색과 푸른색으로 도색되어 있고 안쪽은 크림색을 띠는데요. 해가 지면 조명장치를 통해 작품 앞의 연못에 조형물의 입구가 보름달처럼 비칩니다.

그런데 〈스프링〉은 선정 당시부터 문화단체 및 미술계 인사들 사이에서 논란이 끊이질 않았습니다. 작가의 상업주의 성향이 청계천 복원정신과 어울

---

[*] 거칠고 조야한 미술이란 의미로, 아마추어 화가나 어린이, 정신장애인 등 사회적 약자들이 창작한 미술작품에 매료된 뒤뷔페는 이 작품들을 새로운 방식으로 재구성하여 주목을 받았다. 그는 현대 문명의 획일성과 사회적 규범에 저항하면서 예술적인 문화에 오염되지 않은 사람들이 창조한 '날 것' 그대로의 다듬지 않은 미술이야말로 훨씬 더 진실한 모습을 보여준다고 여겼다.

[**] Régie Renault c/ J.-Philippe Dubuffet, Cour de Cassation, 16 March 1983, 117 RIDA July 1983, p. 80.

올덴버그, 브루겐, 〈스프링〉, 2006년, 청계천광장, 서울

리지 않고, 풍수지리적으로 사대문 안에 뾰족한 형상이 적합하지 않다는 이유에서였지요. 논란에도 불구하고 〈스프링〉은 자리를 지키고 있습니다. 심지어 외관의 컬러 손상 및 부식이 심해지면서 설치된 지 11년 만인 2017년에 재도색 작업까지 이어졌지요.

광화문을 지날 때마다 많은 시민들이 〈스프링〉 앞에서 기념 촬영을 하거나 동전을 던지는 모습을 보면, 예술계 전문가들과 일반인들의 시선은 분명 다르구나 하는 생각이 들기도 합니다. 또 세월이 흐르면 예술작품에 대한 평가가 변하기도 합니다. 지금은 파리의 랜드마크가 된 에펠탑이지만 처음 세워진 1889년 당시만 해도 수많은 파리지앵들에게 흉물이란 지탄을 받았지요. 〈여자의 일생〉으로 유명한 소설가 모파상^{Guy de Maupassant, 1850~1893}은 에펠탑을 보고 싶지 않아 일부러 에펠탑 안의 레스토랑 '쥘 베른'에서 식사를 했다는 후일담도 있습니다. 파리 어디에서도 보이는 에펠탑을 보지 않으려면 파리를 떠나든지 아니면 에펠탑 안으로 들어가야 하지요.

거대한 공공미술의 설치는 기획단계에서 공청회를 비롯한 철저한 여론 수

렴이 중요합니다. 설치비용도 만만치 않지만 시민들의 비판 여론을 견디지 못하고 철거로 이어져 소송으로까지 번지면 적지 않은 사회적 비용을 감내해야 합니다. 한편으론 일반 대중이 원하지 않는 공공미술은 공공미술로서의 자격이 있는지 되묻게 됩니다. 아울러 저작인격권은 존중받아 마땅하지만, 이로 인해 공공미술을 영구적으로 존치해야 하는 건 또 다른 문제가 아닐 수 없습니다. 따라서 설치 전 단계에서 계약을 통해 존치기간 및 수리·보존에 따른 세부 약정을 마련해 둘 필요가 있습니다. 이 경우 계약서상에 저작인격권의 본질을 침해할 우려가 있는 조항이 있는지도 꼼꼼하게 살펴봐야 하겠습니다.

재주는 작가가 부리고
돈은 누가 챙길까

- 추급권의 과거와 현재 그리고 미래 -

경제적으로 어려움에 처한 두 친구가 곰 사냥을 떠났습니다. 그들은 이틀 안에 곰을 잡아야 합니다. 상인에게 곰가죽을 넘기기로 하고 그 대가를 미리 받았기 때문이지요. 숲을 헤매던 두 친구는 이윽고 커다란 곰과 마주칩니다. 순간 곰을 잡아야겠다는 마음은 사라집니다. 한 친구는 나무 위로 올라갑니다. 그리고 다른 친구는 땅에 엎드려 죽은 시늉을 합니다. 우여곡절 끝에 두 친구는 가까스로 위기를 모면합니다. 그리고 '곰을 잡기 전에는 곰을 팔지 말라'는 교훈을 뼛속 깊이 깨닫지요.

　　프랑스의 우화작가 라 퐁텐Jean de La Fontaine, 1621~1695의 〈곰과 두 친구〉 이야기로 글을 시작하는 이유는 100여 년 전 프랑스에서 활동했던 어떤 미술품 컬렉터 모임 때문입니다. 흥미롭게도 모임의 이름은 '곰가죽(la Peau de l'Ours) 클럽'이었습니다.

세상에서 가장 의로운 컬렉터들

1904년 프랑스의 선박회사 회장인 앙드르 르벨Andre Lebel, 1863~1946은 평소 무명의 실력 있는 예술가들에게 깊은 호감이 있었습니다. 그는 경제적으로 어려운 예술가들을 돕고, 더불어 그들의 멋진 작품들을 구입해 감상하는 즐거움을 만끽하는 후원자가 될 수 있을까 고민했지요. 그러던 중에 예술적 안목이 뛰어난 화상 앙부르아즈 볼라르Ambroise Vollard, 1866~1939와 인연을 맺게 됩니다. 볼라르는 당시 몽마르트를 중심으로 활동하던 무명 화가들과 교류하며 아방가르드 미술의 후원자 역할을 해왔지요.

르벨은 그의 형제와 지인들 14명으로부터 해마다 각자 250프랑(현재 기준 약 1,400만 원)의 회비를 걷어 볼라르가 추천한 젊고 재능 있는 예술가들의 작품을 10년간 꾸준히 구입합니다. 이 작품들은 제비뽑기로 회원들이 돌아가며 자신들의 집에 소장하다 10년 후 일괄 경매를 통해 판매하기로 합니다. 지금으로 하면 이른바 사모펀드 형태의 '아트 재테크'라 하겠습니다. 그리고 이 투자클럽의 이름을 앞서 밝힌 '곰가죽 클럽'이라 붙입니다. 곰을 잡기 전에 곰가죽의 값을 치른 라 퐁텐의 우화처럼 아직 작품의 투자대가인 수익이 돌아오기 전에 미리 작품을 사 둔다는 의미에서였지요.

르벨을 비롯한 회원들은 곰가죽 클럽의 목적이 무명의 젊은 예술가들을 지원하는 데 있었기에 10년 후 작품을 일괄 경매했을 때 손해가 날 수도 있음을 감수하고 있었습니다. 10년 동안 곰가죽 클럽이 구입한 작품은 모두 60여 작가의 400여 점에 달했는데요. 그 목록에는 당시 무명이었던 피카소·마티스·고갱·세잔·피사로는 물론 고흐의 작품도 있었습니다.

드디어 10년이 지난 1914년 3월 2일 파리 드루오 호텔에서 2시간 여 동안 '곰가죽 클럽 컬렉션'의 경매가 진행되었는데요. 경매는 대성공이었습니다.

피카소, 〈곡예사 가족〉, 1905년, 229x212cm, 캔버스에 유채, 워싱턴D.C 내셔널 갤러리

이미 컬렉션의 작품들에 깊은 애정을 가졌던 회원들을 비롯해 수많은 미술 애호가들이 입찰에 참여했습니다. 이 날 경매의 스타는 단연 피카소^{Pablo Picasso,}^{1881~1973}였지요. 1908년 1,000프랑에 구입한 피카소의 〈곡예사 가족〉은 1만 2,650프랑으로 12배 이상 수익을 거뒀습니다. 지금 피카소 작품들의 경제적 가치를 생각하면 1만2,650프랑은 턱없이 소액이지만, 당시만 해도 피카소는 생활고에 허덕이는 무명작가였지요.

〈곡예사 가족〉은 무명의 피카소가 평단으로부터 주목을 받는 계기가 된 그림입니다. 황량한 벌판에서 6명의 서커스 단원들이 허공만 응시하고 있습니다. 피카소는 안식처 없이 몽마르트 주변을 떠돌 수밖에 없었던 자신의 처지를 서커스 단원들을 통해 캔버스에 투영했습니다. 재능을 알아봐주지 않는 세상에서 소외받는 예술가들은 황량한 벌판으로 내몰린 서커스 단원들과 다르지 않았습니다.

피카소뿐 아니라 마티스·고갱·세잔·피사로 등의 화가들은 곰가죽 클럽 컬렉션 경매가 성황리에 끝나면서 유명세를 타기 시작합니다. 그들의 작품가격도 덩달아 상승하지요. 곰가죽 클럽은 경매가 끝나자 약속대로 경락대금의 20%를 화가들에게 지급합니다. 곰가죽 클럽은 이미 10년 전에 화가들에게 작품값을 치러줬지만, 경매를 통해 가격이 오르자 그 상승분에 해당하는 대가를 추가로 지급한 것입니다. 법학에서는 이를 '추급권(追及權, droit de suite)'이라고 부릅니다. 화가가 타인에게 판 작품이 경매 등을 통해 다른 이에게 재판매될 때 그 대금 중 일부를 작가나 해당 저작권을 가진 유족이 배분받을 수 있는 권리를 말합니다.

아무튼 곰가족 클럽을 계기로 프랑스에서는 작품가격 상승으로 인한 수익이 작가에게 돌아가야 한다는 개념이 형성됩니다. 라 퐁텐의 우화 속 친구는 곰이 나타나자 나몰라하고 나무 위로 도망쳤지만, 곰가죽 클럽의 컬렉터들은 예술가 친구들과의 신의를 지킨 것이지요.

밀레 대신 돈을 번 미국인들

곰가죽 클럽이 작가들에게 보여준 호의가 당장 추급권이라는 제도로 정착된 건 아니었습니다. 작가들에게 추급권이 인정될 경우 수많은 화상과 컬렉터들이 지갑을 열어야 했기 때문이지요. 1920년경 〈파리지앵〉이라는 신문 1면에

A l'Hôtel des Ventes
(At the Auction Office)

— Un Tableau de papa !

1920년 〈파리지앵〉 1면에 게재된 포랭의 카툰.

실린 한 카툰은 화상과 컬렉터들의 주머니를 법적으로 열어젖히는 단초를 제공합니다. 경매장 안에서 검은 모자를 쓴 사람들이 고액에 팔려나가는 그림 앞에 모여 웅성이고 있습니다. 그런데 경매장 밖에서 누더기 옷을 입은 한 아이가 다른 아이에게 속삭입니다. "저거 우리 아빠 그림이야(Un Tableau de Papa)."

하원의원 헤세André Hesse,1874~1940는 프랑스 인상파 화가이자 판화가인 포랭Jean-Louis Forrain,1852~1931이 그린 카툰을 보는 순간 화가들의 권익을 떠올립니다. 그리고 의회로 향하지요. 1920년 5월 20일 추급권은 그렇게 법제화됩니다. 당시 프랑스 정부가 추급권을 도입한 것은 제1차 세계대전으로 사망한 예술가들의 유가족을 돕기 위한 조치의 일환이기도 했습니다.

이러한 작가의 추급권은 프랑스 민법상 담보물권의 법리에 근거합니다. 즉 목적물에 저당권이 설정되면 저당권자는 (목적물이 부동산일 경우) 등기함으로서 물권자임을 공시하고, 저당권의 목적물 소유자가 변경되더라도 저당권자의 저당권은 목적물에 부착된 것이므로 여전히 존재하여 새로운 소유자인 매수인에게도 저당권을 행사할 수 있습니다. 마찬가지로 작가는 작품의 소유권자가 바뀌더라도 변경된 소유권자(매수인)에게 자신의 권리를 좇아가서 주장할 수 있습니다.

추급권은 사실 곰가죽 클럽 컬렉션 경매가 있기 전부터 회자되었습니다. 19세기 프랑스 바르종파를 대표하는 사실주의 화가 밀레Jean François Millet, 1814~1875가 그린 〈만종〉의 판매가격에 얽힌 에피소드는 추급권을 소환합니다. 밀레가 1860년 1,000프랑에 팔았던 〈만종〉은 그로부터 30년이 지난 1890년에 80만 프랑에 재판매되었다고 알려져 있는데요. 당시 상황을 자세히 들여다볼 필요가 있습니다.

1860년 당시 밀레는 물감을 살 돈조차 없는 가난한 화가였습니다. 이를 안타깝게 여긴 화상은 그림을 인수하는 조건으로 밀레에게 1,000프랑을 지원합니다. 인수 대상 그림이 바로 〈만종〉이었던 거지요.

밀레가 사망한 뒤 예술가로서 재조명이 이뤄지면서 그의 작품들에 대한 가치가 급상승하자 〈만종〉의 가격도 천정부지로 오릅니다. 하지만 〈만종〉의 소유권은 미국의 아카데미 미술협회로 넘어가 있었습니다. 그러자 프랑스 정부는 모금활동까지 벌여가며 〈만종〉을 고국으로 가져오려 했지만 역부족이었습니다. 그때 프랑스의 백화점 재벌 쇼사르Alfred Chauchard, 1821~1909는 미국에 80만 프랑이란 엄청난 대가를 지불하고 이 작품을 다시 사들입니다. 쇼사르는 유언으로 〈만종〉을 포함해 150점 이상의 회화와 조각품으로 이뤄진 '쇼사르 컬렉션'을 루브르 박물관에 기증합니다.

밀레, 〈만종〉, 1859년, 55.5×66cm, 캔버스에 유채, 오르세 미술관, 파리

이후 〈만종〉은 오르세 미술관으로 옮겨졌는데요. 쇼사르가 사들인 이후에는 단 한 번도 거래가 이뤄지지 않았지만, 현재 〈만종〉의 가격은 책정조차 어려울 정도로 상상을 초월한다고 알려져 있지요.

그런데 쇼사르가 〈만종〉을 사들일 당시 밀레의 유족들에게는 단 한 푼도 돌아간 게 없었습니다. 그들은 여전히 가난했지요. "명작을 남긴 건 화가인데 엉뚱한 사람들만 돈을 번다"는 불평이 터져 나왔지만, 그때는 아쉽게도 추급권이란 제도로까지 이어지진 못했습니다.

제2차 세계대전 이후 추급권은 국제조약으로까지 확장됩니다. 1948년 베른협약은 제14조의3에서 "저작자는 미술작품을 양도한 후에 이루어진 매매의 이익에 관여할 수 있는 양도불능의 권리를 향유한다"고 명시합니다. 프랑스는 추급권에 따른 예술가들의 수혜 범위를 좀더 구체적으로 규정합니다. 1957년 프랑스 지적재산권법전(CPI 제L. 122-8조)은 추급권에 대해 미술시장 전문가가 판매자 역할을 하는 경우, 작품이 프랑스 영토에서 연속적으로 재판매될 때마다 예술가와 그 수혜자에게 일정 비율의 수익을 지급해야 한다고 밝힙니다. 이어 당시 100프랑을 넘는 작품이 재판매되는 경우 거래가액의 3%를 작가에게 지급하도록 명시합니다. 따라서 작가나 그 상속인은 수년에 걸쳐 저작물의 가치 상승으로 인한 혜택을 누릴 수 있습니다. 다만 추급권의 양도는 금지합니다. 독일도 1965년 저작권법을 전면개정하면서 추급권(Folgerecht) 조항을 신설합니다. 500마르크 이상의 미술작품이 화상이나 경매자를 통해 거래된 경우 거래가액의 1%를 작가에게 지급하도록 규정하지요.

밀레니엄시대를 맞아 추급권은 서구 미술시장의 글로벌 스탠더드가 되었습니다. EU는 '2002 EU 재판매권지침'에 추급권을 명시합니다. 영국도 2006년에 '예술가 추급권 규정'을 마련하지요. 추급권은 현재 EU와 호주를 포함해 아시아의 필리핀과 라오스, 남미의 브라질과 에콰도르, 아프리카의 알제리, 콩고, 기니 등 전 세계 82개 국가에서 시행 중입니다.

2006년 모든 회원국에서 추급권 도입이 완료된 EU의 경우, 추급권이 인정되는 기간은 저작권이 유지되는 기간인 작가 사후 70년까지입니다. 재판매보상금 요율은 작품 재판매 금액의 0.25에서 4%까지 작가나 그 유족에게 돌아갑니다. 이때 로열티는 재판매 1회당 1만2,500유로(약 1,770만 원)를 넘길 수 없습니다.

'EU 재판매권지침'을 좀더 세부적으로 살펴보면, 생존한 예술가 및 판매일로부터 70년 이내에 사망한 예술가는 특정 조건에 따라 유럽연합 또는 영국의 미술시장 전문가가 자신의 작품을 판매할 때마다 재판매 로열티를 받을 자격이 있습니다. 즉 소더비의 이용약관은 낙찰가(구매자 수수료 및 부가세 제외)가 1,000유로를 초과하는 품목의 구매자에게서 예술가 또는 그들의 유산에 대한 재판매 로열티를 징수한다고 규정합니다. 예술가의 재판매권이 적용되는 품목의 구매자는 송장에 추가될 재판매 로열티 금액을 청구받습니다.

한편 세계 미술시장의 엘도라도라 불리는 미국은 어떤지 궁금합니다. 1973년 10월 뉴욕 어퍼 이스트사이드의 소더비 파크 버넷에서 진행된 경매에서는 총 220만 달러 매출이라는 경이로운 기록이 세워졌습니다. 역시 미국답지요. 택시회사로 거부가 된 스컬Robert Scull, 1915~1986은 아내와의 이혼을 앞두고 평생 수집한 현대작가의 작품 50점을 경매에 붙였습니다. 앤디 워홀, 바넷 뉴먼, 재스퍼 존스 같은 예술가들의 작품으로 구성된 '최초의 현대미술 단일 컬렉션'이었지요. 이 경매는 지나치게 상업화된 마케팅 전략으로 인해 많은 사람의 눈살을 찌푸리게 했는데요. 미술사학자 로즈Barbara Ellen Rose, 1936~2020는 "미술품 판매 자체가 서커스였고, 예술가들은 뒷방에서 작은 괴물 쇼를 보는 것처럼 멍청하게 참석했다"고 비판했지요.

그런데 그날 저녁 경매에 불만을 품은 사람 중에 라우셴버그Robert Rauschenberg, 1925~2008라는 미국 출신 화가도 있었습니다. 그는 스컬이 바로 1년 전에 자신으로부터 900달러에 구입한 작품 〈해빙(Thaw)〉이 무려 8만5,000달러에 낙찰되

는 것을 보고 있으려니
화가 치밀러 올랐습니
다. 라우센버그는 경매
가 끝난 뒤 스컬을 만
나 "나는 당신이 오늘
경매를 통해 수만 달
러를 벌게 해 준 그 작
품을 그리기 위해 죽도
록 작업했다"며 불만
을 토로합니다. 스컬이
자신의 작품을 헐값에
사서 거액에 재판매해
횡재하는 모습을 그저
지켜만 봐야 하는 상
황이 도저히 참을 수
없었던 겁니다.

라우센버그, 〈해빙〉, 1958년, 127.6×101.6cm, 직물에 유채,
소장처 미상

아무튼 당시 스컬 컬렉션 경매는 미국에서 작가들에게 재판매에 대한 로열
티를 제공해야 한다는 논의를 불러일으켰습니다. 경매가 끝난 직후인 1976년
캘리포니아 주의회는 '재판매 로열티법(Resale Royalty Act)'을 통과시킵니다. 이
로써 판매자가 캘리포니아에 거주하거나 판매가 캘리포니아에서 이뤄진 경우
예술가는 자신의 작품을 1,000달러 이상 재판매할 때 5%의 로열티를 받을 수
있게 되었지요. 하지만 '재판매 로열티법'은 캘리포니아를 벗어나지 못합니다.
캘리포니아는 '재판매 로열티법'을 통과시킨 미국에서 최초이자 유일한 주가
됩니다. 미국의 다른 주들은 여전히 재판매권을 법규화하지 않고 있습니다.

2007년 '한-EU FTA협약'으로 우리나라에서도 추급권 도입이 논의되었는데요. 이에 따라 추급권에 필수 조건인 미술시장의 투명성 확보가 꾸준히 제기되어 왔지요. 그리고 2023년 7월에 드디어 추급권을 보장하는 법률이 제정됩니다. 바로 '미술진흥법'입니다. 동법 제24조에서는 '재판매보상청구권(resale right)'이라 하여 "작가는……미술품의 소유권이 작가로부터 최초로 이전된 이후에……미술품이 재판매되는 경우에는 해당 매도인에게 일정 요율에 따른 보상금을 청구할 권리가 있다"라고 규정합니다. 적용 대상은 대한민국 국적을 보유한 작가의 작품입니다. 다만 재판매가가 500만 원 미만이거나 구입 후 3년 이내 재판매하면서 판매가가 2,000만 원 미만인 경우에는 적용되지 않습니다. 그리고 해당 매도인에게 작가 또는 유가족이 청구할 수 있는 판매가격의 일정비율, 즉 재판매보상금 요율은 대통령령에 위임합니다.

추급권은 법제화되었지만 이를 둘러싼 논쟁은 아직 끝나지 않은 듯 합니다. 도입을 찬성하는 입장은 저작권의 관점에서 그 필요성을 강조합니다. 가령 작가는 자신의 책이 재인쇄될 때 계속해서 인세를 받고, 작곡가와 음악가는 라디오나 영화 등에서 자신의 음악이 사용될 때마다 음원사용료를 받지만, 한번 판매된 미술작품은 추후 복제나 재판매를 통한 저작권료를 받을 수 없었는데요. 추급권 도입으로 이러한 불평등을 시정할 수 있게 되었다고 반깁니다. 아울러 예술가 및 그 가족의 복지 측면에서도 추급권이 필요하다는 입장입니다.

한편 추급권료, 즉 재판매보상금 지급을 위해서는 거래 자료의 정확한 기록이 뒷받침 되어야 하는데요. 이로써 미술시장에서 유통구조의 투명성을 확보할 수 있을 전망입니다. 그리고 미술시장의 투명성이 확보되면 위작과 관련된 문제도 줄어들 것이라 예상됩니다.

반대하는 입장에서는, 무엇보다 추급권이 '최초 판매의 원칙*'을 규정한 저작권법과 충돌한다고 비판합니다. 그리고 소규모 갤러리들의 부담을 키울 뿐 아니라 작품가격을 인상시켜 결국 미술시장 전체의 침체를 초래할 것이라고 경고합니다. 또한 추급권료 징수를 위해서는 중앙 집중시스템을 마련하든 아니면 여러 기관이 나누어 관리하든 어느 쪽이나 기관 설립과 운영 등의 행정적 비용이 적지 않게 발생한다고 지적합니다. 그리고 추급권의 기본 취지와는 달리, 이미 부유한 유명 작가들만이 해택을 누릴 가능성이 있어 실제로 이 제도가 필요한 신진 작가들에게는 실익이 없는 게 아니냐는 비판도 제기됩니다.

찬반 모두 일리 있는 주장입니다. 다만 격론 끝에 법제화되어 2027년 7월 26일 시행을 앞두고 있는 만큼 법을 어떻게 운용할 것인지에 초점을 맞춰 논의를 이어가야 하겠습니다. 추급권을 담은 미술진흥법이 제대로 정비되어 운영된다면, 우리 미술 생태계에서 '창작-유통-향유'의 선순환체계가 구축됨은 물론, 한국 작가들의 해외 진출을 강화할 주춧돌 역할을 할 것으로 기대됩니다. 다만 도입에 앞서 제도적으로 보완해야 할 문제를 간과해선 곤란하겠지요.

무엇보다도 현장에서는 미술업이 지금까지는 별도의 제도적 기반 없이 자유업으로 운영되었는데, 미술진흥법에 따라 제도권으로 편입되어 '진흥'이 아닌 '규제'로 받아들일 수 있습니다. 동법에 따르면, '미술서비스업자'란 화랑업, 미술품 경매업, 미술품 자문업, 미술품 대여판매업, 미술품 감정업, 미술전시업을 하는 자로서 신고를 해야 합니다. 또 추급권 도입으로 작품의 거래가 추적되어 소장이력이 남습니다. 딜러를 포함한 갤러리 현장에서 부담을 느낄 수 있

---

* 저작권자는 첫 판매의 권한은 가지고 있지만 재판매를 막을 권한은 없다는 것으로 '권리 소진의 원칙'이라고도 불린다. 즉 저작권자의 배포권은 최초 판매의 원칙에 의하여 제한된다. 저작권법 제20조 단서는 "저작물의 원본이나 그 복제물이 해당 저작재산권자의 허락을 받아 판매 등의 방법으로 거래에 제공된 경우에는 그러하지 아니하다"라고 규정하여 저작자의 배포권을 제한하고 있다.

이중섭, 〈소〉, 28.2×45.3cm, 종이에 유채, 개인 소장

는 대목입니다.

재판매보상청구권을 작가 사후 30년까지만 인정한 것도 다시 생각해봐야 할 문제입니다. 가령 예술가가 가난에 시달리다가 사후 30년이 훌쩍 지나 작품값이 천정부지로 오른 이중섭[1916~1956]이나 박수근[1914~1965] 같은 작가의 유족들은 여전히 재판매보상청구권의 혜택을 볼 수 없게 됩니다. 지난 2018년 종로에서 진행된 서울옥션에서 이중섭의 〈소〉는 18억 원에 경매를 시작하여 무려 47억 원에 낙찰되었습니다. 하지만 이 작품이 다시 한 번 경매에 나와 최고가를 경신한다고 해도 유족들은 재판매보상청구권을 주장할 수 없습니다.

미술진흥법이 규정하는 미술서비스업자가 외국국적일 경우 법 적용 대상에서 제외되는 점도 문제의 소지가 될 수 있습니다. 이른바 'K-컬처'의 위상을 고려하건대 국내 미술시장의 개방을 염두에 둔 법 개정 작업이 이뤄져야 하지 않을까 싶습니다.

이밖에도 로열티는 누구에게 지급할지, 관할기관을 어디로 할지 등 현안들을 하나하나 꺼내어 법이 시행되기 전에 섬세한 해결책을 마련해야겠습니다. 추급권을 담은 이 법이 한국의 미술시장을 진흥시킬 수 있을지 아니면 오히려 퇴보시킬지 귀추가 주목됩니다.

영국 박물관이
세계인의 것이라고요?

- 문화재 반환을 둘러싼 논쟁 -

몇 년 전 영국 박물관 앞에서 한 미국인으로부터 재밌는 농담을 들었던 기억이 납니다. 미국은 박물관 입장료가 비싼데 영국 박물관은 무료라면서, 그 이유는 영국 박물관 안에 장물(도난 내지 약탈한 물건)이 많아 양심상 돈을 받을 수없는 거라 하더군요. 일응 공감이 갔습니다. 가령 영국 박물관 제18실은 '그리스 파르테논 전시실'인데요. 그리스 아테네에 소재하는 파르테논 신전에 장식되어 있었던 각종 유물들로 가득 차 있습니다.

이웃 나라 프랑스도 별반 다르지 않지요. 루브르 박물관에는 고대 이집트 유물만을 전시하는 공간을 따로 두고 있고, 국립 기메 아시아 예술박물관(Musée National des Arts Asiatique Guimet)은 우리나라를 포함한 아시아 각국의 다양한 유물들이 있습니다. 케브랑리 국립박물관(Musée du Quai Branly)은 아프리카, 아시아, 오세아니아 그리고 아메리카의 유물들로 채워져 있지요.

엘긴마블 혹은 엘기니즘

미국인의 뼈 있는 농담을 확인하러 영국 박물관 제18실로 들어가 봤습니다. 파르테논 신전은 기원전 447년에서 432년까지 고대 그리스인들이 아테네에 있는 아크로폴리스 언덕에서 지혜와 전쟁의 신 아테나를 기리기 위해 지은 건축물입니다. 전 세계 건축학자들은 파르테논 신전을 고대 건축문화의 절정으로 평가하는 데 주저하지 않습니다. 파르테논 신전은 유네스코 문화유산 1호로, 유네스코의 로고는 파르테논 신전을 본떠 만들었을 정도로 상징성이 크지요.

앨마-테디마 경, 〈페이디아스와 파르테논 신전의 프리즈〉, 1868년, 72.5×109cm, 패널에 유채, 버밍엄 박물관

파르테논 신전의 삼각 지붕에 붙어 있는 페디먼트(pediment)에 디오니소스로 추정되는 부조가 있다(왼쪽).
메토프(metope)는 프리즈 중에서도 세로무늬 석재 사이에 있던 사각형 부조를 가리킨다.

　　고대 그리스 조각가 페이디아스Pheidias, 480~430BC의 솜씨인 신전 내벽과 외벽에 새겨진 조각과 부조들은, 건축을 예술의 경지로 끌어올렸다고 평가받습니다. 파르테논 신전을 정면에서 보면 기둥 위 삼각형 모양의 지붕외벽을 확인할 수 있는데요. '페디먼트'와 '메토프', '프리즈'라 불리는 조각과 부조에는 그리스 신화에 나오는 장면들이 정교하게 묘사되어 있습니다. 이 조각상들은 그리스를 넘어서 서양문화의 정수라고 평가됩니다. 네덜란드 출신 화가 앨마-테디마 경Sir. Lawrence Alma-Tadema, 1836~1912은 건축물 대리석의 정교한 세부 묘사에 탁월해, '대리석의 화가'로 불리기도 했는데요. 그는 페이디아스가 파르테논 신전 안쪽 기둥의 상단부와 맞닿은 벽면인 프리즈(frieze)에 그리스 문명을 상징하는 부조를 제작한 뒤 그의 동료들과 둘러보는 장면을 그렸습니다.

　　파르테논 신전을 구성하던 조각상들의 일부가 현재 영국 박물관 제18실에 전시되어 있습니다. 페디먼트를 장식한 인물 조각 총 50점 중 19점, 프리즈를 구성하는 97점(160미터)의 조각 패널 중 56점(75미터), 메토프를 구성하는 92점의 부조 중 15점이 바로 이곳에 있지요. 어떻게 이 많은 조각상들이 영국 박물관으로 오게 되었을까요. 19세기 초 오스만튀르크가 그리스를 지배하던 당시 튀르크제국의 영국대사로 있었던 엘긴 경Thomas Bruce 7th Earl of Elgin, 1766~1841이 있었기에 가능했습니다.

영국 박물관 18실에 전시된 엘긴마블.

엘긴 경은 1801년부터 1812년까지 파르테논 신전에 장식되어 있던 조각 상들을 뜯어내어 이를 배에 실어 영국으로 가져왔는데요. 영국에서는 그의 이름을 따서 이렇게 반출된 대리석 재질의 파르테논 조각상을 '엘긴마블(Elgin Marbles)'이라 부릅니다. 강대국이 약소국의 문화재를 약탈하는 행위를 가리키는 용어인 '엘기니즘(elginism)'도 여기서 비롯했지요. 훗날 파산한 엘긴 경은 이들 조각상을 영국 정부에 팔겠다고 제안했고, 영국 의회는 1816년 투표를 통해 매수 결정을 내립니다. 이에 따라 영국 정부는 3만5,000파운드에 일괄 구입한 뒤 영국 박물관으로 옮겨 지금까지 전시·보관하고 있습니다.

한편 그리스는 튀르크제국으로부터 독립한 뒤 영국 정부를 상대로 이들 조각상들을 반환해 줄 것을 지속적으로 요구해 왔고, 영국은 이를 거부하는 상황이 현재까지 이어지고 있습니다. 양쪽의 주장을 들어보겠습니다.

먼저 반환을 거부하는 영국 정부의 입장은 이렇습니다. 첫째, 법적인 이유입니다. 당시 엘긴 경은 튀르크제국의 승인 하에 합법적으로 해당 조각상을 옮겼으며, 영국 정부는 의회의 투표 결과에 따라 엘긴 경으로부터 적법절차에 따라 매입했다고 합니다. 둘째, 기술적인 이유입니다. 인류문화의 귀중한 유산을 보존하기 위해서는 과학적이고 현대화된 시설이 구비되어야 하는데, 영국 박물관은 이를 충족시킬 수 있는 반면 그리스는 그렇지 못하다는 겁니다. 즉 엘긴마블이 반출될 경우 훼손의 우려가 있음을 강조합니다. 셋째, 인류 문화재론 및 문화사적 이유입니다. 쉽게 말해 전 세계 관광객들이 찾는 런던에 있어야 더 많은 세계인에게 서구 문명의 발상지인 고대 그리스의 유물을 보여줄 수 있다는 겁니다. 이미 영국 박물관은 한 나라의 박물관이 아니라 국제적인 박물관이라는 점도 덧붙입니다. 마지막으로 세계의 공공박물관 역할을 해 온 영국 박물관이 소장품을 반환할 경우, 세계 각국에서 문화재 반환 요구가 끊임없이 이어질 것이므로, 이러한 선례는 바람직하지 않다고 합니다.

이에 대해 아테네로의 반환을 주장하는 그리스 정부의 입장은 이렇습니다. 첫째, 법적인 측면입니다. 엘긴 경이 튀르크제국에게 받은 반출동의서는 파르테논 신전으로부터 대리석 조각들을 떼어내어 영국으로 가져갈 수 있는 합법적인 허가증으로 볼 수 없다고 합니다. 당시 그리스는 튀르크제국의 지배하에 있었기 때문에 적법절차에 따라 그리스 국민이나 정부의 의사를 물을 수 없었다는 점이지요. 둘째, 기술적인 측면입니다. 영국이 그동안 보존해 준 것에 대해서는 감사하지만, 2007년 그리스는 영국 박물관 못지 않는 뛰어난 보존·전시 시설을 갖춘 '신 아크로폴리스 박물관(New Acropolis Museum)'을 건립하여 충분히 기술적으로 관리할 수 있다고 합니다. 셋째, 영국이 주장하는 인류문화재 및 문화사론 대로라면 인구가 가장 많은 중국 베이징에 모든 박물관이 존재해야 합니다. 아울러 자국의 고유한 문화와 역사를 연구하기 위해 연구자들은 전 세계 유물로 채워진 영국, 프랑스, 미국 등지의 박물관까지 가서 관찰할 수밖에 없는 불합리한 상황을 지적합니다. 끝으로 아크로폴리스의 파르테논 신전

2007년에 개관한 신 아크로폴리스 박물관 전경.

과 그 조각상들은 너무나 귀중한 '하나의' 통합적인 유산이어서 해체·분리되어 전시될 수 없다고 합니다. 따라서 그리스로 모두 반환되어 본래 있던 장소인 아테네 아크로폴리스에서 원래 모습 그대로 전시되었을 때 그 의미를 되살릴 수 있음을 강조합니다.

문화국제주의 혹은 문화제국주의

파르테논 신전의 조각상들을 둘러싼 영국과 그리스의 갈등은 오랫동안 제기되어온 문화재 반환 문제의 일부에 불과합니다. 언뜻 보면 답은 분명해 보이지만 문제의 중심으로 한 걸음 더 들어가 보면 여러 이해관계가 얽혀 있음을 알게 됩니다. 이에 대해 예술법 분야를 개척한 존 헨리 메리먼John Henry Merryman, 1920-2015 교수는 문화재를 어떻게 바라볼 것인가에 따라 다음 두 가지 이론으로 구분해 각각의 논거를 제시합니다. 문화재의 인류보편적 가치를 중시하는 '문화국제주의(cultural internationalism)' 및 문화재를 한 국가의 문화유산의 일부로 보는 '문화국가주의(cultural nationalism)'입니다.

문화국제주의에 따르면, 문화재란 예술적·고고학적·인류학적·역사적 산물로써, 인류 공동의 유산으로 바라봅니다. 이에 따르면 전 세계 인류는 문화재가 어떠한 것이든 혹은 어느 지역에서 유래한 것이든 상관없이 문화재를 보존하고 향유할 이익이 있습니다. 그런 이유에서 문화재를 특정한 국가 또는 민족의 정체성과 결부시키지 않습니다. 문화재가 어느 나라에서 기원한 고유한 유산이란 주장을 배척하지요. 결국 문화국제주의는 원래 어느 나라에 있었던 문화재가 어떤 사정에 의해 다른 나라의 영토에 소재하게 되었더라도, 그 문화재의 출처국이 현재 소재국에 반환을 청구하는 것을 인정하지 않습니다. 영국 정부의 입장과 맞닿아 있습니다.

반면 문화국가주의에 따르면, 문화재란 해당 국가 또는 민족의 문화유산 일부를 형성한다고 봅니다. 문화재는 해당 국가 또는 민족의 정체성과 깊이 결부되어 있음을 강조합니다. 만약 문화재가 해당 국가의 영토에서 부당하게 반출되었다면 그 문화재에 특별히 담겨진 국가적·민족적 정체성이 심각하게 훼손될 수 있으므로, 해당 국가로 환수(repatriation)되어야 한다는 입장입니다. 아울러 오늘날 문화재는 단순히 한 국가 또는 민족의 정체성을 상징함에 그치지 않고 막대한 경제적·정치적 가치를 창출하는 역할을 합니다. 세계적으로 유명한 문화재 내지 문화유산을 보유하면 그로부터 관광산업을 창출할 수 있지요. 또 국민들로 하여금 자긍심을 고취시킬 수 있는 정치적 가치 또한 무시할 수 없습니다. 문화국제주의는 문화제국주의(cultural imperialism)를 포장한 말에 불과하다는 비판도 빼놓지 않습니다. 이러한 문화국가주의는 그리스의 입장을 대변합니다.

여러분은 어떤 주장에 동의하시나요. 이 문제를 정치·외교적으로만 바라볼 게 아니라 법적인 관점에서 문화재의 개념을 들여다볼 필요가 있습니다.

문화재란 '예술적, 인류학적, 고고학적 및 역사적 가치를 가진 대상'을 의미하지만, 그 개념상 의미는 국가마다 다를 수 있습니다. 우리나라는 1962년 제정된 '문화재보호법'에서 문화재를 유형문화재, 무형문화재, 기념물 및 민속자료로 나누었는데요. 동법은 이후 부분개정을 거치다가 2023년 5월 '국가유산기본법'이 제정되면서 '문화유산의 보존 및 활용에 관한 법률(약칭 문화유산법)'로 바뀌었습니다. '2024년 5월 17일 시행된 국가유산기본법'의 제정은 큰 의미가 있는데요. 재화(財貨)적 성격이 강한 '문화재(文化財)' 명칭이 과거-현재-미래를 아우르는 국가유산으로 확장된 것입니다. 유네스코 등 국제기준과 연계하기 위해 '유산(遺産, heritage)' 개념을 도입한 것이지요.*

국가유산기본법에 따르면, 국가유산의 분류는 '문화유산', '자연유산', '무형유산'으로 나누어 각 유산별 특성에 맞는 지속가능하고 미래지향적인 관리체계를 구축하는 것을 골자로 합니다. 여기서 "문화유산이란 우리 역사와 전통의 산물로서 문화의 고유성, 겨레의 정체성 및 국민생활의 변화를 나타내는 유형의 문화적 유산을 말한다"라고 명시하고 있는데요(국가유산기본법 제3조 제2호). 이 가운데 "우리 역사와 전통의 산물로서 문화의 고유성, 겨레의 정체성"이란 문구를 주목할 필요가 있습니다. 생각건대 이 문구는 앞서 소개한 문화국가주의에서, "문화재가 해당 국가 또는 민족의 정체성과 깊이 결부되어 문화유산의 일부를 형성한다"는 입장과 궤를 같이 하는 게 아닌가 싶습니다.

우리나라를 비롯한 대부분의 국가에서는 일반적인 물건과 달리, 문화재의 거래나 반출을 제한하는 법규를 두고 있습니다. 이처럼 문화재를 일종의 불융통물

---

* 정부 정책 브리핑 : https://www.korea.kr/news/policyNewsView.do?newsId=148929230

(不融通物)로 취급하는 규범적 특성은 고대 동로마시대 유스티니아누스^{Justinianus} _{I,483-565} 황제가 편찬한 〈로마법대전(Corpus iuris civilis)〉의 〈법학제요(Institutiones)〉와 〈학설휘찬(Digesta)〉에서 찾아볼 수 있습니다.

1834년 그리스가 세계 최초로 문화재보호법을 제정한 이래 프랑스(1887년), 이탈리아(1902년), 독일(1902년), 미국(1906년), 한국(1962년) 등에서 제정된 문화재보호법에서는, 일정한 문화재는 사법상 타인에게 양도될 수 없고, 시효의 대상이 되지 않으며, 또한 공법상으로 문화재가 국가 소유의 대상일 수 있고, 국제거래법상 수출입금지대상품목이 될 수 있음을 명시하고 있습니다. 이처럼 문화재에 대한 보편적인 개념은 어느 국가든 상당 부분 형성되어 있습니다.

국제사회는 이를 토대로 문화재를 보호하기 위한 국제협약을 두고 있습니다. 먼저 전시 또는 무장충돌 상태와 같은 특수한 상황으로부터 문화재를 보호하기 위하여 1954년 '헤이그협약'에서 목록시스템(inventory system)*을 도입한 바 있습니다. 이후 평화 시에도 적용될 수 있는 보다 포괄적인 문화재 보호 체제를 마련해야 한다는 요구가 신생 독립국가들을 중심으로 주장되었는데요. 1970년 체결된 '유네스코 협약'이 여기에 해당합니다. 동 협약은 문화재의 불법 거래를 사전적·예방적으로 막는 것에 초점을 두고 있고 있어서, 소급적용할 수 없기 때문에 이미 도난 혹은 불법 반출된 문화재의 반환을 위한 사후적 조치를 위한 근거 규범이 되지 못했습니다. 따라서 도난당하거나 불법 반출된 문화재의 반환에 대한 국가 간의 통일적인 규칙을 마련하고자 1995년 'UNIDROIT 협약'이 제정되었지요. 이 협약은 개인이 취득한 문화재에도 적용됩니다.

다만 국제협약이 문화국제주의와 문화국가주의 중 어디에 가까운지는 각

---

* 각 당사국으로 하여금 무형문화유산에 관한 목록(inventory)을 작성하도록 하고, 이러한 국가목록은 문화유산의 보호를 위한 가장 기본적이고 효율적인 장치로 작동한다.

각의 협약에 따라 차이를 보이고 있습니다. 1954년 헤이그협약 전문에 따르면, "모든 민족이 세계 문화에 기여하고 있으므로 어떤 민족에 속한 문화재인지를 불문하고 문화재의 손상이 전 인류의 문화유산의 손상을 의미"하고, "문화유산의 보존은 세계 모든 민족에게 큰 중요성을 가지며, 그리하여 이러한 유산에 대한 국제적 보호가 절실하다"라고 규정함으로써, 문화국제주의적 관점으로 읽히는 대목이 있습니다.

반면 1970년 유네스코 협약의 전문은, "문화재는 문명과 국민 문화의 기본 요소의 하나를 이루며, 그 참된 가치는 그 기원, 역사 및 전통적 배경에 대해서 가능한 모든 정보와 관련해서만 평가될 수 있음"을 고려하고, "자국의 영역 내에 존재하는 문화재를 도난, 도굴 및 불법적인 반출의 위험으로부터 보호하는 것은 모든 국가에 부과된 책임"이라고 표현하고 있어, 문화국가주의에 뿌리를 두고 있음을 알 수 있습니다.

소유권 반환 혹은 영구임대

세계적인 예술품 경매회사인 크리스티가 2009년 2월 23일부터 3일간 프랑스 파리 그랑팔레에서 진행한 패션 디자이너 이브 생로랑Yves-Saint Laurent, 1936~2008의 유품 경매 중에서 중국 원명원의 12지신상 중에 쥐와 토끼 머리 청동상이 등장해 화제를 모은 적이 있었습니다. 원명원은 청(淸) 왕조 집권기(1644~1911년) 당시 왕실의 여름휴양지인데요. 제2차 아편전쟁이 한창인 1860년 10월경 영·프 연합군에 의해 문화재 대부분이 강탈당하고 방화로 인해 소실되었지요.

중국 정부는 당시 "약탈해간 문화재 경매를 반대한다"며 해당 유물의 매입을 위해 교섭에 나섰지만 무산됩니다. 이들 청동상은 각각 1,570만 유로에 낙찰되어 중국의 한 컬렉터에게 돌아갑니다. 그런데 이 컬렉터는 돌연 "나는 돈을 지불할 생각이 없다. 중국인으로서 책임감을 느껴 입찰에 나섰을 뿐이다"라고 밝히며 낙찰대금 지급을 거부합니다. 결국 청동상은 원소유자였던 이브 생로랑의 파트너인 베르제Pierre Bergé, 1930-2017가 거둬들입니다. 이후 베르제는 대만 고궁박물원에 해당 청동상을 기증하려 했지만, 중국과의 분쟁을 우려한 대만 측은 베르제의 제안을 거부합니다.

결국 크리스티를 자회사로 둔 프랑스 패션그룹 케어링(Kering S.A.)의 CEO이자 컬렉터인 피노François-Henri Pinault가 원소유자로부터 경매가 아닌 매매 방식으로 해당 청동상들을 사들인 뒤 2013년 중국 정부에 무상으로 기증하면서 이른바 '12지신 청동상 경매사건'은 일단락됩니다. 이를 두고 인류문화유산을 향한 피노 회장의 존중심의 발로라고 보아야 할지 아니면 프랑스 정부의 보이지 않는 압력 내지 중국시장을 겨냥한 사업적 수완으로 보아야 할지 평가가 엇갈립니다.

한편 프랑스 마크롱Emmanuel Macron 대통령은 지난 2017년 9월에 프랑스의 식민지였던 아프리카에서 반출된 문화유산이 프랑스의 박물관에 있어서는 안 된다고 하면서, 5년 안에 아프리카에 반환하겠다고 공언합니다. 마크롱 대통령이 프랑스 예술사학자 베네딕트 사보이 Benedict Savoy 및 세네갈 작가 펠윈 사르Felwinn Sarr 에게 연구 의뢰한 〈아프리카 문화유산 보고서〉는, 식민지 국가의 동의 없이 획득한 유물은 해당 국가에서 반환 요청을 할 경우 그에 따라야 한다는 내용을 골자로 합니다. 위 보고서에 따르면, 파리에 소재한 케브랑리 국립박물관은 아프리카

2009년 크리스티 경매로 나와 큰 화제를 모았던 중국 청조시대 12지신 청동상 중 토끼머리상.

의 작은 나라 베냉의 유물을 무려 3,157점이나 보유하고 있는 것으로 조사되었습니다. 이에 따라 프랑스 의회는 과거 1892년경 아보메 왕궁에서 약탈해 파리 케브랑리 국립박물관이 소장해온 동상 등 유물 26점을 반환하는 법안을 의결했습니다.

2019년 파리 케브랑리 국립박물관에서 마지막 전시를 마치고 고국으로 돌아간 아프리카 베냉의 문화재.

프랑스 정부의 문화재 반환에 대한 전향적인 자세는 우리나라에게도 매우 중요합니다. 프랑스군은 1886년 병인양요 때 강화도에 상륙해 조선군을 물리치고 외규장각에 보관된 은괴 17상자와 채색 비단으로 만든 어람용 의궤를 약탈해 간 적이 있습니다. 약탈된 외규장각 의궤는 프랑스 해군청에서 국립도서관(BNF)으로 이관되었는데요. 이를 1975년경 프랑스에 유학 중인 역사학자 박병선^{1928~2011} 박사가 발견합니다. 하지만 당시 우리 정부의 외교력으로 문화재를 반환받는 것은 거의 불가능에 가까웠지요.

우리 정부는 1992년이 되어서야 프랑스에 반환을 공식 요청합니다. 그리고 1993년 방한한 미테랑^{Francois Mitterrand, 1916~1996} 프랑스 대통령은 정상회담 첫날 외규장각 의궤 반환을 최초로 약속한 뒤 그 일환으로 다음날 저녁 외규장각 의궤 가운데 한 권인 휘경원 원소도감의궤를 김영삼 대통령에게 직접 반환하지요. 이후 프랑스 정부는 고속철도 사업권 등을 조건으로 외규장각 의궤 반환을 약속합니다. 하지만 우리나라에 고속철도가 놓이고 십여 년이 흘렀지만, 외규

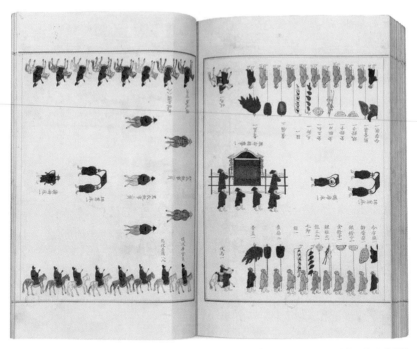

의궤(儀軌)는 조선 왕실에서 주요 행사가 있을 때마다 '행사를 열라'고 지시한 왕의 전교부터 행사를 위해 관청 사이에 오간 문서와 왕과 신하들이 논의한 사항까지 모든 기록을 총망라한 이른바 '백서' 같은 책이다. 조선 왕실 의궤는 2007년 유네스코 세계기록유산으로 지정되었다. 이미지는 프랑스에서 영구임대 형식으로 환수된 외규장각 의궤. (출처 : 국립중앙박물관)

장각 의궤의 반환은 감감무소식이었습니다. 외교 테이블에서 뒷전인 문화재의 안타까운 현실이 아닐 수 없습니다.

2010년 G20 서울 정상회의 폐막일에 열린 정상회담에서 이명박 대통령과 사르코지Nicolas Sarkozy 프랑스 대통령은 외규장각 의궤를 연장 가능한 사실상 영구대여 방식으로 반환하는 데 합의합니다. 그리고 2011년 2월에 주프랑스 한국대사와 프랑스 외교부 아시아-태평양 국장이 프랑스 국립도서관이 소장 중인 외규장각 의궤 297권의 반환을 위한 정부 간 합의문에 서명한 뒤 드디어 환수됩니다.

그런데 외규장각 의궤에는 '반환'이 아니라 '영구임대' 조건이 붙었습니다. 영구임대란 프랑스 정부가 5년마다 영구적으로 외규장각 의궤의 대여를 갱신하는 방식입니다. 어차피 우리 문화재를 돌려받았으면 된 게 아닐까 생각할 수도 있지만, 반환과 임대는 법적으로 엄연히 구별됩니다. 임대받은 이상 외규장각 의궤의 소유권은 여전히 프랑스 정부에 있습니다. 우리 정부의 소유가 아니기 때문에 국보나 보물로 지정할 수도 없습니다. 지난 2016년 국내에 있는 조선왕실 의궤가 모두 보물로 지정됐지만 여기에 외규장각 의궤만 빠진 건 이런 이유 때문입니다. 심지어 외규장각 의궤를 다른 곳에서 전시하기 위해 국립중앙박물관에서 이전하려 해도 사전에 프랑스 국립도서관에 일일이 허락을 받아야 합니다. 저는 궁금합니다. 외규장각 의궤는 우리 것일까요, 아니면 여전히 프랑스의 것일까요.

2011년에 양 정부가 합의한 '5년 단위 갱신 가능한 대여'는 명분보다는 실리를 택한 결과였습니다. 당시 프랑스 법률상 문화재 반환이 불가능한 상황에서 실질적으로 유물을 우리 수중으로 돌려놓는 게 중요했기 때문입니다. 하지만 앞서 베냉 문화재 반환에서 볼 수 있듯이 프랑스 정부의 입장이 바뀌고 있습니다. 지금이야말로 외규장각 의궤의 완전한 소유권 반환을 위한 외교적 노력이 필요한 때가 아닐까 생각해 봅니다.

루브르는 박물관일까, 미술관일까

- 법이 나눈 미술관과 박물관 구분의 속내 -

'뮤지엄(museum)'은 '박물관'일까요, '미술관'일까요. Museé du Louvre는 루브르 박물관이라고 번역하는데, Musée d'Orsay는 오르세 미술관이라고 번역합니다. museé는 뮤지엄의 프랑스식 표기입니다.

파리에 있는 musée를 통합하여 관리하는 'parismusee.com' 사이트에 들어가 보면, 모네의 〈수련〉으로 유명한 오랑주리 미술관(Musée d'Orangerie), 〈인상, 해돋이〉가 있는 마르모땅 모네 미술관(Musée de Marmottan Monet), 인류의 기원과 미래를 주제로 한 작품이 전시된 인류 박물관(Musée de l'homme), 파리의 역사를 다루는 카르나발레 박물관(Musée Carnavalet) 등을 모두 musée라고 표시합니다.*

그런데 벤 스틸러[Ben Stiller] 주연의 영화 〈Night at the Museum〉을 우리나라는 '박물관은 살아 있다'로 번역합니다. 이러한 개념의 혼란은 유럽이나 미국에서 사용하는 '뮤지엄'이라는 단어가 한국인에게는 역사적 유물과 자료를 전시하는 '박물관' 및 회화나 조각 같은 예술작품을 전시하는 '미술관'으로 구분되어 인식되기 때문입니다.

부자와 권세가들의 플렉스 공간

뮤지엄의 어원은, 그리스 신화에 나오는 예술과 과학의 수호신들인 뮤즈(muses)를 가리키는 고대 그리스어 '무사이(Mousai)**'를 모시는 장소나 신전을 의미하는 '무세이온(Mouseion)'에서 유래합니다. 기원전 3세기경 고대 이집트의 수도 알렉산드리아에 있었던 무세이온은 학문과 예술을 수호하는 무사이를 모시던 곳으로, 신전 기능과 더불어 학자들을 위한 도서관, 강의실 및 거주 공간 등을 갖춘 학술기관으로서의 역할을 했다고 전해집니다. 다만 당시에는 지금처럼 예술품이나 유물을 보관하고 전시하는 기능은 없었다고 하지요.

고대 로마시대에는 이민족 국가를 정복한 제국의 장군들이 전리품을 가져와 자신의 집안을 장식했고, 중세에는 교회와 수도원이 종교적으로 가치 있는 유물들을 보존하긴 했지만, 별도로 공간을 마련해 보관하거나 전시하진 않았습니다. 근대적 의미의 유물 수집은 르네상스시대로 접어들면서 나타나기 시작했습니다. 고대 그리스 문명의 부흥을 강조했던 르네상스시대에는 자연스럽게 고대 유물 및 예술작품을 수집하고 향유하는 이들이 많았습니다. 당시 부와 권력을 가진 지배층에서는 여기저기서 모은 진귀한 유물이나 미술품들을 보관하고 전시할 개인 공간이 필요했습니다.

이러한 개인용 소장공간은 요즘으로 말하면 프라이빗 컬렉션의 시초이자 근대적 뮤지엄을 탄생시키는 계기가 되었습니다. 이탈리아의 '스튜디올로(Studiolo)', 독일의 '경이로운 방(Wunderkammer)' 혹은 '예술의 방(Kunstkammer)',

---

• https://www.parismusees.paris.fr/fr/reseau
** 무사이는 제우스와 기억의 신 '므네모시네' 사이에 태어난 딸들로, 단수는 무사(Mousa)로 표기.

프랑켄 2세, 〈쿤스트캄머〉, 1636년, 74×78cm, 캔버스에 유채, 비엔나 미술사박물관

프랑스와 영국에서는 '호기심의 방(Cabinet de curiosités / Cabinet of curiosities)'으로 불렸던 공간들이 여기에 해당합니다. 재산과 신분을 과시하기 위해 커다란 방을 가득 채운 온갖 수집품들은 방문객들을 압도했는데요. 지금으로 말하면 일종의 플렉스(flex)가 아닐까 싶습니다.

오스트리아 비엔나 미술사박물관에서 만난 프랑켄 2세Frans Francken the Younger, 1581~1642가 그린 〈쿤스트캄머〉는 르네상스 이후 유럽 상류층에서 횡행했던 이른바 '수집품 플렉스'를 방증합니다. 그림을 자세히 살펴보면, 고대 로마시대의 것으로 추정되는 도기에서 명나라 도자기는 물론 특이한 조가비들과 박제된 해마 등 생물수집품들이 혼재되어 있습니다. 무엇보다 벽에 빼곡하게 걸린 그림들 사이로 보존처리된 열대어류와 호박구슬 끈이 매우 인상적입니다.

유럽 대형 뮤지엄들의 불편한 과거

뮤지엄이 르네상스 때까지는 주로 권력자 개인의 소장품을 모아놓은 사적인 공간이었다면, 세상에 공개·전시함으로써 점차 공공재로서의 기능을 하게 된 것은 계몽주의시대에 이르러서입니다. 1683년경 영국에 최초의 공립박물관이자 대학박물관인 애쉬몰리안 뮤지엄(Ashmolean Museum)이 설립되었는데요. 의학자이자 연금술사인 애쉬몰Elias Ashmole, 1617~1692은 자신이 평생 수집한 진귀한 골동품들을 모교인 옥스퍼드 대학에 기증합니다. 이때 식물학자 존 트레이드스캔트John Tradescant도 세계 곳곳을 누비며 수집한 소장품을 애쉬몰과 함께 기증합니다.

현재 애쉬몰리안 뮤지엄은 고대 로마, 그리스, 이집트를 비롯한 각지에서 수집한 유물 및 고미술을 무려 3만 점 이상 소장하고 있습니다. 아울러 홀먼 헌트William Holman Hunt, 1827~1910 등 라파엘로전파 화가들의 회화를 비롯한 미술작품도 다수 전시하고 있는데요. 영국도 프랑스처럼 뮤지엄이란 개념을 역사적 유물에 한정하지 않고 미술작품까지 소장·전시하는 공간으로 이해했음을 알 수 있습니다.

1688년에 일어난 명예혁명은 영국에서 뮤지엄이 부흥하는 중요한 계기가 됩니다. 의회는 군주의 권력남용과 가톨릭 부흥정책에 반대하여 국왕을 추방하고 권리장전을 제정함으로써 의회주권에 기초를 둔 입헌왕정을 수립합니다. 이때 정치적 주도권을 잡은 귀족들은 자신들을 로마의 원로원과 동일시하면서 고대 로마문명을 복원하는 데 힘을 쏟습니다. 이 과정에서 고대 유물들을 수집하고 보관·전시하는 뮤지엄이 활성화된 것이지요.

당시 영국에서 일어난 고대 로마문명의 재조명은 상류층에서 이른바 인문학 함양을 위한 엘리트 교육으로까지 이어지는 데요. '그랜드 투어(Grand Tour)'라 불리는 이탈리아로의 문화답사 프로그램이 크게 유행합니다. 기차도 비행기도 없던 시절, 영국의 상류층 집안 자제들은 가정교사와 하인을 대동하고 로마에서 고대 유적지를 탐방하고 피렌체에서 르네상스 예술작품들을 감상하며 견문을 넓혔습니다.

그랜드 투어는 영국 뿐 아니라 유럽 전역으로 퍼져나갔는데요. 독일의 대문호 괴테Johann Wolfgang von Goethe, 1749~1832의 이탈리아 기행도 그랜드 투어에서 비롯했다고 할 수 있습니다. 괴테는 젊은 시절부터 고위 행정가로 이름을 떨쳤는데요. 37살이 되던 1786년에 갑자기 모든 것을 내려놓고 로마로 여행을 떠납니다. 그는 2년 여 동안의 그랜드 투어를 통해 직접 눈으로 보고 경험한 것을 〈이탈리아 기행〉으로 남기게 됩니다.

한편 당시 유럽인들의 고대 로마문명을 향한 찬사와 경의는 예술품에 대한 수집 및 소장 욕구와 전시문화로 이어집니다. 이러한 현상을 한눈에 알아차릴 수 있게 하는 그림이 있습니다. 이탈리아 화가 파니니Giovanni Paolo Pannini, 1691~1765가

파니니, 〈고대 로마의 풍경이 있는 회랑〉, 1757년, 231×303cm, 캔버스에 유채, 루브르 박물관, 파리

그린 〈고대 로마의 풍경이 있는 회랑〉입니다. 파니니는 이탈리아의 풍경을 정교하고 섬세하게 묘사하는 카프리치오(Caprissio) 기법으로 유명한 화가인데요. 이탈리아어로 '변덕'을 뜻하는 카프리치오는 르네상스에서 바로크까지 유행했던 독특한 풍경화 기법으로, 고고학적 유적이나 인물들을 실제와 달리 환상적인 조합으로 배치하는 화풍입니다. 가로 폭이 3미터에 이르는 〈고대 로마의 풍경이 있는 회랑〉은 아치형 건축 내부를 중심으로 천장에서부터 바닥에 이르기까지 그랜드 투어 당시 둘러보았을 로마 곳곳의 유적지가 묘사된 회화 및 유물들을 빼곡하게 한데 모아 그림을 보는 내내 로마에 와있는 듯한 기분이 들게 합니다.

그랜드 투어를 다녀온 귀족들은 중개상들을 통해 르네상스시대의 회화 및 고대 로마시대의 조각품들을 사들였습니다. 그 가운데 몇몇 뜻있는 이들은 1732년 딜레탕티회(Society of Dilettanti)를 조직해 고대 그리스 · 로마 문명에 대한 연구를 후원하기도 합니다. 그리고 이들이 수집한 회화와 조각을 비롯한 다양한 유물들은 1753년에 설립된 영국 박물관의 토대가 됩니다.

뮤지엄은 바다 건너 프랑스에서도 정치 · 사회적 격변기에 큰 영향을 받게 됩니다. 1789년 대혁명이 일어나자 국민공회는 루브르 궁전을 접수한 뒤 내부를 뮤지엄으로 개조합니다. 몰락한 왕족과 귀족 및 교회로부터 징발한 문화재와 보물, 미술작품들을 시민에게 돌려주기 위한 방편이었지요. 당시 국민공회는 "루브르는 시민을 위해 예술작품을 전시하는 공간으로 존재해야 한다"라고 선언하며 1793년에 537점의 회화작품을 루브르의 갤러리에서 일반 시민에게 공개하기 시작합니다. 이로써 루브르 박물관은 예술적 · 문화적 · 과학적으로 중요한 유물들을 보존하는 데 그치지 않고, 대중을 위해 전시하는 프랑스 최초의 근대적 공공 뮤지엄으로서의 탄생을 알립니다.

12세기 후반 필리프 2세[Philippe II, 1165~1223]의 지시로 착공된 루브르는 처음에는 요새였다고 전해집니다. 그러다 프랑스대혁명을 계기로 혁명군은 왕실의 각종 수집품들을 보관 · 전시하는 공간으로 바뀌지요. 이후 루브르에 왕립아카데미가 들어서고 살롱전이 열리면서 미술 전시의 요람이 됩니다.

루브르의 소장품은, 특히 나폴레옹[Napoléon Bonaparte, 1769~1821]이 통치하던 시기에 그 규모가 크게 늘어납니다. 이로 인해 루브르라는 명칭도 '뮈제 나폴레옹(Musée Napoléon)'으로 바뀌지요. 하지만 프랑스가 워털루 전투에서 대패하자 나폴레옹 군대가 침탈해 루브르에 소장했던 문화재들은 본국으로 반환됩니다. 이탈리아 화가 카스틸리오네[Giuseppe Castiglione, 1829~1908]는 베니스 출신의 거장 베로네제[Paolo Veronese, 1528~1588]의 〈시몬 집에서의 만찬〉이 걸린 살롱 카레의 전시 광경

카스틸리오네, 〈루브르의 살롱 카레〉, 1861년, 69×103cm, 캔버스에 유채, 루브르 박물관. 파리

을 캔버스에 옮겼습니다. 불행히도 〈시몬 집에서의 만찬〉은 이탈리아로 반환되지 않은 채 현재 베르사유 궁전이 소장하고 있습니다.

　루브르의 소장품 규모가 다시 한 번 크게 늘어난 것은 루이 18세^{Louis XVIII,} ¹⁷⁵⁵⁻¹⁸²⁴의 재위를 기점으로 왕정복고와 맞물려 왕실에 하사된 각종 보물과 미술작품이 쌓이면서입니다. 권력과 유물이 매우 밀접하게 맞닿아 있음을 직감할 수 있지요. 지배세력의 유물을 향한 집착은 유럽 대륙 밖에서도 이어졌습니다. 제국주의시대에 전 세계에서 거둬들인 대규모 문화유산이 현재 루브르 및 영국 박물관을 비롯한 유럽에 있는 대형 뮤지엄 탄생의 결정적 계기가 되었음은 움직일 수 없는 사실이지요.

미국의 한 법률가가 세운 세계 3대 뮤지엄

미국에서는 뮤지엄의 역사가 유럽과는 조금 다른 방향으로 이뤄졌습니다. 가령 뉴욕에 소재한 메트로폴리탄 뮤지엄(Metropolitan Museum of Art)은 미국을 대표하는 세계적인 전시공간입니다. 하지만 흥미롭게도 메트로폴리탄 뮤지엄의 설립은 파리에서 기획되었습니다.

외교관이자 변호사인 존 제이 2세John Jay II, 1817~1894는 1866년 파리에서 열린 미국 독립기념일 파티에서 문화교육기관으로서 뮤지엄의 필요성을 주창합니다. 날로 성장하는 경제에 비해 문화적으로 내세울 게 없는 고국 미국에 루브르와 같은 뮤지엄의 필요성을 역설했던 것이지요. 그의 일성은 파티에 모인 미국 고위층들로부터 열렬한 지지를 끌어냅니다.

존 제이는 뉴욕에 돌아오자마자 사회지도층 모임인 뉴욕유니언리그 클럽 회원들과 힘을 모아 불과 3년 만인 1870년에 뮤지엄의 설립인가를 받아냅니다. 이를 계기로 메트로폴리탄 뮤지엄 1호 소장품인 로마시대 대리석 석관 기증을 필두로, 미국 각지에서 기부금이 모였지요. 이 돈으로 보불전쟁 중 경매에 나온 회화 174점을 구매하여 1872년 뉴욕 맨해튼 5번가 건물에서 드디어 역사적인 개관전시를 시작합니다.

일부 뜻 있는 인사들이 모여 만든 메트로폴리탄 뮤지엄의 초창기 전시품 목록은 소박하기 그지없었습니다. 오랜 기간 왕실이나 귀족들로부터 막대한 지원을 받아 구축된 유럽의 뮤지엄들과는 비교될 수밖에 없었지요. 하지만 산업혁명 이후 자본주의와 함께 등장한 미국의 슈퍼리치들은 메트로폴리탄 뮤지엄을 그대로 두지 않았습니다. 철도왕 존스턴Talyor Johnston, 1820~1893, 금융왕 모건Pierpont Morgan, 1837~1913, 석유왕 록펠러Davison Rockefeller, 1839~1937 등을 필두로 거부들의 이름이 핵심 후원자 리스트를 장식하면서 단시간 내에 유럽을 능가하는 세계

19세기 미국의 펜화가 레슬리(Frank Leslie, 1820~1880)가 그린 1872년 메트로폴리탄 뮤지엄의 개관전시 풍경. 이 그림은 레슬리가 발간한 〈레슬리 위클리〉 매거진에 실렸다.

적인 뮤지엄의 반열에 오르지요. 1880년에 지금의 센트럴파크 인근 5번가로 이전한 메트로폴리탄 뮤지엄은 현재 회화와 조각, 사진, 공예품 등 300여만 점을 소장·전시하며 루브르 및 영국 박물관과 함께 세계 3대 뮤지엄의 반열에 올라있습니다.

메트로폴리탄 뮤지엄이 동서고금의 유물을 망라한 '살아 있는 예술 백과사전'이라면, 뉴욕의 다른 한 축에는 '모마(MoMA, Museum of Modern Art의 줄임말)'라 불리는 현대미술의 성지가 있습니다. 그런데 모마를 세운 건 뜻밖에도 재벌가 사모님을 포함한 3명의 여성이었습니다. 1928년경 석유왕 록펠러의 아내 애비Abby Rockefeller, 1874~1948는 친구이자 컬렉터인 릴리 블리스Lillie Bliss, 1864~1931, 메

1929년 모마의 개관전시로 열린 '세잔, 고갱, 쇠라, 고흐 전'.

리 퀸 설리번^{Mary Quinn Sullivan, 1877~1939}과 유럽의 뮤지엄들을 여행하며 미술품들을 사 모으다가 아예 뉴욕에 미술관을 세울 엄청난 계획을 세웁니다. 경제대공황의 충격이 가시지 않은 1929년 11월에 일단 세 사람이 소장한 고흐, 고갱, 세잔, 쇠라 등 인상주의 작품들을 중심으로 개관전시를 열었는데요. 행사는 경제 불황 속에서도 엄청난 성공을 거두며 센세이션을 일으킵니다. 이에 힘입어 세 사람은 유럽 뮤지엄들과 차별화를 시도하여 '근대(modern)'라는 키워드에 방점을 찍고 동시대 작가들의 작품을 전시하는 데 주력합니다. 근·현대 회화와 조각에서 비디오아트, 팝아트와 일러스트까지 아우르는 모마의 컬렉션은 그렇게 모습을 갖춥니다.

모마는 고흐의 〈별이 빛나는 밤〉에서 모네의 〈수련〉, 마티스의 〈춤〉, 샤갈의 〈나와 마을〉, 피카소의 〈아비뇽의 처녀들〉 및 워홀의 〈캠벨 수프 깡통〉에 이르기까지 근·현대 대표 걸작들을 다수 소장하고 있는데요. 이처럼 모마가 엄청난 컬렉션을 확보할 수 있는 비결로, 원하는 작품을 손에 넣기 위해 다른 작품을 매각하는 이른바 '디어세셔닝(deaccessioning) 전략'이 회자됩니다. 모마의 관장 앨프리드 바 주니어Alfred H.Barr Jr,1902~1981는 일찍이 작품의 가치를 한눈에 알아보고 매각대금을 마련하기 위해 기부금에 더해 당시 소장하고 있던 드가의 〈경마장〉까지 팔아 피카소의 〈아비뇽의 처녀들〉을 매수하는 데 성공합니다.

물론 미국에는 메트로폴리탄 뮤지엄과 모마말고도 유럽에 필적할만한 뮤지엄들이 여럿 있습니다. 미국에서 20세기 경제 부흥을 바탕으로 뮤지엄 설립이 활발하게 전개된 덕분이지요. 이는 세 가지 이해관계가 맞아 떨어졌기에 가능했습니다. 첫째, 산업화의 성공으로 등장한 신흥재벌들이 문화예술에 대한 욕구가 컸고, 이는 곧 투자로 이어졌습니다. 둘째, 제2차 세계대전으로 나치가 유태인들을 탄압하자 유럽의 예술가들이 미국으로 망명하는 과정에서 다수의 예술품들도 함께 대서양을 건넜습니다. 셋째, 미국 정부는 뮤지엄 설립을 증진하기 위해 문화재 등의 기부에 호의적인 세제 혜택을 베풀었습니다.

박물관 혹은 미술관 그리고 뮤지엄

유럽이나 미국을 여행할 때 루브르나 메트로폴리탄 뮤지엄 같은 곳에 방문하면 엄청난 걸작들 앞에서 입을 다물지 못하다가 이내 머리를 조아리곤 합니다. "왜 우리나라에는 그 많은 고흐의 회화 한 점 소장한 미술관이 없을까?" 가까운 일본만 하더라도 도쿄의 한 보험회사 빌딩에 〈해바라기〉가 전시되어 있습니다. 그 원인을 찾으려면 우리나라 뮤지엄의 근대사를 거슬러 올라가볼 필요가 있습니다.

1866년 일본의 교육사상가 후쿠자와 유키치1835~1901는 저서 〈서양사정(西洋事情)〉에서 영어 'museum'을 '博物館(박물관)'으로 번역하면서 다음과 같이 소

우리나라 최초의 박물관인 대한제국 제실 박물관의 전시실로 사용됐던 창경궁 환경전. (사진 출처 : 국립중앙박물관)

개합니다. "박물관은 세계의 물산(物産), 고물(古物), 진물(珍物)을 수집하여 대중에게 공개함으로써 견문을 넓히기 위해 마련한 장소." 일본에서 근대적 의미의 박물관 개념은 그렇게 정립됩니다.

1876년 조선은 일본의 신식제도와 근대시설, 신문물 등을 시찰하기 위해 제1차 수신사를 파견합니다. 당시 수신사였던 김기수는 〈수신사일기(修信使日記)〉에서 일본의 박물관을 관람한 내용을 기록함으로써 국내 문헌에 처음으로 박물관이란 단어를 사용합니다. 이어 박물관이 우리나라 신문에 처음 등장한 것은 〈한성순보(漢城旬報)〉 제2호(1883년 11월 10일 발행)에서 유럽을 소개하는 한 외신기사에서였습니다. 하지만 박물관은 그로부터 한참 후에야 세워졌는데요. 제실 박물관(帝室 博物館)은 근대적 의미를 지닌 우리나라 최초의 박물관으로, 1907년 순종의 거처를 경운궁에서 창덕궁으로 옮기는 과정에서 왕의 무료함을 달래기 위한 용도로 건립했다고 전해집니다. 개관 초기에는 창경궁 명정전 일대의 전각에 전시하면서 순종만이 관람했습니다. 이후 고려자기를 비롯한 불교공예품, 조선왕조 회화 등을 수집해 소장하는 등 박물관으로서의 모습을 서서히 갖춰나가다가 1909년부터 일반인에게도 문을 엽니다.

제실 박물관은 1910년 일제강제병합으로 인해 '이왕가(李王家) 박물관'으로 명칭이 바뀝니다. '이왕가'란 일황가(家)에 복속된 이씨조선의 왕이란 뜻입니다. 1915년에 개관한 조선총독부 박물관이 주로 식민사학을 바탕으로 한 역사

박물관 성격을 지녔던 데 반해 제실 박물관은 미술공예품이 중심이 된 미술박물관이었습니다.

1938년 일제는 문화가 없는 조선에 미술을 진작한다는 명분으로 덕수궁 석조전 옆에 서관(지금의 국립현대미술관 덕수궁 분관)을 지어 일본 근대 미술품들을 전시합니다. 그리고 창경궁에 있던 이왕가 박물관이 소장하던 조선의 고미술품들을 서관으로 가져와 통합한 뒤 그 명칭을 이왕가 미술관으로 정합니다. 이로써 미술작품을 주로 소장·전시하는 이왕가 '미술관'은 역사유물을 관장하는 조선총독부 '박물관'과 명칭을 구별해 사용하게 되지요. 우리나라에서 미술관과 박물관으로 개념이 갈리게 된 연유입니다.

해방 이후 한국전쟁 및 산업화로 인해 문화·예술에 대한 국가적 관심이 크지 않았고, 박물관과 미술관에 대한 지원이나 육성도 미미했지요. 1984년 12월 31일 제정된 '박물관법'은 박물관의 개념, 기능, 사업 등을 분명히 했다는 점에서 의의가 있습니다. 이후 1991년 11월 30일 박물관법이 폐지되면서 같은 날 제정된 '박물관 및 미술관 진흥법'은 박물관과 미술관의 개념을 나누었습니다. '박물관 및 미술관 진흥법'은 여러 차례 개정을 거듭해오다 현재 박물관과 미술관을 다음과 같이 정의하고 있습니다.

1. '박물관'이란 문화·예술·학문의 발전과 일반 공중의 문화향유 및 평생교육 증진에 이바지하기 위하여 역사·고고(考古)·인류·민속·예술·동물·식물·광물·과학·기술·산업 등에 관한 자료를 수집·관리·보존·조사·연구·전시·교육하는 시설을 말한다.

2. '미술관'이란 문화·예술의 발전과 일반 공중의 문화향유 및 평생교육 증진에 이바지하기 위하여 박물관 중에서 특히 서화·조각·공예·건축·사진 등 미술에 관한 자료를 수집·관리·보존·조사·연구·전시·교육하는 시설을 말한다.

('박물관 및 미술관 진흥법' 제2조 제1호와 제2호)

문제는 '박물관 및 미술관 진흥법'이 법명과 개념정의에서 박물관과 미술관을 구분함으로써 서로 이질적인 기관으로 혼동시키고 있다는 것입니다. 이러한 구분의 관행은 국립중앙박물관이 다루는 미술품은 조선 후기까지로 한정함으로써, 20세기 이후의 미술은 국립현대미술관 사업으로 선을 긋는 불합리한 모순을 초래해왔습니다.

박물관 및 미술관의 구분에 따른 문제제기의 일환으로 미술관과 박물관을 포괄하는 '뮤지엄'을 법제화하자는 의견이 제기되고 있습니다. 최근 이건희 기증관의 건립을 앞두고 이러한 주장에 힘이 실리고 있는데요. 이건희 컬렉션에는 이른바 미술관과 박물관의 두 영역에 속하는 문화재와 유물, 동·서양의 근대 미술품이 모두 존재하기 때문입니다.

2004년 삼성문화재단이 건립한 리움 미술관(서울 한남동 소재)은 고미술과 현대미술을 각각 뮤지엄1과 뮤지엄2로 나눠 별도의 건물에 소장하면서, 이미 뮤지엄이란 개념을 사용하고 있다. 이미지는 세계적인 건축가 마리오 보타(Mario Botta)가 설계한 뮤지엄1. 고미술품을 전시하는 공간에 맞춰 도자기와 성곽을 형상화했다. (사진 : 리움 미술관)

결국 문화체육관광부는 미술관과 박물관의 구분 없이 이건희 기증관을 건립하기로 발표했는데요. 이로써 문화재와 유물은 박물관에, 미술품은 미술관에서 관리해왔던 기존 행정에서 벗어나, 이건희 기증관은 국내 최초로 문화재와 유물, 동·서양 근대 미술품 2만3,181점을 함께 수용하는 융·복합 뮤지엄이 될 전망입니다.

'미술관+박물관'의 새 이름을 찾아서

국제사회는 뮤지엄의 개념을 어떻게 정의하고 있을까요. 국제뮤지엄협회(International Committe of Museum, 이하 'ICOM')란 곳이 있습니다. 세계 유일의 뮤지엄 네트워크로, 제2차 세계대전이 끝나고 1946년 뮤지엄에 대한 전문적이고 윤리적인 기준을 수립하고 관련 학문을 진작시키기 위해 출범한 비정부기구이지요. ICOM은 현재 뮤지엄을 다음과 같이 정의하고 있습니다.

"뮤지엄은 사회에 봉사하는 비영리 단체로, 유·무형 유산을 연구, 수집, 보존, 해석, 전시하는 기관이다. 대중에게 개방되어 있고 접근성이 뛰어나며 포용적인 뮤지엄은 다양성과 지속가능성을 촉진한다. 뮤지엄은 지역사회의 참여를 통해 운영되고 소통한다. 아울러 교육, 유희, 성찰, 지식 공유를 위한 다양한 경험을 윤리적이고 전문적으로 제공한다."

ICOM이 정의한 뮤지엄에는 분명히 우리나라에서의 박물관과 미술관 기능이 모두 담겨 있습니다. 미술관과 박물관의 구분은 이해관계가 첨예하게 대립하는 영역이라 늘 조심스럽습니다. 다만 80여 년 전 일본의 영향으로 도입된 인위적인 구분은 이제 그만 사라져야 하겠습니다. 이 기회에 통일된 용어를 공모해 보는 것도 좋겠습니다. 아니면 세계적인 추세에 맞춰 '뮤지엄'으로 부르는 것도 괜찮지 않을까 싶습니다.

예술을 모의했던 사람들

- 예술가의 결사의 자유와 근·현대 미술사조들 -

화가가 예술가로 인정받기 시작한 건 언제부터였을까요. 르네상스가 태동하기 전인 중세에는 화가라는 신분이 석공이나 구두를 만드는 사람들과 비슷한 수공업자였습니다. 화가가 아니라 화공이었던 셈이지요. 화가의 처우는 근대 초기인 18세기에도 나아지지 않았습니다. 당시 화가들은 후원자들로부터 돈을 받고 그들 가족의 초상화를 그리거나 종교적 또는 정치적 목적으로 의뢰받은 그림을 그려주는 수동적인 존재였지요. 그림도 인물이나 종교, 신화 또는 풍경을 자세히 묘사하는 스타일이 대부분이었습니다.

19세기에 접어들면서 화가들은 사진의 발명으로 새로운 위기에 봉착합니다. 의뢰인의 주문에 충실하거나 사물의 정확한 재현만으로는 사진의 사실감을 따라갈 수가 없었지요. 아울러 시민혁명 이후 귀족들의 몰락으로 더 이상 든든한 후원자들을 구하기가 어려워지자 화가들은 뭔가 돌파구를 찾지 않으면 안 되었습니다. 결국 화가들에게 커다란 변화가 찾아옵니다. 철도의 대중화

쿠르베, 〈안녕하세요, 쿠르베씨〉, 1854년, 132×150.5cm, 캔버스에 유채, 파브르 미술관, 몽펠리에

로 이동이 자유로워지고 튜브 물감이 등장하면서 화가들은 더 이상 화실에만 머무르지 않고 이젤을 들고 야외로 나가서 햇빛 아래서 시시각각 변하는 자연풍경을 배경으로 그림을 그리기 시작합니다. 그리고 후원자의 주문에서 벗어나 본인이 표현하고 싶은 것들을 그립니다.

프랑스 화가 쿠르베Gustave Courbet, 1819~1877가 그린 〈안녕하세요, 쿠르베씨〉에는 화가가 산행에서 우연히 만난 돈 많은 후원자 브뤼야스Alfred Bruyas, 1821~1877가 등장합니다. 쿠르베는 후원자에게 고개를 숙이지 않고 거만할 정도로 당당한 자세로 안부를 묻습니다. 이에 브뤼야스는 모자를 벗고 그의 시종과 함께 예의를 갖춰 인사합니다. 쿠르베는 이 그림에 '천재에게 경이를 표하는 부자'라는 부재를 붙였는데요. 존중 받는 예술가로서의 정체성에 눈을 뜨기 시작한 것이지요.

예술이란 무엇인가

오늘날에는 '예술의 자유'를 헌법에서 보장하고 있지만, 과거에는 그렇지 못했습니다. 예술의 자유가 헌법에 처음 등장한 건 1919년 바이마르 헌법에서였습니다. 그런데 도대체 '예술'이란 뭐길래 헌법에서까지 보장하는 걸까요. 사전적 의미로는, "특별한 재료, 기교, 양식 따위로 감상의 대상이 되는 아름다움을 표현하려는 인간의 활동 및 그 작품"을 말하는데요. 여기서 한걸음 더 들어가 헌법이 보장하는 예술의 개념도 궁금합니다. 헌법학자들 사이에서는 예술의 개념을 법적으로 정의하는 데 있어서 견해가 갈립니다. 예술은 분야마다 천차만별한 방식과 시각, 가치기준 등으로 인해 법으로 개념을 정의하는 게 현실적으로 불가능하다는 주장이 설득력 있습니다. 하지만 예술의 자유가 법으로 보장받으려면 그 개념을 명확히 하지 않으면 곤란합니다. 1971년 독일연방헌법재판소는 다음과 같이 예술을 정의했습니다.

"예술이란 예술가의 인상, 경험, 체험 등을 일정한 형태언어를 수단으로 하여 직접적인 표상으로 나타내는 자유로운 창조적 형성이다……〈중략〉……예술적 창조는 예술가 개인의 직접적 표현이다.*"

---

*BVerfGE 30, 173(188f.)

문장을 이해하기가 쉽지 않습니다. 다만 여기서 한 가지 주목해야 할 단어가 있습니다. 바로 '표현'입니다. 예술이 법으로 인정받으려면 겉으로 표현되어야 합니다. 예술가의 머릿속에만 존재하는 생각이나 아이디어는 그것이 아무리 미적으로 뛰어나더라도 예술이라 할 수 없지요. 법으로 보호하거나 다른 법익을 침해할 실체가 없기 때문입니다. 따라서 헌법이 보장하는 예술의 자유는 표현된 예술(작품)을 가리킵니다. 이는 저작권법의 보호 대상이 아이디어가 아니라 아이디어를 창의적으로 표현하는 것이라는 점에서도 알 수 있습니다 (아이디어-표현 이분법).

세계인권선언은 제27조에서 "모든 사람은 공동체의 문화생활에 자유롭게 참여하며 예술을 향유하고 과학의 발전과 그 혜택을 공유할 권리를 가진다. 모든 사람은 자신이 창작한 과학적, 문화적 또는 예술적 산물로부터 발생하는 정신적, 물질적 이익을 보호받을 권리를 가진다"라고 규정하고 있습니다. 우리 헌법 제22조 제1항은 "모든 국민은 학문과 예술의 자유를 가진다"라고 하여 예술의 자유를 보장하면서, 제21조 제1항에 "모든 국민은 언론, 출판, 집회, 결사의 자유를 가진다"라고 명시하고 있습니다. 아울러 우리나라 헌법재판소는 위 조항으로부터 '표현의 자유'가 도출되며, 이는 사상 또는 의견의 자유로운 '표명'과 그것을 '전파'할 자유를 의미한다고 판시했는데요.* 결국 '표현'에 방점이 찍힘을 알 수 있습니다. 헌법 제21조와 제22조를 종합하면, 예술의 자유는 크게 '예술창작의 자유'와 '예술표현의 자유' 그리고 '예술가의 집회·결사의 자유'를 골자로 합니다. 저는 여기서 '예술가의 결사(結社)의 자유'를 중심으로 살펴보고자 합니다.

---

* 헌법재판소 1992. 2. 25. 선고 89헌가104 결정

쿠르베, 〈오르낭의 매장〉, 1850년, 315×663cm, 캔버스에 유채, 오르세 미술관, 파리

'예술 표현의 자유'를 선언한 그림

서양미술사를 살펴보면, 화가들은 예술의 자유가 보장되기 전부터 서로 모여 단체를 조직해 전시회를 개최하거나 자신의 주장을 폈습니다. 화가들은 왜 단체를 결성할 수밖에 없었을까요. 또 단체를 통해 그들이 내세운 가치는 무엇이었을까요. 먼저 19세기 프랑스로 떠나 보겠습니다.

쿠르베의 〈오르낭의 매장〉은 1849년 화가의 고향 오르낭에서 벌어진 '평범한 시골 사람'의 장례식 장면을 그린 것입니다. 가로 폭이 6미터가 넘는 대형 캔버스 안에는 실제 크기의 인물들이 40명 이상 등장합니다. 1850년 파리 살롱전에서 이 그림이 처음 공개되었을 때 비평가들은 '회화의 매장'이라고 비난했지요. 서양화에서 장례식 장면을 다룬 그림은 전통적인 종교화 양식을 따라, 신에 의한 구원과 영혼의 승천을 상징적으로 표현하기 위해 수직적인 구도로 그리는 것이 관례였습니다. 하지만 쿠르베는 이를 무시하고 수평적 파노라

쿠르베, 〈화가의 아틀리에〉, 1855년, 361×598cm, 캔버스에 유채, 오르세 미술관, 파리

마 구도를 사용해 지극히 사실적인 장례식 장면을 담담하게 그렸습니다. 쿠르베는 다양한 신분의 마을 사람들이 장례식을 계기로 서로를 위로하며 상실의 아픔을 보듬어주는 공동체의 연대의식을 보여주고자 했다고 밝혔습니다.

훗날 서양미술사는 〈오르낭의 매장〉을 가리켜, 관념적인 신고전주의(neo-classism) 양식을 거부하고 현실도피적인 낭만주의(romanticism) 미학과도 결별을 선언하며, 현실을 있는 그대로 재현한 프랑스 사실주의(realism) 미술의 태동을 알리는 작품이라고 평가했습니다.

쿠르베는 1855년 파리 박람회에서 자신의 그림 전시가 거부되자 파리의 한 낡은 건물에서 '사실주의 G. 쿠르베 전(展)'이라는 전시회를 엽니다. 그리고 자신의 그림 40점을 전시하지요. 전시작품 중에 〈화가의 아틀리에〉가 있습니다. 쿠르베는 이 그림에 '7년간의 예술 인생이 담긴 실재의 우화'라는 부제를 달 정도로, 예술가로서의 삶에 영향을 준 모든 것들을 담아냈습니다. 그림을 그리는 쿠르베를 중심으로 진실을 상징하는 누드의 여인, 화가를 응시하는 아이 그리고 화가와 교류했던 주변인들이 등장합니다. 왼쪽에는 고개를 푹 숙인 노동자, 광대, 퇴역군인 등 그가 늘 응시하며 화폭에 담으려 했던 현실 속 인물들을 배치했습니다. 오른쪽에는 시인, 저널리스트, 소설가 등 자신에게 영감을 준 지식인들을 그렸습니다.

당시 쿠르베가 주창한 '사실주의'라는 용어는 있는 그대로를 정확히 묘사한다는 의미가 아닙니다. 1830년대에 사진이 발명되면서 실사에 가까운 그림은 설 자리를 잃었지요. 아울러 화가들은 1848년 '2월 혁명'의 영향으로 현실을 가감 없이 보여주는 사회비판적 메시지를 그림에 담아내기 시작합니다. "나는 천사를 본 적이 없어서 천사를 그리지 못한다"는 쿠르베의 말에는 낭만주의와의 이별과 사실주의로의 지향이 동시에 담겨있습니다. 쿠르베가 갈망했던 '예술 표현의 자유'는 그렇게 세상을 향해 손짓했습니다.

결사의 자유가 태동시킨 인상주의

1863년에 열린 살롱전 심사위원단은 유난히 보수적 색채가 짙었는데요. 엄격한 심사기준으로 출품작 5,000점 중에서 3,000점이 낙선되는 초유의 사태가 벌어집니다. 이는 예술계에 엄청난 동요를 불러일으킵니다. 쿠르베를 비롯하여 피사로, 세잔, 마네 등은 살롱전에서 낙선한 작품들을 모아 따로 전시회를 열어줄 것을 나폴레옹 3세에게 요청합니다. 왕은 정치적 입지를 넓힌다는 명목으로 이른바 '낙선전(Salon des Refusés)'을 열어줍니다(296쪽 각주). 그런데 뜻밖에도 낙선전은 파리 시민들에게 큰 호응을 얻게 됩니다. 이에 힘입어 화가들은 더 이상 살롱전만 바라보지 않고 삼삼오오 모여 작품을 전시하며 창작활동을 해나가는 새로운 기회를 모색하게 되지요.

그로부터 10년이 지난 1874년 어느 날 획기적인 이벤트가 일어납니다. 마

모네, 〈인상, 해돋이〉, 1872년, 48×63cm, 캔버스에 유채, 마르모땅 모네 미술관, 파리

네를 중심으로 피사로, 모네, 드가, 세잔, 르누아르 등으로 구성된 '화가, 조각가, 판화가 협동조합'은, 파리 카프신가(街)에 위치한 나다르 사진관에서 첫 번째 전시회를 열었는데요. 여기에 모네^{Claude Monet 1840~1926}의 〈인상, 해돋이〉가 전시됩니다. 모네는 고향 르아브르 해안에서 바닷가에 떠 있는 배, 멀리 보이는 항구를 비롯해 그 어떤 것도 형체를 분명하게 하지 않고 그저 붉은 하늘과 물에 비친 잔영들의 '인상'을 빠른 붓놀림으로 그렸습니다.

그런데 전시회를 찾은 예술평론가 르루아^{Louis Joseph Leroy, 1812~1885}는 모네의 그림을 가리켜 "마치 총에 물감을 넣고 쏜 것처럼 그리다 만 그림을 봤다. 화가는 해가 뜨는 장면을 그렸다지만, 본질에서 벗어나 짧은 순간의 인상만을 그

카유보트, 〈파리의 거리, 비 오는 날〉, 1877년, 212.2×276.2cm, 캔버스에 유채, 시카고 미술관

린 것 같다"고 혹평했습니다. 그런데 오히려 모네는 '짧은 순간의 인상을 그렸다'는 르루아의 표현이 너무나 마음에 들었습니다. 그래서 그는 그림의 제목인 '해돋이'에 '인상(impression)'이란 단어를 붙여 넣었지요. 그러면서 "인상을 그린다는 것은, 분명히 존재하지만 보이지 않는 것을 그리는 것이다. 그것은 햇빛의 시간 흐름에 따라 시시각각 변하는 자연의 인상이다"라고 했습니다. 모네의 말은 그대로 전시회를 연 화가들의 정체성이 되었습니다. '인상파'가 태동한 것이지요.

이후 인상파 화가들의 전시회는 1886년까지 이어지며 실험적인 작품들을 발굴합니다. 그 가운데 1877년 제3회 인상파 전시회에서 첫 선을 보인 카유보트Gustave Caillebotte, 1848~1894의 〈파리의 거리, 비 오는 날〉이란 작품이 있습니다. 그림 속 사람들의 옷차림새에서 늦겨울 오후임을 알 수 있습니다. 봄을 재촉하는 비가 파리 모스쿠가(街)를 적시고 있습니다.

서양미술사는 이 그림을 원근법의 표본으로 평가하는데요. 전시회에 출품될 당시만 해도 이렇게 완벽한 원근효과를 구현한 작품은 흔치 않았습니다. 카유보트는 작품 속 배경의 중앙점을 부풀게 하여 카메라 렌즈효과를 재현했습니다. 또 2개의 소실점을 찍어 이등변삼각형 모양으로 작아지는 건물을 통해 원근효과를 생생하게 재현했습니다. 그림을 자세히 보면 저 뒤쪽으로 중경의 신사가 든 우산에 걸쳐 멀리 있는 인물의 두 다리만 보이는 등 섬세한 묘사가 놀랍습니다.

이처럼 인상파 화가들은 빛과 색의 조화로운 대비 뿐 아니라 대상과 면의 구성에 대한 실험으로 회화의 수준을 한 단계 올려놓았습니다. 당시 인상파 화가들은 주류에 속하지 못한 아웃사이더였지만, 살롱전이나 아카데미 못지않은 예술적 성취를 이뤄냈지요. 인상파라는 '결사(結社)'가 중요한 미술사조를 만든 것입니다. 이후 화가들의 결사의 자유는 진화를 거듭해 나갑니다. 고갱과 고흐, 세잔 등의 탈인상주의(post-impressionism)로 이어져 프랑스의 야수파와 독일의 표현주의 등 현대미술에 결정적 영향을 미치게 됩니다.

삶과 예술을 연결하는 다리 같은 존재

20세기 초 급속도로 진행된 도시화와 산업화에 따른 인간성의 피폐화, 전쟁에 따른 공포 등은 미술사조에도 적지 않은 영향을 미칩니다. 화가들은 인간의 억압과 고통을 보다 강렬한 형체와 색채로 묘사했는데요. 독일과 오스트리아를 중심으로 탈인상주의를 표방한 표현주의(expressionism)가 등장합니다.

키르히너, 〈다리파의 표지〉, 1905년, 목판화

인상주의가 빛에 반사되는 자연현상이나 일반 시민의 일상을 객관적으로 관찰하여 밝은 색상으로 묘사했다면, 표현주의는 화가의 감정을 자극적이고 강한 색상과 거칠고 굵은 선으로 왜곡하여 주관적으로 표현합니다. 그 중심에 키르히너Ernst Ludwig Kirchner, 1888~1938가 있습니다.

1905년경 건축가인 키르히너는 철학자 니체Friedrich Nietzsche, 1844~1900의 〈자라투스트라는 이렇게 말했다〉의 1부 서문 4장에 나오는 "인간에게 있어서 위대한 것은, 인간이 하나의 다리이지 목표가 아니다. 인간에게 사랑받을 만한 점이 있다면, 그것은 바로 인간이 이행하고 몰락하는 존재라는 사실이다"라는 구절에서 영감을 얻어 친구들과 모여 회화와 소묘 모임을 만듭니다. 그들은 혁신적이고 격정적인 모든 것들을 회화와 연결시키는 다리 역할을 추구한다는 의미에서 스스로를 '다리파(Die Brücke, The bridge)'라고 불렀습니다.

키르히너는, "곡예사의 줄타기는 짐승에서 초인으로 가는 줄이며, 그 밧줄이 인간이다. 우리(다리파)는 짐승과 초인 사이의 다리가 되겠노라"고 선언하며 다리 위에서 만세를 부르는 작은 목판화를 새겨서 그룹의 아이콘으로 삼습니다.

다리파는 예술의 사회적 역할을 강조하면서 중산층의 안이한 도덕의식과 물질문명을 질타하는 등 개혁적인 미술운동을 전개합니다. 이 과정에서 대중

사회에서 개인의 갈등과 고립 및 인간의 심리적·사회적 의식을 작품의 주된 주제로 삼지요. 물감의 원색을 살린 강렬한 채도와 각진 형태 등을 통해 화가의 감정을 있는 그대로 드러냅니다. 그들은 주로 광고 인쇄물에 사용되던 목판화에 주목했는데요. 목판은 솔직하고 원초적인 감정 표현에 매우 효과적이었습니다.

다리파의 수장 키르히너는 아프리카와 오세아니아의 원시미술에 매료되어 거칠고 원색적인 화면을 구현했습니다.

키르히너, 〈베를린 거리〉, 1913년, 120.6×91.1cm, 캔버스에 유채, 뉴욕 현대미술관(MoMA)

그는 미술을 인간의 내적 갈등에서 비롯한 즉각적이고 폭력적인 시각 표현으로 이해했습니다. 그의 그림을 보는 관람자들이 긴장감과 불안함을 느끼는 이유입니다.

키르히너의 〈베를린 거리〉를 소장하고 있는 MoMA의 해설에 따르면, 이 그림은 1913년 다리파가 해체되자마자 그린 것으로 화가의 외로움과 불안정한 감정이 묻어납니다. 핑크색 낯빛과 날카로운 얼굴선 및 독특한 구도를 서로 상충되는 강렬한 색채로 표현하여 흥분과 불안을 동시에 일으킵니다. 그림의 전면에는 한껏 차려입은 두 매춘부가 걷고 있고, 그 주변의 남자들은 은밀하게 이들을 훔쳐보고 있는데요. 키르히너에게 매춘부는 화려함과 위험함,

은밀함과 소외감이 공존하는 현대 도시의 양면적 존재로, 모든 것을 돈으로 사고팔 수 있는 도시와 매춘부를 연결지었습니다. 1914년 제1차 세계대전에 자원입대한 키르히너는 전쟁의 참혹한 현실을 경험하고 신경쇠약에 시달리다 독일을 떠나 스위스 다보스로 이주합니다.

조롱과 탄압에 맞선 그림들

표현주의에서 다리파 만큼 중요한 단체로 1911년에 뮌헨에서 결성된 '청기사파(Der Blaue Reiter, Blue Rider)'가 있습니다. 뮌헨 신미술가동맹 회장이었던 러시아 화가 칸딘스키Wasily Kandinsky, 1866~1944는 화풍 및 기법을 놓고 회원들과 갈등을 빚은 뒤 마르크Franz Marc, 1880~1916, 클레Paul Klee, 1879~1940 등과 함께 새로운 노선을 걷

게 됩니다. 청기사파, 즉 푸른 기사라는 어원은 칸딘스키와 마르크의 작품에서 강조되었던 '푸른색'과 '말'을 상징합니다. 마르크에게 말을 비롯한 동물은 순수한 영혼으로 여겨졌습니다. 칸딘스키는 푸른색을 현대 물질주의에 대항하는 정신성의 상징으로 보았지요.

청기사파는 1914년 제1차 세계대전이 터지면서 해체될 때까지 세 번의 전시회를 열었는데, 당시 독일을 넘어 유럽 예술계 전체에 신

마르크, 〈푸른 말 I〉, 1911년, 112×84.5cm, 캔버스에 유채, 렌바흐하우스, 뮌헨

선한 충격을 주었습니다. 청기사파 창립전 시회에서 단연 화제를 모았던 작품은 마르크의 〈푸른 말 1〉입니다. 마르크는 동물들의 눈에 비친 세상이 궁금했는데요. 이는 곧 〈푸른 말 1〉의 창작 모티브로 이어졌습니다. 푸른 망아지

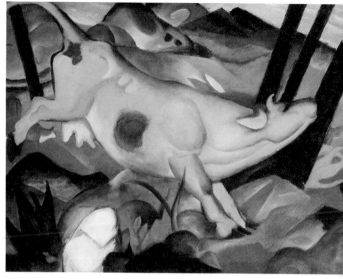

마르크, 〈노란 소〉, 1911년, 140.7×189.2cm, 캔버스에 유채, 구겐하임 미술관, 뉴욕

한 마리가 생각에 잠긴 듯 머리를 옆으로 기울인 채 꼿꼿이 서 있습니다. 발굽과 갈기로 갈수록 남색이 짙어지고, 배경에 주홍빛 빨간색과 파란색, 초록색, 노란색이 보색적인 대비를 이룹니다.

〈푸른 말 1〉과 함께 〈노란 소〉도 마르크의 대표작으로 꼽힙니다. 〈노란 소〉는 둥근 곡선이 부드럽고 안정적이며 사랑스럽기까지 합니다. 앞으로 쭉 내민 소의 입모양과 올라간 꼬리, 경쾌한 동작들은 마치 음악에 맞춰 흥겹게 춤을 추는 듯한 심리 상태를 나타내는 것 같습니다. 마르크에게 노란색은 밝고 여성적이며 관능적인 색으로, 그의 아내를 상징합니다.

마르크와 함께 청기사파의 주축을 이뤘던 칸딘스키는 모스크바 중산층 출신으로 어린 시절의 대부분을 우크라이나의 항구도시 오데사에서 보냈습니다. 그는 어렸을 때부터 색, 소리, 언어에 특출한 감각을 보였다고 전해지는데요. 하지만 모스크바대학에서는 법학과 경세학을 전공했습니다. 1892년부터 모스크바대학에서 법학을 가르치는 법학자의 길을 걷지요. 하지만 촉망받

칸딘스키, 〈노랑 빨강 파랑〉, 1925년, 128×201.5cm, 캔버스에 유채, 퐁피두센터, 파리

는 법학자는 30세가 되던 1895년 모스크바의 한 전시회에서 본 모네의 〈건초
더미〉와 궁중극장에서 관람한 바그너의 오페라 〈로엔그린〉 공연을 통해 내면
에 잠재하던 예술가적 기질이 되살아나게 됩니다. 1896년 칸딘스키는 모스크
바를 떠나 뮌헨으로 건너가, 그곳에 정착해 살면서 본격적으로 미술 습작을 시
작합니다. 서른이 넘은 나이에 고향을 떠나 새로운 길에 도전했던 그의 용기와
자기확신, 실행력에 그저 감탄할 따름입니다.

　칸딘스키는 소리와 색채 간의 상징적 관계를 통해 새로운 예술을 모색하면
서, 프랑스 상징주의에 러시아의 신화적인 요소를 융합시킵니다. 칸딘스키의
대표작 가운데 하나인 〈노랑 빨강 파랑〉은 점과 선, 원과 사각형 등 도형들을
기하학적으로 배치하고 노랑, 빨강, 파랑을 채색하여 추상화의 세계로 안내합
니다. 도형의 조합은 얼핏 보면 건축물 같기도 하고 달리 보면 인간의 얼굴 같
기도 합니다. 화면에는 그 어떤 것도 구체적이고 명시적으로 정해진 것이 없습

니다. 서양미술사는 그의 추상적인 발상이 현대미술의 새로운 질서를 마련하는 교두보 역할을 했다고 평가합니다.

그런데 20세기로 넘어오면서 꽃을 피웠던 예술가들의 표현의 자유는 결국 보장받지 못했습니다. 유럽을 장악한 나치정권은 예술가들을 탄압했습니다. 나치는 1933년 4월 7일 '직업 관료제를 재수립하기 위한 법률'을 도입해 공직사회에서 유대계 예술가 및 공산주의 사상을 지닌 예술가를 강제로 퇴출시켰습니다. 나치 선전장관 괴벨스^{Paul Joseph Goebbels, 1897~1945}의 주도로 1937년 7월 19일 뮌헨의 호프가르텐 회랑에서 독일의 미술관 32곳을 털어 압수한 작품들을 모아 '퇴폐미술(Entartete Kunst, degenerate art)전'을 열어 공개적으로 모욕을 주는 일도 벌입니다. 모더니즘 미술이 국민정서에 나쁜 영향을 준다는 명목으로 유대인 작가 및 표현주의 작가들의 작품 대부분을 퇴폐미술로 분류하지요. 키르히너 작품 600점, 칸딘스키 작품 57점을 비롯해 다리파와 청기사파 작품들이 몰수되거나 파괴됩니다. 또 추상화 작품들을 정신병동에 수감된 환자들이 그린 그림과 같이 전시하는 식으로 조롱하거나 작품들을 쌓아놓고 공개적으로 소각하는 반달리즘이 자행됩니다. 키르히너는 고향인 뮌헨에서 퇴폐미술전이 열리는 치욕스런 상황을 견디지 못하고 심한 우울증에 시달리다 스스로 유명을 달리합니다. 그렇게 전쟁의 광기는 미술의 진화를 정지시켜버립니다.

몇 년 전 미술관에서 한 관람객이 칸딘스키의 그림을 보고 이게 무슨 예술이냐며 투덜대는 소리를 들었던 기억이 납니다. 그 볼멘소리는 존중 받아 마땅합니다. 그게 바로 '표현의 자유'입니다. 어떤 의도가 있는 조롱과는 분명히 다르지요. 한편으론 그보다 더한 볼멘소리를 들을 만한 작품들이 쏟아져 나오며 '맞아, 이게 바로 예술이야!'라고 말할 수 있어야 합니다. 그게 바로 '예술의 자유'이지요.

불온한 그림, 안온한 그림

- 학문을 향한 거장들의 다른 시선 -

세상에서 가장 오래된 대학에서는 무엇을 가르쳤을까요. 캠퍼스가 있고, 전공학과와 학부, 대학원 및 학위의 개념을 갖춘 최초의 교육기관은 1088년에 설립된 이탈리아의 볼로냐 대학이라고 알려져 있는데요. 설립 초기에는 교회법과 민법 2개 학부만으로 운영되다가 나중에 철학부와 의학부가 신설되었다고 합니다. 이로써 신학, 철학, 법학, 의학은 초기 대학의 4대 학문으로 자리매김을 하게 되지요.

1894년경 오스트리아 교육부는 빈(비엔나) 대학에 걸어놓을 '학부화(faculty painting)'를 당대 최고의 화가에게 의뢰합니다. 학부화란 말 그대로 각각의 학문을 예술적으로 상징하는 그림을 말하는데요. 대학의 4대 학문인 신학, 철학, 법학, 의학을 주제로 한 천장화를 빈 대학 대강당에 설치할 계획을 세웁니다. 오스트리아 교육부는 학부화를 통해 학문에 대한 찬양 및 중요성을 학생들에게 고취시키고자 하는 계몽적 의도가 짙었지요. 의뢰받은 화가가 그림의 초안을 스케치하여 대학 측에 제출하면 검토 과정을 거쳐 교육부의 승인을 받아 실제 크기로 제작하기로 했습니다. 신학은 아르누보 예술가인 프란츠 마치Franz Matsch, 1861~1942가 맡았고, 철학, 의학, 법학은 당시 오스트리아 최고의 화가 클림트Gustav Klimt, 1862~1918가 그리기로 했습니다.

학문의 이면을 그리다

1900년 3월 클림트는 비엔나 분리파 회관에서 〈철학〉을 공개했습니다. 그런데 클림트가 완성한 〈철학〉은 추상적이고 파격적이며 난해한 구도와 묘사로 스케치 단계에서부터 주변의 우려를 사더니 결국 엄청난 비난에 직면했습니다. 클림트는 철학을 여성의 누드를 통해 묘사했고, 대학 교수들은 거세게 반발했습니다.

그림을 보면, 무한한 우주공간을 배경으로 누드 여성들이 어둠속을 방황하고 있습니다. 깊은 사색에 빠진 듯한 표정의 여성들이 길고 풍성한 머리칼을 휘날리며 몽환적으로 그려져 있습니다. 클림트는 우주공간을 부유(浮游)하는 듯한 거대한 형상을 '스핑크스'로 묘사했는데, 당시 서구사회에서 스핑크스는 불길한 징조를 암시했습니다. 왼편에 위에서 아래 방향으로 벌거벗은 여성들로 묘사된 기둥은 유아에서 노인까지 인간의 일생을 표현했는데, 그 모습이 온통 고뇌와 고통으로 가득 차보입니다.

그림을 향한 학계의 반응은 비난 일색이었습니다. 대학 교수들은 위대한 인간의 이성을 묘사한 것이 아니라 거대한 자연의 흐름 속에서 하찮은 인간의 이성을 드러낸 것으로 철학의 근본을 무시했다는 겁니다.

이 그림을 그린 클림트의 의도가 궁금합니다. 그는 그림을 통해 학문을 향한 철학자들의 거만하고 위선적인 자세를 저격했습니다. 특히 고매한 아카데미즘

클림트, 〈철학〉을 흑백사진으로 촬영한 레플리카, 1900년,
430×300cm, 레오폴드 미술관, 비엔나

에 갇혀 어떤 비판도 받아들이려 하지 않는 철학자들의 폐쇄적인 사고체계를 지적했습니다.

평소 신화에 관심이 많던 클림트는 그림에서 메타포(metaphor, 은유)를 통해 신화를 현대적으로 해석함으로써 인간의 본질적 문제에 천착해 철학의 이면을 묘사한 것입니다.

결국 빈 대학에 재직 중인 교수 가운데 87명은 이 그림이 철학을 상징하는 학부화로 대강당의 천장을 장식하는 것에 반대했습니다. 그런데 아이러니하게도 클림트의 〈철학〉은 1900년 프랑스 파리에서 개최된 만국박람회에서 그랑프리의 영예를 차지하지요.

철학(philosophy)의 어원을 해부해보면, '지혜(sophia)에 대한 사랑(philos)'을 가리킵니다. 여기서 지혜란 인간 삶의 가치에 대한 근본원리를 뜻합니다. 따라서 철학은 인간의 본질을 탐구하는 학문이라 할 수 있습니다. 오래 전 철학은 오늘날 대학에서 전공하는 학부 중 하나인 '협의의 철학'을 넘어, 물리학, 화학, 수학 등 자연과학을 포함하는 훨씬 넓은 개념이었습니다. 그러한 전통은 오늘날 의학과 법학 등을 제외한 모든 박사학위에 Ph. D.(Philosophiae Doctor)라고 표현하는 것에서 그 흔적을 찾을 수 있습니다.

이어서 '의학'으로 넘어가 보겠습니다. 무릇 의학이란, "인체의 구조와 기능을 탐구하여 보건이나 질병 및 상해의 치료와 예방에 관한 방법과 기술을 연구하는 학문"이라 하겠습니다. 인간을 질병에서 해방시켜 건강한 삶을 유지하게 함으로써 인류 발전에 기

클림트, 〈의학〉을 흑백사진으로 촬영한 레플리카, 1900년, 430×300cm, 레오폴드 미술관, 비엔나

여하는 역할을 하지요. 그런데 클림트가 그린 〈의학〉은 그런 상식과 통념을 완전히 부숩니다.

클림트는 〈의학〉 역시 그리스 신화에서 모티브를 가져옵니다. 화면 중앙 아래에 의술의 신 '아스클레피오스'의 딸이자 건강과 위생을 주관하는 신 '히게이아'를 클림트 특유의 고고한 여성으로 묘사했습니다. 이 그림에서 유일하게 옷을 입은 그녀는 팔목을 감고 있는 뱀에게 죽은 자가 마시면 망각하게 된다는, 저승 하데스의 '레테 강물'을 마시게 합니다. 히게이아 위로 기둥을 이루는

인간들은 주로 여성들인데 해골과 엉켜 눈을 감은 채 마치 죽은 듯 누워 있어 삶과 죽음의 경계에 있음을 암시합니다.

클림트는 이 그림에서 삶과 죽음이 언제나 서로 맞닿아 있음을 표현했습니다. 화면 왼쪽에 홀로 있는 외로운 여성은 집단에서 격리되어 있고, 해골로 상징된 죽음이 삶의 의미를 상실한 것처럼 보이는 무리 속에 섞여 있습니다. 생명의 잉태를 상징하는 화면 오른쪽 상단의 임산부로부터 반시계 방향으로 아기를 안고 젖을 먹이는 어머니는 생존을 암시합니다. 이어 히게이아 머리 위에 있는 태아, 두 손을 모아 턱을 괴고 잠이 든 여성, 웅크리고 앉아 등이 보이는 중년 남성 그리고 해골 왼쪽에 있는 노인 등을 통해 인간의 일생에 걸친 희로애락을 마치 스펙트럼처럼 펼쳐냈지요.

〈의학〉은 1901년 비엔나에서 열린 분리파전을 통해 처음 공개되었는데요. 이 그림 역시 의학자들을 분노케 했습니다. 당시 의대 교수들은 이 그림이 '질병과 예방 및 치료'가 아니라 오로지 '삶과 죽음'을 적나라하게 묘사함으로써 질병을 막지 못하는 의학의 무능함을 표현했다고 강하게 비난했지요.

고르곤 만큼 흉측한 법의 민낯

이제 법학이 남았습니다. '법학'이란 뭘까요. 클림트의 〈법학〉을 감상하기에 앞서 간략하게나마 학문으로서 법의 개념을 소개해볼까 합니다. 법학이란, 좁은 의미에서는 실정법규를 해석하여 그 원리를 규명하고 법해석을 체계화함으로써 법률문제에 대한 실천적 해결책을 제시하는 학문을 말합니다. 넓은 의미에서는 역사적, 철학적, 사회과학적으로 법을 연구하는 학문을 의미하지요. 어원을 통해 법학(jurisprudence)의 개념을 해부해 보면, jurist는 판단을 업으로 삼는 사람, 즉 법조인을 가리킵니다. 여기에 '지식'을 뜻하는 라틴어 prudent가

결합하면 '법에 관한 체계적 지식'이 되지요.

여전히 어렵다고요? 그렇습니다. 법학자인 필자도 법학의 연구대상인 법의 개념을 정의하는 것이 그리 쉽진 않습니다. 철학자 칸트Emmanuel Kant, 1724~1804는 법이란 "나의 의지와 타인의 의지가 자유의 보편법칙에 따라 공존하는 조건들을 포괄하는 개념"이라고 정의했는데요. 위대한 학자의 해석은 오히려 더 난해하게 느껴집니다.

일반적으로 법이란 사회질서를 유지하고 정의 실현을 목표로 국가의 강제력을 수반하는 사회규범으로, '도덕의 최소한'이라고 하겠습니다. 고대 그리스에서는 자연의 질서를 의미하는 physis에 대응하여 사회·제도·도덕 등 인간의 행위를 규율하는 관행이나 규범을 가리키는 nomos라는 말을 사용했는데요. nomos는 인간이 사회생활을 하는 데 있어서 반드시 지켜야 하는 행동양식으로, 현대 사회의 '규범(norm)'이 여기서 비롯했지요.

법은 자연법·헌법·법률·관습법·명령·규칙을 포함하지만, 좁은 의미에서는 일정한 절차를 거쳐 의회에서 제정된 법률을 가리킵니다. 법은 존재 형식에 따라 성문법과 불문법으로, 그리고 실제로 제정되었는지 여부에 따라 자연법과 실정법으로 나뉩니다. 실정법은 국제법과 국내법으로 구별되는데요. 국내법은 다시 법이 규율하는 생활관계의 실체에 따라 공법(公法)과 사법(私法) 및 사회법으로 나뉩니다. 공법은 국가의 조직과 기능 등 공적 작용을 규율하는 법으로 헌법·형법·행정법·형사소송법과 민사소송법 등이 해당됩니다. 사법은 개인 상호간의 관계를 규율하는 법으로 민법과 상법이 대표적입니다. 그리고 자본주의의 등장과 더불어 나타난 문제들을 해결하기 위해 마련된 사회법에는 노동법·경제법·사회보장법 등이 있습니다.

이쯤 되니 서서히 걱정이 앞섭니다. 과연 클림트가 법에 담긴 복잡한 내용들을 한 폭의 그림으로 묘사할 수 있었을까요. 앞서 클림트가 그린 〈철학〉과

〈의학〉을 보고 나니, 〈법학〉을 감상하는 게 꺼려지기까지 합니다.

빈 대학은 법이 도달하고자 하는 정의와 공정을 클림트가 표현해 주기를 원했습니다. 하지만 클림트의 〈법학〉은 대학의 기대와는 거리가 멀었습니다. 그림에서 화려한 배경 위에 서 있는 여성들은 칼과 법전(Lex)을 들고 있는데요. 칼은 정의에 입각한 엄정한 판단을, 법전은 정의의 근거를 상징합니다. 그리고 여성들에 둘러싸여 있는 남성은 죄인으로 고개를 숙인 채 법의 심판을 기다리고 있습니다.

이 그림에 대한 평론가들의 해석도 구구합니다. 먼저 클림트가 고대 그리스의 시인 아이스킬로스Aeschylus,525~456BC의 비극 3부작 중 하나인 〈오레스테이아〉에서 영감을 받아, 아가멤논과 클리타임네스트라의 아들 오레스테스가 어머니를 살해한 죄로 여신들에게 쫓기는 이야기를 현대적으로 해석했다는 견해가 있습니다. 여신들에게 둘러싸여 처형을 앞둔 오레스테스는 두려움에 떨고 있습니다.

그림 속 여성들을 그리스 신화에 등장하는 흉측한 모습의 세자매인 고르곤(Gorgon)으로 해석하는 주장도 흥미롭습니다. 머리카락이 뱀인 괴물자매 중에 그 유명한 메두사가 있지요. 세자매가 처놓은 올가미에 걸려 있는 남성은 거세(去勢)의 공포에 질린 채 모든 것을 체념한 것처럼 보입니다. 문어 모양을 한 올가미는 언뜻 보면 여성의 자궁처럼 보이기도 합니다. 여기서 그림 속 남성은 예술과 법의 충돌로 정신이 혼미해진 클림트 자신을 가리킵니다.

도덕적이고 이성적인 에토스(ethos)가 열정적이고 감성적인 파토스(pathos)를 지배하는 장면을 그렸다는 설도 주목해 볼만 합니다. 에토스가 법을 상징한다면 파토스는 예술 그 자체입니다. 클림트가 바라본 법이란 기존 질서에 저항하는 예술을 단죄하는 수단입니다. 클림트는 그림에서 공정과 정의보다는 형벌과 처벌로서의 법의 존재가치에 방점을 찍었습니다.

클림트, 〈법학〉을 흑백사진으로 촬영한 패블리카, 1900년, 430×300cm, 레오폴드 미술관, 비엔나 클림트는 〈법학〉을 1904년 미국 세인트루이스에서 개최된 만국박람회에 출품하려 했지만, 그림을 의뢰한 오스트리아 교육부는 이를 허락하지 않았습니다. 우여곡절 끝에 교육부는 클림트가 그린 학부화 3점을 구입했지만, 빈 대학 측은 끝내 그림의 게시를 거부했습니다. 대학은 구체적인 거절 이유로, 〈철학〉은 인간의 명징한 이성보다는 삶의 근원적인 모호함을, 〈의학〉은 예방과 질병치료를 통한 인류의 구원이 아닌 피할 수 없는 죽음에 무력한 의학의 한계를, 〈법학〉은 정의의 빛보다는 죄와 벌의 어둠을 강조함으로써 학문의 부정적인 측면만 드러냈다는 겁니다. 심지어 빈 대학 교수들은, 이 그림들은 학문에 담긴 심오한 가치를 담기는커녕 추한 포르노그래피에 지나지 않는다며 원색적인 비난도 서슴지 않았습니다.

빈 대학 측의 반발로 작품을 게시할 장소가 마땅치 않아지자 교육부는 오스트리아 국립미술관에 인수를 권유했지만, 미술관 측도 여론의 눈치를 살피며 난색을 표했습니다. 자존심이 상한 클림트는 교육부에 그림값을 돌려주고 자신의 아틀리에로 작품들을 가지고 옵니다. 그러면서 교육부 장관 앞으로 다음과 같이 공개서한을 보냅니다.

"나는 너무나 많은 검열을 받았고 더 이상 참을 수 없습니다. 이제 내 작품을 가로 막는 불쾌한 것들을 벗어던지고 자유를 회복하고자 합니다.……〈중략〉……정부는 예술가들의 창작행위에 간섭해서는 안 됩니다. 예술가들에게 창작의 자유를 완전히 보장해야만 합니다."

클림트는 향후 정부를 비롯한 관변단체의 그 어떤 의뢰에도 응하지 않을 것임을 선언합니다. 서슬 퍼렇던 제국주의시대에 정권을 향해 던진 클림트의 공개서한은 무모할 만큼 용기 있는 행동이었습니다. 예술가 개인이 정부를 향해 창작의 자유와 표현의 자유를 주장한다는 게 흔치 않은 시절이었지요.

그런데 클림트 못지않게 그림들의 안위(安危)가 궁금합니다. 그림들은 클림트의 아틀리에 한곳에 안전하게 보관되고 있었을까요. 〈의학〉과 〈법학〉은 오스트리아 예술가 콜로만 모저Koloman Moser, 1868~1918가, 〈철학〉은 유대인 미술품 수집가 에리히 레더러Erich Lederen, 1857~1936가 각각 구입합니다. 이후 〈의학〉은 다시 한 갤러리에 양도됩니다.

작품의 진가를 알아본 컬렉터가 그림들을 구입해 소장하고 있다면 다행스런 일입니다. 하지만 그림들의 곡진한 운명은 새로운 국면을 맞이하지요. 그림들이 나치 집권기에 이른바 퇴폐미술로 낙인찍혀 나치친위대에게 몰수된 것입니다. 나치는 학부화들을 다른 그림들과 함께 오스트리아의 임멘도르프(Immendorff) 성의 창고 안에 쌓아놓고 방치하지요. 그리고 끔찍한 일이 벌어집니다. 1945년 제2차 세계대전에서 연합군에 패한 나치가 오스트리아에서 퇴각하면서 임멘도르프 성을 폭파하는 만행을 저지릅니다. 그렇게 학부화들은 한순간 잿더미가 되고 말았습니다.

그나마 다행스런 일은 그림들을 촬영한 흑백사진이 존재했다는 것입니다. 덕분에 현재 비엔나에 위치한 레오폴드 미술관에는 세 작품의 흑백사진을 기초로 복원한 레플리카가 나란히 전시되어 있습니다.

빈 대학 교수들이 원했던 학부화의 본보기

언젠가 비엔나에 갔을 때 레오폴드 미술관에서 이 그림들을 하염없이 바라봤던 기억이 납니다. 그때 저는 심오한 학문을 그림으로 표현한다는 것 자체가 어쩌면 넌센스가 아닐까 하는 생각을 했습니다. 그림을 의뢰받았을 때 클림트는 얼마나 당황스러웠을까요. 하지만 그는 작업을 승낙했고, 엄청난 도전을 완수해내지요. 비록 의뢰자인 대학 측이 원하는 그림은 아니었지만, 클림트 스스로는 작품의 완성도에 어느 정도 만족했던 것 같습니다. 학부화를 만국박람회

같은 행사에 출품했으니까요.

그러면 빈 대학은 어떤 스타일의 학부화를 원했던 걸까요. 아마도 빈 대학은 16세기에 라파엘로^{Raffaello Sanzio, 1483~1520}가 그린 〈아테네 학당〉*과 같은 그림을 기대했던 게 아닐까 싶습니다. 서양미술사를 살펴보면 학문을 주제로 그린 회화들이 존재하는데, 그 가운데 가장 유명한 작품은 단연 〈아테네 학당〉이라 하겠습니다.

교황 율리우스 2세^{Julius II 1443~1513}는 바티칸 사도궁전 내부의 방들 가운데 자신의 개인 서재인 '서명의 방(Stanza della Segnatura)'을 꾸미기 위해 화가 라파엘로를 부릅니다. 서명의 방 벽면에 각각 '철학', '종교', '시(詩)', '법'을 표현하는 프레스코화를 그릴 것을 명합니다. 이 네 가지 분야는 당시 지식체계를 대표하는 영역이었지요. 훗날 오스트리아 교육부가 클림트에게 학부화를 의뢰하게 된 배경이 500여 년 전 〈아테네 학당〉이 아니었을까 추측되는 이유가 여기에 있습니다. 클림트에게 의뢰한 학부화의 주제 중에 철학, 신학(종교), 법학(법)이 〈아테네 학당〉과 같습니다.

라파엘로는 〈아테네 학당〉에서 상상력을 발휘하여 고대부터 르네상스에 이르는 서로 다른 시대를 대표하는 54명의 학자들을 한 공간에 불러들여 진리에 도달하기 위해 토론하는 모습을 재치 있게 묘사했습니다. 르네상스 스타일의 건축 공간을 배경으로 로마네스크 양식의 아치형 천장으로 된 대리석 건물이 웅장함을 더합니다. 라파엘로는 건축물 가운데 뚫린 아치로 하늘을 보여줌으로써 원근법의 소실점을 통해 관람자의 시선을 집중시키는 효과를 거둡니다. 화면 양옆으로 조각상이 있는데, 왼편에는 태양과 음악의 신 아폴론이 리라를 들고 있습니다. 오른편에는 지혜와 전쟁의 신 아테나가 메두사의 방패로

---

* '아테네 학당(Scuola di Atene)'이란 제목은 1605년경 이탈리아의 고고학자 벨로리(Giovanni Pietro Bellori, 1615~1696)에 의해서 붙여졌다.

라파엘로, 〈아테네 학당〉, 1511년, 500×770cm, 프레스코화, 서명의 방(사도궁전), 바티칸 박물관

무장해 있습니다. 학당 안에 모여 있는 학자들은 저마다 평생 일궈온 학문 분
야에서 자신만의 학설을 설파하거나 궁구(窮究)하는 듯합니다. 그럼 지금부터
'숨은 학자 찾기'를 해 보겠습니다.

　화면 중앙의 입구에서 대화하며 걸어 나오는 두 거장이 가장 먼저 눈에 띕
니다. 붉은 망토를 걸친 플라톤Plato, 424~348BC과 푸른 망토를 두른 아리스토텔레
스Aristotle, 384~322BC입니다. 라파엘로는 다빈치를 모델로 하여 플라톤을 그렸는데
요. 그의 왼손에는 저서 〈대화록(Timaeus)〉이 쥐어져 있고, 오른손을 들어 하늘
을 가리켜 그의 관심이 천상의 관념세계임을 묘사합니다. 반면 아리스토텔레

스는 왼손에 저서 〈니코마코스 윤리학(Ethics)〉을 들고 땅을 향해 오른손바닥을 펼침으로써 현실세계를 주목하고 있음을 나타냅니다. 플라톤의 스승 소크라테스Socrates, 470-399BC는 화면 왼쪽에 카키색 옷을 입고 괴팍한 표정으로 손가락을 보이며 한 무리의 사람들에게 산파술을 펼치고 있습니다.

화면 맨 앞에는 미켈란젤로의 모습을 한 철학자 헤라클레이토스Heracleitos, 540-480BC가 팔을 괴고 앉아 만물의 근원에 대해서 사색하고 있습니다. 그 옆으로 핑크색 옷을 입은 수학자 피타고라스Pythagoras, 570-495BC는 두꺼운 책에 새로운 증명법을 적고 있습니다. 오른쪽에 건축가 브라만테의 모습을 한 유클리드Euclid, 300BC가 허리를 숙인 채 컴퍼스를 들고 기하학을 강의하고 있습니다. 그가 입은 갈색옷의 목 가장자리에 쓰인 'R.V.S.M'이라는 글자는 예술가의 서명(Raffael Urbinas Sua Manu)으로 해석됩니다.

숨은 학자 찾기를 좀더 이어가 보겠습니다. 평생 행복의 본질을 탐구했던 거리의 철학자 디오게네스Diogenēs, 400-323BC가 볕이 가장 잘 드는 계단에 비스듬히 기대어 종이에 적힌 뭔가를 읽고 있습니다. 그는 알렉산드로스 대왕이 뭐가 필요한지 묻자, "당신이 햇빛을 가리고 있으니 좀 비켜 달라"고 했다는 유명한 일화의 주인공이기도 하지요. 화면 오른쪽 구석에는 지구의를 든 천문학자 프톨레마이오스Ptolemaeos, 90~168도 보입니다. 그 옆에 갈색 모자를 쓰고 관객을 응시하는 인물이 라파엘로 자신입니다. R로 자신의 이니셜을 표시했네요.

그의 불편한 그림이 위대한 이유

서명의 방에 들어간 거의 모든 관람객의 눈은 〈아테네 학당〉을 향합니다. 서명의 방 안에서 가로 폭이 무려 7미터가 넘는 이 거대한 프레스코화를 외면하기란 거의 불가능하지요. 벽화 속 학자들의 몸짓, 표정, 소품 하나까지도 놓치지

라파엘로, 〈삼덕상〉, 1511년, 프레스코화, 서명의 방(사도궁전), 바티칸 박물관

않은 라파엘로의 섬세한 붓 터치도 놀랍지만, 입체미를 극대화한 원근감은 마치 거대한 아이맥스 영화관에 들어와 있는 착각에 빠져들게 합니다.

　그런데 서명의 방에는 법학자인 저의 시선을 강탈한 벽화가 하나 더 있습니다. 서명의 방 출입문 주변을 장식한 〈삼덕상〉이란 그림입니다. 출입문 위 아치구조에는 세 여신과 푸토(putto)*들이 그려져 있습니다. 세 여신은 각각 법의 기본 덕목인 '용기'와 '절제', '신중'을 상징합니다. 그리고 푸토들은 각각 신앙의 핵심 가치인 '자비'와 '희망', '신뢰'를 암시하지요. 한 폭의 그림에 법률과

---

* 르네상스시대에 큐피드 등 발가벗은 어린이를 묘사한 조각상.

신앙이 서로 조화를 이루는 듯 합니다.

아치의 좌측부터 그림을 살펴보겠습니다. '용기의 신'은 갑옷을 입고 왼손으로 사자를 어루만지며 오른손으로 검은 떡갈나무 묘목을 잡고 있습니다. 힘을 상징하는 떡갈나무는 교황 율리우스 2세가 속한 델라 로베레 가문을 암시합니다. '자비'를 상징하는 푸토가 떡갈나무 가지에서 도토리를 따고 있습니다. 중앙에는 '신중의 신'이 있습니다. 여신의 가슴에는 속임수와 사기를 막아주는 날개 달린 고르곤 인형이 있습니다. 야누스를 닮은 머리에는 두 개의 얼굴이 정면으로 드러나 있습니다. 얼굴은 야누스처럼 앞과 뒤가 다릅니다. 거울을 바라보는 젊고 여성스러운 얼굴은 현재의 지혜와 지식을 암시합니다. 노인의 얼굴은 경험에 근거한 올바른 판단을 위해 과거를 들여다보고 있습니다. '희망'을 상징하는 푸토가 들고 있는 횃불은 '신중의 신'이 바라보는 시야를 더욱 환하게 비춥니다. 우측에는 '절제의 신'이 절제를 상징하는 굴레를 들고 푸토를 바라보고 있습니다. 오른손으로 하늘을 가리키는 푸토가 '신뢰'를 암시합니다.

아치 아래 양쪽에 있는 프레스코화도 법에 관한 장면을 묘사합니다. 좌측 프레스코화는 비잔틴제국의 유스티니아누스 1세^{Justinianus I, 483-565}가 법학자인 트리보니아누스^{Tribonianus}로부터 시민법대전(Corpus Juris Civilis)을 받는 장면입니다. 이 법은 유스티니아누스 1세가 533년부터 본인이 사망할 때까지의 칙령을 집대성한 것으로, '유스티니아누스 법전(Justinian's Code)'으로 불리기도 합니다. 법제사적으로 로마법의 총결산이자 로마법 계수(繼受)의 출발점이라는 의미에서 '로마법대전'으로 이해되기도 하지요.

우측 프레스코화에는 레이몬드 수도사^{Raymond of Penyafort, 1175-1275}가 편찬을 맡은

---

*교회법에 대한 질문에 대해 교황이 문서식으로 답변한 서간문으로, 그 자체로 교회법으로서의 효력을 지닌다.

교령(Decretals)*을 교황 그레고리오 9세^{Gregorius IX, 1165~1241}에게 전달하는 모습이 담겨 있습니다. 라파엘로는 그레고리오 9세를 이 그림을 의뢰한 교황 율리우스 2세의 얼굴로 묘사함으로써 의뢰인에 대한 배려를 잊지 않았습니다. 그런 의미에서 클림트는 라파엘로와 분명히 달랐습니다.

〈아테네 학당〉을 비롯한 서명의 방을 장식한 프레스코화들은 너무나 훌륭하지만, 오스트리아 교육부와 빈 대학이 클림트에게 이런 스타일의 그림을 기대했다면 번지수를 잘못 찾아도 한참 잘못 찾았다는 생각입니다. 클림트는 분명 당대 최고 화가였지만, 다른 한편으로는 부조리한 시대와 불화했던 '불온한' 예술가였습니다. 오스트리아 교육부와 빈 대학은 학문에 대한 상찬을 의도했지만, 클림트는 학문의 민낯을 그렸습니다.

학문은 비판을 먹고 사는 생물 같은 존재입니다. 비판이 불편하거나 두려운 학문은 더 이상 살아 있는 학문이라 할 수 없지요. 비판은 학문의 진화를 추동합니다. 클림트는 비판을 거부한 채 대학이라는 거대한 성벽을 쌓은 뒤 그 안에서 안온함을 누려온 학자들의 안일함을 저격했습니다. 그의 그림은 마치 신랄한 고발장 같습니다. 그의 학부화가 지금의 대학에도 여전히 유효한 이유입니다.

작품 찾아보기

410

인명 찾아보기

인명 가나다순

참고문헌

[국내 단행본]

곰브리치(E. H.) 지음, 백승길 · 이종숭 옮김, 〈서양미술사〉, 예경, 2012.

구본진 지음, 〈미술가의 저작인격권〉, 경인문화사, 2010.

김경민 지음, 〈그들은 왜 문화재를 돌려주지 않는가 : 문화재 약탈과 반환을 둘러싼
　　논쟁의 세계사〉, 을유문화사, 2019.

김태권 지음, 〈불편한 미술관-그림 속에 숨은 인권이야기〉, 2018.

노아 차니 / 오숙은 지음, 〈위작의 기술〉, 학고재, 2017.

도널드 톰슨 지음, 김민주 · 송희령 옮김, 〈은밀한 갤러리〉, 리더스북, 2008.

몽테스키외(샤를) 지음, 하재홍 옮김, 〈법의 정신〉, 동서문화사, 2007.

박인조 지음, 〈죽음을 그린 화가들, 순간 속 영원을 담다〉, 지식의숲, 2020.

박홍규 지음, 〈오노레 도미에:만화의 아버지가 그린 근대의 풍경〉, 소나무, 2000.

박흥신 지음, 〈외규장각 의궤의 귀환〉, 행복에너지, 2014.

세라 손튼 지음, 이대형 · 배수희 옮김. 〈걸작의 뒷모습 : 옥션에서 비엔날레까지 7개
　　현장에서 만난 현대미술의 은밀한 삶〉, 세미콜론, 2011.

송향선 지음, 〈미술품 감정과 위작〉, 아트북스, 2022.

시카고(주디) / 루시-스미스(에드워드) 지음, 박상미 옮김, 〈여성과 미술 : 열 가지
　　코드로 보는 미술 속 여성〉, 아트북스, 2006.

아키타 마사코 지음, 이연식 옮김, 〈그림을 보는 기술〉, 까치, 2021.

알렉산드라 로스케 지음, 조원호·조한혁 옮김, 〈색의 역사〉, 미술문화, 2020.

양정무 지음, 〈벌거벗은 미술관 : 양정무의 미술 에세이〉, 창비, 2021.

윤진수 지음, 〈친족상속법 강의 5판〉, 박영사, 2023.

이동섭 지음, 〈파리 미술관 역사로 걷다〉, 지식서재, 2020.

이미경 지음, 〈미술관에서 만난 범죄 이야기〉, 드루, 2023.

이은기 / 김미정 지음, 〈서양미술사〉, 미진사, 2011.

이재상 외 지음, 〈형법 각론 13판〉, 박영사, 2023.

이충렬 지음, 〈국제법학자, 그 사람 백충현- 독도와 외규장각 의궤를 지켜낸 법학자의 삶〉,
   김영사, 2017.

정상조 편저, 〈지적재산권〉, 박영사, 2007.

정진국 지음, 〈제국과 낭만 : 19세기 화가는 무엇을 그렸을까?〉, 깊은 나무, 2017.

존 버거 지음, 〈다른 방식으로 보기〉, 열화당, 2024.

진중권 지음, 〈진중권의 서양미술사 : 인상주의〉, 휴머니스트, 2021.

지원림 지음, 〈민법 강의 21판〉, 홍문사, 2024.

캐슬린 김 지음, 〈예술법〉, 학고재, 2021.

콜린 존스 지음, 방문숙·이호영 옮김, 〈케임브리지 프랑스사〉, 시공사, 2011

통합유럽연구회 지음, 〈박물관·미술관에서 보는 유럽사〉, 책과함께, 2019.

미셸 푸코 지음, 오생근 옮김, 〈감시와 처벌〉, 나남, 2020.

플라톤 지음, 김환 옮김, 〈국가론〉, 돋을새김, 2014.

피터 왓슨 지음, 공경희 옮김, 〈소더비 Inside Story〉, 청림출판, 1997.

한나 아렌트 지음, 김선욱 옮김, 〈예루살렘의 아이히만〉, 한길사, 2006.

허영 지음, 〈한국헌법론 전정20판〉, 박영시, 2024.

[해외 단행본]

Anne-Marie O'Connor, *The Lady in Gold : The Extraordinary Tale of Gustav Klimt's Masterpiece, Portrait of Adele Bloch-Bauer*, Vintage, 2015.

Felwine Sarr & Bénédicte Savoy, *The Sarr-Savoy Report On the Restitution of African Cultural Heritage, Toward a New Relational Ethics*, Philippe Rey/Seuil, Paris, 2018.

Gottfried Fliedl, *Gustave Kilmt*, Taschen, 1994.

Janson, H. W., *History of Art*, Prentice Hall, 1969.

John Henry Merryman, *Thinking about the Elgin marbles : Critical essays on Cultural Property, Art, and Law*, Klewer Law International, 2000.

Laney Salisbury & Aly Sujo, *Provenance : How a Con Man and a Forger Rewrote the History of Modern Art*, Penguin Press HC, 2019.

Liliane de Pierredon-Fawcett, *The Droit De Suite in Literary and Artistic Property : A Comparative Law Study, Publisher*, Columbia Univ. Law School, 1991.

Ralph E. Lerner & Judith Bresler, *Art Law : the Guide for Collectors, Inverstors, Dealers, and Artists*, Volume I & II, 2nd ed. Practising Law Institute, 2005.

Robert Cumming, *Art a Visual History*, DK, 2005

Robert M. Edsel, *The Monuments Men : Allied Heroes, Nazi Thieves and the Greatest Treasure Hunt in History*, Center Street, 2010.

Ross King(foreword), *Artists, Their Lives and Works*, DK, 2017.

[국내 논문]

김현진, "대리모 출생아의 친자관계 – 서울가정법원 2018. 5. 18.

　　선고 2018브15 결정을 중심으로," 〈인하대학교 법학연구 22(3)〉, 2019.

김현진, "프랑스 익명출산(L'accouchement sous X)의 명암,"

　　〈비교사법 제30권 제1호〉, 2023.

박성호, "국가에 의한 '예술 반달리즘'과 예술가의 인격권 침해 – 대법원 2015. 8. 27.

　　선고 2012다204587 판결의 평석을 중심으로," 〈계간 저작권 2015 겨울호〉, 2015.

송호영, "누가 클림트의 그림을 소유하는가?", 〈법학논총 제35집 제1호〉, 2017.

송호영, "누가 「파르테논 조각상」을 소유하는가?",

　　〈문화 미디어 · 엔터테인먼트법 제10권 제1호〉 2016.

정승우, "예술작품의 국제거래상 하자담보책임에 관한 법적 연구 – 위작을 중심으로,"

　　〈중앙법학 제21집 제2호〉, 2019.

[해외 논문]

Chused, R., "Moral Rights : The Anti-Rebellion Graffiti Heritage of 5Pointz,"

　　The Columbia Journal of Law & The Arts, 41(4), 2018, 583–639.

Jason Farago, "Artwork Taken From Africa, Returning to a Home Transformed",

　　The New York Times, Art & Design Section (January 3, 2019). F

Kate Brown, "'The Idea Is Not to Empty Museums' : Authors of France's Blockbuster

　　Restitution Report Say Their Work Has Been Misrepresented", Artnet News

　　(January 24, 2019).

미술관에 간 법학자

초판 1쇄 발행 | 2024년 9월 25일

지은이 | 김현진
펴낸이 | 이원범
기획 · 편집 | 김은숙
마케팅 | 안오영
본문 및 표지 디자인 | 강선욱

펴낸곳 | 어바웃어북 about a book
출판등록 | 2010년 12월 24일 제313-2010-377호
주소 | 서울시 강서구 마곡중앙로 161-8 C동 1002호 (마곡동, 두산더랜드파크)
전화 | (편집팀) 070-4232-6071 (영업팀) 070-4233-6070
팩스 | 02-335-6078

* 이 저서는 2024년도 인하대학교 연구비의 지원을 받았음.

| about SCIENCE |

과학의 시선으로 주거공간을 해부하다
아파트 속 과학
| 김홍재 지음 | 413쪽 | 20,000원 |

- 과학기술정보통신부 '우수과학도서' 선정
- 서울대 영재교육원 '추천도서' 선정

아파트의 뼈와 살을 이루는 콘크리트에는 나노과학이, 건물 사이를 흐르는 바람에는 전산유체역학이, 열효율을 높이고 층간소음을 줄이는 벽과 바닥에는 재료공학이 숨어 있다. 이 책은 과학의 시선으로 아파트를 구석구석 탐사한다.

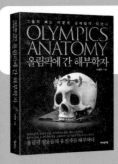

올림픽 영웅들의 유전자를 해부하다
올림픽에 간 해부학자
| 이재호 지음 | 408쪽 | 22,000원 |

올림픽을 향한 세상의 시선이 승패와 메달의 색깔에 모아진다면, 해부학자는 선수들의 몸에 주목한다. 올림픽 영웅들의 뼈와 살에는 인간의 한계를 뛰어넘는 해부학적 코드가 숨어 있다. 저자는 하계 올림픽 중에서 28개 종목을 선별하여 스포츠에 담긴 인체의 속성을 해부학의 언어로 풀어낸다.

명화로 읽는 인체의 서사
미술관에 간 해부학자
| 이재호 지음 | 434쪽 | 20,000원 |

- 서울대 영재교육원 '추천도서' 선정
- 과학기술정보통신부 '우수과학도서' 선정
- 문화체육관광부 '세종도서' 선정
- 행복한아침독서 '추천도서'

밤하늘과 함께하는 과학적이고 감성적인 넋 놓기
별은 사랑을 말하지 않는다
| 김동훈 지음 | 448쪽 | 22,000원 |

별 먼지에서 태어난 우리는 모두 반짝이는 별이다!
떠나보내기 어려운 밤, 이야기 나누고 싶은 밤, 기억하고 싶은 밤. 고르고 고른 밤하늘 사진에는 과학적 설명과 사유를 담아 주석을 붙였다. 삶에 별빛이 스며들 수 있도록 밤하늘과 함께하는 과학적이고 감상적인 넋 놓기를 시작해보자.